卞尺丹几乙し丹卞と
Translated Language Learning

The Adventures of Pinocchio

приключения Піноккіо

Carlo Collodi
Карло Коллоді

English / Українська

Copyright © 2024 Tranzlaty
All rights reserved
Published by Tranzlaty
ISBN: 978-1-83566-704-0
Le Avventure di Pinocchio. Storia di un Burattino
Original text by Carlo Callodi
First published in Italianin 1883
Illustrated By Alice Carsey
www.tranzlaty.com

The Piece of Wood that Laughed and Cried like a Child
Шматок дерева, який сміявся і плакав, як дитина

Centuries ago there lived...
Століття тому тут жили...
"A king!" my little readers will say immediately
«Король!» – відразу скажуть мої маленькі читачі
No, children, you are mistaken
Ні, діти, ви помиляєтеся
Once upon a time there was a piece of wood
Колись давно жив шматок дерева
the wood was in the shop of an old carpenter
Деревина була в майстерні старого столяра
this old carpenter was named Master Antonio
цього старого столяра назвали майстром Антоніо
Everybody, however, called him Master. Cherry
Всі, правда, називали його Майстром. Вишня
they called him Master. Cherry on account of his nose
вони називали його Учителем. Вишня на рахунок носа
his nose was always as red and polished as a ripe cherry
Ніс у нього завжди був червоний і відполірований, як стигла вишня
Master Cherry set eyes upon the piece of wood
Майстер Вишня кинув оком на шматок дерева
his face beamed with delight when he saw the log
Його обличчя засяяло від захвату, коли він побачив колоду
he rubbed his hands together with satisfaction
Він задоволено потер долоні
and the kind master softly spoke to himself
І добрий пан тихо говорив сам до себе
"This wood has come to me at the right moment"
«Це дерево прийшло до мене в потрібний момент»
"I have been planning to make a new table"
«Я планував зробити новий стіл»
"it is perfect for the leg of a little table"
"Він ідеально підходить для ніжки маленького столика"
He immediately went out to find a sharp axe

Він тут же вийшов на пошуки гострої сокири
he was going to remove the bark of the wood first
Спочатку він збирався зняти кору з деревини
and then he was going to remove any rough surface
А потім він збирався зняти будь-яку шорстку поверхню
and he was just about to strike the wood with his axe
І він саме збирався вдарити сокирою по дереву
but just before he struck the wood he heard something
Але не встиг він вдаритися об дерево, як щось почув
"Do not strike me so hard!" a small voice implored
«Не бийте мене так сильно!» — благав тихий голос
He turned his terrified eyes all around the room
Він перевів свої перелякані очі по всій кімнаті
where could the little voice possibly have come from?
Звідки міг узятися цей маленький голос?
he looked everywhere, but he saw nobody!
Він дивився скрізь, але нікого не бачив!
He looked under the bench, but there was nobody
Він зазирнув під лавку, але там нікого не було
he looked into a cupboard that was always shut
Він заглянув у шафу, яка завжди була зачинена
but there was nobody inside the cupboard either
Але в шафі теж нікого не було
he looked into a basket where he kept sawdust
Він заглянув у кошик, де зберігав тирсу
there was nobody in the basket of sawdust either
У кошику з тирсою теж нікого не було
at last he even opened the door of the shop
Нарешті він навіть відчинив двері крамниці
and he glanced up and down the empty street
І він глянув уздовж і впоперек на порожню вулицю
But there was no one to be seen in the street either
Але й на вулиці нікого не було видно
"Who, then, could it be?" he asked himself
«Хто ж це міг бути?» — запитав він себе
at last he laughed and scratched his wig
Нарешті він засміявся і почухав перуку

"I see how it is," he said to himself, amused
— Бачу, як воно є, — сказав він сам до себе, повеселішавши
"evidently the little voice was all my imagination"
"Очевидно, тихий голос був усією моєю уявою"
"Let us set to work again," he concluded
"Давайте знову приступимо до роботи", - підсумував він
he picked up his axe again and set to work
Він знову взяв сокиру і взявся до роботи
he struck a tremendous blow to the piece of wood
Він завдав потужного удару по шматку дерева
"Oh! oh! you have hurt me!" cried the little voice
— Отакої! Ах! Ти зробив мені боляче!» — закричав маленький голос
it was exactly the same voice as it was before
Це був точно такий же голос, як і раніше
This time Master. Cherry was petrified
На цей раз Майстер. Вишня скам'яніла
His eyes popped out of his head with fright
Його очі з переляку вискочили з голови
his mouth remained open and his tongue hung out
Його рот залишався відкритим, а язик висолоплений
his tongue almost came to the end of his chin
Його язик мало не дійшов до кінця підборіддя
and he looked just like a face on a fountain
І він був схожий на обличчя на фонтані
Master. Cherry first had to recover from his fright
Хазяїн. Вишні спочатку довелося оговтатися від переляку
the use of his speech returned to him
До нього повернулося використання його промови
and he began to talk in a stutter;
І він почав говорити заїкаючись;
"where on earth could that little voice have come from?"
— Звідки міг узятися той маленький голос?
"could it be that this piece of wood has learned to cry?"
— Чи може бути, що цей шматок дерева навчився плакати?
"I cannot believe it," he said to himself

«Я не можу в це повірити», — сказав він сам собі
"This piece of wood is nothing but a log for fuel"
«Цей шматок дерева – не що інше, як поліно для палива»
"it is just like all the logs of wood I have"
«Це як усі дерев'яні колоди, які я маю»
"it would only just suffice to boil a saucepan of beans"
"Достатньо було б лише зварити каструлю з квасолею"
"Can anyone be hidden inside this piece of wood?"
— Чи може хтось бути захований у цьому шматку дерева?
"If anyone is inside, so much the worse for him"
«Якщо хтось є всередині, тим гірше для нього»
"I will finish him at once," he threatened the wood
— Я його зараз же доб'ю, — пригрозив він дереву
he seized the poor piece of wood and beat it
Він схопив бідолашний шматок дерева і побив його
he mercilessly hit it against the walls of the room
Він нещадно бив нею об стіни кімнати
Then he stopped to see if he could hear the little voice
Потім він зупинився, щоб подивитися, чи чує він той маленький голос
He waited two minutes, nothing. Five minutes, nothing
Він чекав дві хвилини, нічого. П'ять хвилин, нічого
he waited another ten minutes, still nothing!
Він почекав ще десять хвилин, все ще нічого!
"I see how it is," he then said to himself
"Я бачу, як воно є", - сказав він тоді сам до себе
he forced himself to laugh and pushed up his wig
Він змусив себе засміятися і підняв перуку
"evidently the little voice was all my imagination!"
— Мабуть, цей тихий голосок був моєю уявою!
"Let us set to work again," he decided, nervously
— Ходімо знову до роботи, — вирішив він нервово
next he started to polish the bit of wood
Далі він приступив до полірування шматка дерева
but while polishing he heard the same little voice
Але під час полірування він почув той самий тихий голос
this time the little voice was laughing uncontrollably

Цього разу маленький голосок нестримно сміявся
"Stop! you are tickling me all over!" it said
— Стій! Ти мене весь лоскочеш!» — сказала вона
poor Master. Cherry fell down as if struck by lightning
бідний Майстер. Вишня впала вниз, немов в неї вдарила блискавка
sometime later he opened his eyes again
Через деякий час він знову розплющив очі
he found himself seated on the floor of his workshop
Він опинився на підлозі своєї майстерні
His face was very changed from before
Його обличчя дуже змінилося порівняно з попереднім
and even the end of his nose had changed
І навіть кінчик його носа змінився
his nose was not its usual bright crimson colour
Ніс у нього був не звичайного яскраво-малинового кольору
his nose had become icy blue from the fright
Його ніс став крижано-синім від переляку

Master. Cherry Gives the Wood Away
Хазяїн. Вишня віддає деревину

At that moment someone knocked at the door
У цей момент хтось постукав у двері
"Come in," said the carpenter to the visitor
— Заходьте, — сказав столяр відвідувачеві
he didn't have the strength to rise to his feet
У нього не було сил піднятися на ноги
A lively little old man walked into the shop
До крамниці зайшов жвавий маленький дідок
this lively little man was called Geppetto
цього жвавого чоловічка звали Джеппетто
although there was another name he was known by
Хоча існувало й інше ім'я, під яким він був відомий
there was a group of naughty neighbourhood boys
Там була група неслухняних сусідських хлопчаків

when they wished to anger him they called him pudding
Коли вони хотіли розгнівати його, вони називали його пудингом
there is a famous yellow pudding made from Indian corn
є знаменитий жовтий пудинг з індійської кукурудзи
and Geppetto's wig looks just like this famous pudding
а перука Джеппетто виглядає так само, як цей знаменитий пудинг
Geppetto was a very fiery little old man
Джеппетто був дуже запальним маленьким старим
Woe to him who called him pudding!
Горе тому, хто назвав його пудингом!
when furious there was no holding him back
Коли він був розлючений, його не можна було стримати
"Good-day, Master. Antonio," said Geppetto
— Добрий день, господарю. Антоніо", - сказав Джеппетто
"what are you doing there on the floor?"
— Що ти там робиш на підлозі?
"I am teaching the alphabet to the ants"
«Я вчу мурах алфавіту»
"I can't imagine what good it does to you"
«Я не уявляю, що доброго це приносить тобі»
"What has brought you to me, neighbour Geppetto?"
— Що привело вас до мене, сусіде Джеппетто?
"My legs have brought me here to you"
«Мої ноги привели мене сюди, до тебе»
"But let me tell you the truth, Master. Antonio"
— Але дозвольте мені сказати вам правду, Учителю. Антоніо"
"the real reason I came is to ask a favour of you"
"Справжня причина, чому я прийшов, - це попросити вас про послугу"
"Here I am, ready to serve you," replied the carpenter
— Ось я готовий вам служити, — відповів тесля
and he got off the floor and onto his knees
І він зірвався з підлоги і став на коліна
"This morning an idea came into my head"

"Сьогодні вранці мені в голову прийшла ідея"
"Let us hear the idea that you had"
«Давайте послухаємо ідею, яка у вас була»
"I thought I would make a beautiful wooden puppet"
«Я думала, що зроблю красиву дерев'яну ляльку»
"a puppet that could dance and fence"
«Маріонетка, яка вміла танцювати і фехтувати»
"a puppet that can leap like an acrobat"
«Маріонетка, яка може стрибати, як акробат»
"With this puppet I could travel about the world!"
«З цією маріонеткою я міг би подорожувати по світу!»
"the puppet would let me earn a piece of bread"
«Маріонетка дозволила б мені заробити шматок хліба»
"and the puppet would let me earn a glass of wine"
«А маріонетка дозволила б мені заробити келих вина»
"What do you think of my idea, Antonio?"
— Що ти думаєш про мою ідею, Антоніо?
"Bravo, pudding!" exclaimed the little voice
«Браво, пудинг!» — вигукнув тихий голос
it was impossible to know where the voice had came from
Неможливо було знати, звідки долинув голос
Geppetto didn't like hearing himself called pudding
Джеппетто не любив, коли його називали пудингом
you can imagine he became as red as a turkey
Можна уявити, що він став червоним, як індик
"Why do you insult me?" he asked his friend
«Чому ти мене ображаєш?» — запитав він свого друга
"Who insults you?" his friend replied
«Хто тебе ображає?» — відповів його друг
"You called me pudding!" Geppetto accused him
— Ти назвав мене пудингом! Джеппетто звинуватив його
"It was not I!" Antonio honestly said
— Це був не я! Антоніо чесно сказав
"Do you think I called myself pudding?"
— Ти думаєш, я назвав себе пудингом?
"It was you, I say!", "No!", "Yes!", "No!"
«Це був ти, кажу!», «Ні!», «Так!», «Ні!»

- 7 -

becoming more and more angry, they came to blows
Стаючи все більш злими, вони дійшли до ударів
they flew at each other and bit and fought and scratched
Вони летіли один на одного і кусалися, билися і дряпалися
as quickly as it had started the fight was over again
Як тільки вона почалася, бій знову закінчився
Geppetto had the carpenter's grey wig between his teeth
У Джеппетто між зубами була сива перука теслі
and Master. Antonio had Geppetto's yellow wig
і магістр. У Антоніо була жовта перука Джеппетто
"Give me back my wig" screamed Master. Antonio
— Поверніть мені мою перуку, — закричав Учитель. Антоніо
"and you give me back my wig" screamed Master. Cherry
— І ти поверни мені мою перуку, — закричав Хазяїн. Вишня
"let us be friends again" they agreed
— Давай знову будемо друзями, — погодилися вони
The two old men gave each other their wigs back
Двоє старих повернули один одному свої перуки
and the old men shook each other's hands
І старі потиснули один одному руки
they swore that all had been forgiven
Вони поклялися, що все було прощено
they would remain friends to the end of their lives
Вони залишаться друзями до кінця свого життя
"Well, then, neighbour Geppetto" said the carpenter
— Ну, що ж, сусіде Джеппетто, — сказав столяр
he asked "what is the favour that you wish of me?"
Він запитав: «Якої ласки ти бажаєш від мене?»
this would prove that peace was made
Це довело б, що мир був укладений
"I want a little wood to make my puppet"
"Я хочу трохи дерева, щоб зробити свою маріонетку"
"will you give me some wood?"
— Чи не даси мені дров?
Master. Antonio was delighted to get rid of the wood

Хазяїн. Антоніо був у захваті, позбувшись деревини
he immediately went to his work bench
Він одразу ж пішов до свого робочого столу
and he brought back the piece of wood
І він приніс назад шматок дерева
the piece of wood that had caused him so much fear
шматок дерева, який викликав у нього стільки страху
he was bringing the piece of wood to his friend
Він приносив шматок дерева своєму другові
but then the piece of wood started to shake!
Але потім шматок дерева почав тремтіти!
the piece of wood wriggled violently out of his hands
Шматок дерева з силою вирвався у нього з рук
this piece of wood knew how to make trouble!
Цей шматок дерева вмів наробити біди!
with all its might it struck against poor Geppetto
з усієї сили він вдарив по бідолашному Джеппетто
and it hit him right on his poor dried-up shins
І вдарило його прямо по бідних висохлих гомілках
you can imagine the cry that Geppetto gave
ви можете уявити собі крик, який видав Джеппетто
"is that the courteous way you make your presents?"
— Це так чемно ти робиш подарунки?
"You have almost lamed me, Master. Antonio!"
— Ви мало не накульгували мене, пане. Антоніо!»
"I swear to you that it was not I!"
— Клянусь тобі, що це був не я!
"Do you think I did this to myself?"
— Ти думаєш, я зробив це з собою?
"The wood is entirely to blame!"
— У всьому винен ліс!
"I know that it was the wood"
«Я знаю, що це був ліс»
"but it was you that hit my legs with it!"
— Але ж це ти вдарив мене нею по ногах!
"I did not hit you with it!"
— Не я тебе ним зачепив!

"Liar!" exclaimed Geppetto
«Брехун!» — вигукнув Джеппетто
"Geppetto, don't insult me or I will call you Pudding!"
— Джеппетто, не ображай мене, а то я назву тебе Пудингом!
"Knave!", "Pudding!", "Donkey!"
«Кни!», «Пудинг!», «Осел!»
"Pudding!", "Baboon!", "Pudding!"
«Пудинг!», «Павіан!», «Пудинг!»

Geppetto was mad with rage all over again
Джеппетто знову збожеволів від люті
he had been called been called pudding three times!
Його тричі називали пудингом!
he fell upon the carpenter and they fought desperately
Він накинувся на теслю, і вони відчайдушно билися
this battle lasted just as long as the first
Ця битва тривала стільки ж, скільки і перша
Master. Antonio had two more scratches on his nose
Хазяїн. У Антоніо було ще дві подряпини на носі
his adversary had lost two buttons off his waistcoat
Його супротивник втратив два гудзики з жилета
Their accounts being thus squared, they shook hands
Будучи таким чином зведені в квадрат, вони потиснули один одному руки
and they swore to remain good friends for the rest of their lives
І вони поклялися залишитися добрими друзями до кінця свого життя
Geppetto carried off his fine piece of wood
Джеппетто виніс свій тонкий шматок дерева
he thanked Master. Antonio and limped back to his house
він подякував Учителю. Антоніо і шкутильгав назад до свого будинку

Geppetto Names his Puppet Pinocchio
Джеппетто назвав свою маріонетку Піноккіо

Geppetto lived in a small ground-floor room
Джеппетто жив у маленькій кімнаті на першому поверсі
his room was only lighted from the staircase
Його кімната освітлювалася лише зі сходової клітки
The furniture could not have been simpler
Меблі не могли бути простіше
a rickety chair, a poor bed, and a broken table
хиткий стілець, бідне ліжко і розбитий стіл
At the end of the room there was a fireplace
У кінці кімнати стояв камін
but the fire was painted, and gave no fire
Але вогонь був розфарбований, і вогню не давав
and by the painted fire was a painted saucepan
А біля розмальованого вогнища стояла розмальована каструлька
and the painted saucepan was boiling cheerfully

І розмальована каструлька бадьоро кипіла
a cloud of smoke rose exactly like real smoke
Хмара диму здіймалася точнісінько, як справжній дим
Geppetto reached home and took out his tools
Джеппетто дійшов додому і дістав свої інструменти
and he immediately set to work on the piece of wood
І він відразу ж приступив до роботи над шматком дерева
he was going to cut out and model his puppet
Він збирався вирізати і змоделювати свою ляльку
"What name shall I give him?" he said to himself
«Яке ім'я я йому дам?» — запитав він сам до себе
"I think I will call him Pinocchio"
"Думаю, я буду називати його Піноккіо"
"It is a name that will bring him luck"
«Це ім'я, яке принесе йому удачу»
"I once knew a whole family called Pinocchio"
«Колись я знав цілу родину під назвою Піноккіо»
"There was Pinocchio the father and Pinocchio the mother"
«Був Піноккіо батько і Піноккіо мати»
"and there were Pinocchio the children"
"А були діти Піноккіо"
"and all of them did well in life"
«І всі вони добре впоралися з життям»
"The richest of them was a beggar"
«Найбагатший з них був жебраком»
he had found a good name for his puppet
Він знайшов гарне ім'я для своєї маріонетки
so he began to work in good earnest
І він почав працювати на повному серйозі
he first made his hair, and then his forehead
Спочатку він зробив собі волосся, а потім лоб
and then he worked carefully on his eyes
А потім обережно попрацював над очима
Geppetto thought he noticed the strangest thing
Джеппетто подумав, що помітив найдивнішу річ
he was sure he saw the eyes move!
Він був упевнений, що бачить, як рухаються очі!

the eyes seemed to look fixedly at him
Очі, здавалося, невідривно дивилися на нього
Geppetto got angry from being stared at
Джеппетто розлютився від того, що на нього витріщалися
the wooden eyes wouldn't let him out of their sight
Дерев'яні очі не випускали його з поля зору
"Wicked wooden eyes, why do you look at me?"
— Злі дерев'яні очі, чого ти на мене дивишся?
but the piece of wood made no answer
Але шматок дерева нічого не відповів
He then proceeded to carve the nose
Потім він приступив до вирізання носа
but as soon as he had made the nose it began to grow
Але як тільки він зробив ніс, він почав рости
And the nose grew, and grew, and grew
І ніс ріс, і ріс, і ріс
in a few minutes it had become an immense nose
За кілька хвилин він перетворився на величезний ніс
it seemed as if it would never stop growing
Здавалося, що вона ніколи не перестане рости
Poor Geppetto tired himself out with cutting it off
Бідолашний Джеппетто втомився відрізати його
but the more he cut, the longer the nose grew!
Але чим більше він ріже, тим довше ріс ніс!
The mouth was not even completed yet
Рот ще навіть не був завершений
but it already began to laugh and deride him
Але це вже почало сміятися і висміювати його
"Stop laughing!" said Geppetto, provoked
«Перестаньте сміятися!» — сказав Джеппетто, спровокований
but he might as well have spoken to the wall
Але з таким же успіхом він міг би говорити зі стіною
"Stop laughing, I say!" he roared in a threatening tone
«Перестаньте сміятися, кажу!» — заревів він загрозливим тоном
The mouth then ceased laughing

Потім рот перестав сміятися
but the face put out its tongue as far as it would go
Але обличчя висунуло язика так далеко, як тільки хотілось
Geppetto did not want to spoil his handiwork
Джеппетто не хотів псувати свою рукоділля
so he pretended not to see, and continued his labours
Тому він зробив вигляд, що не бачить, і продовжував свої труди
After the mouth he fashioned the chin
Після рота він виліпив підборіддя

then the throat and then the shoulders
потім горло, а потім плечі
then he carved the stomach and made the arms hands
Потім він вирізав живіт і зробив руки руками
now Geppetto worked on making hands for his puppet
тепер Джеппетто працював над виготовленням рук для своєї маріонетки
and in a moment he felt his wig snatched from his head
І за мить він відчув, як у нього з голови вирвали перуку

He turned round, and what did he see?
Він обернувся і що побачив?
He saw his yellow wig in the puppet's hand
Він побачив свою жовту перуку в руці ляльки
"Pinocchio! Give me back my wig instantly!"
— Піноккіо! Поверни мені мою перуку негайно!»
But Pinocchio did anything but return him his wig
Але Піноккіо зробив що завгодно, тільки не повернув йому перуку
Pinocchio put the wig on his own head instead!
Замість цього Піноккіо одягнув перуку на власну голову!
Geppetto didn't like this insolent and derisive behaviour
Джеппетто не сподобалася така зухвала і глузлива поведінка
he felt sadder and more melancholy than he had ever felt
Він відчував себе сумнішим і меланхолійнішим, ніж будь-коли
turning to Pinocchio, he said "You young rascal!"
повернувшись до Піноккіо, він сказав: «Ти молодий негідник!»
"I have not even completed you yet"
"Я ще навіть не завершив тебе"
"and you are already failing to respect to your father!"
— А ти вже не поважаєш свого батька!
"That is bad, my boy, very bad!"
— Це погано, мій хлопчику, дуже погано!
And he dried a tear from his cheek
І він висушив сльозу зі своєї щоки
The legs and the feet remained to be done
Ноги і ступні залишилося зробити
but he soon regretted giving Pinocchio feet
але незабаром він пошкодував, що подарував Піноккіо ноги
as thanks he received a kick on the point of his nose
На знак подяки він отримав стусана по вістрю носа
"I deserve it!" he said to himself
«Я заслуговую на це!» — сказав він собі

"I should have thought of it sooner!"
— Треба було подумати про це раніше!

"Now it is too late to do anything about it!"
— Тепер уже пізно щось із цим робити!

He then took the puppet under the arms
Потім він узяв ляльку під руки

and he placed him on the floor to teach him to walk
І він поклав його на підлогу, щоб навчити його ходити

Pinocchio's legs were stiff and he could not move
Ноги Піноккіо були затерплими, і він не міг рухатися

but Geppetto led him by the hand
але Джеппетто повів його за руку

and he showed him how to put one foot before the other
І він показав йому, як ставити одну ногу попереду іншої

eventually Pinocchio's legs became limber
З часом ноги Піноккіо стали стрункими

and soon he began to walk by himself
І скоро він почав ходити сам

and he began to run about the room
І він почав бігати по кімнаті

then he got out of the house door
Потім він вийшов за двері будинку

and he jumped into the street and escaped
І він вискочив на вулицю і втік

poor Geppetto rushed after him
Бідолашний Джеппетто кинувся за ним

of course he was not able to overtake him
Звичайно, він не зміг його обігнати

because Pinocchio leaped in front of him like a hare
бо Піноккіо стрибнув перед ним, як заєць

and he knocked his wooden feet against the pavement
І він стукнув своїми дерев'яними ногами об брукiвку

it made as much clatter as twenty pairs of peasants' clogs
Він здавав стільки ж стукоту, скільки двадцять пар селянських сабо

"Stop him! stop him!" shouted Geppetto
— Зупиніть його! зупиніть його!» — крикнув Джеппетто

but the people in the street stood still in astonishment
Але люди на вулиці завмерли від подиву
they had never seen a wooden puppet running like a horse
Вони ніколи не бачили, щоб дерев'яна маріонетка бігала, як кінь
and they laughed and laughed at Geppetto's misfortune
і вони сміялися і сміялися з нещастя Джеппетто
At last, as good luck would have it, a soldier arrived
Нарешті, як на зло, прибув солдат
the soldier had heard the uproar
Солдат почув галас
he imagined that a colt had escaped from his master
Він уявив, що осля втік від свого господаря
he planted himself in the middle of the road
Він посадив себе посеред дороги
he waited with the determined purpose of stopping him
Він чекав з рішучою метою зупинити його
thus he would prevent the chance of worse disasters
Таким чином він відвернув би можливість гірших нещасть
Pinocchio saw the soldier barricading the whole street
Піноккіо побачив солдата, який забарикадував всю вулицю
so he endeavoured to take him by surprise
Тому він намагався застати його зненацька
he planned to run between his legs
Він планував пробігти між ніг
but the soldier was too clever for Pinocchio
але солдат виявився занадто розумним для Піноккіо
The soldier caught him cleverly by the nose
Солдат спритно схопив його за ніс
and he gave Pinocchio back to Geppetto
і він віддав Піноккіо назад Джеппетто
Wishing to punish him, Geppetto intended to pull his ears
Бажаючи покарати його, Джеппетто мав намір смикнути його за вуха
But he could not find Pinocchio's ears!
Але він так і не зміг знайти вух Піноккіо!

And do you know the reason why?
І знаєте причину цього?
he had forgotten to make him any ears
Він забув зробити йому хоч якісь вуха
so then he took him by the collar
І тоді він узяв його за комір
"We will go home at once," he threatened him
— Ми зараз же поїдемо додому, — пригрозив він йому
"as soon as we arrive we will settle our accounts"
"Як тільки ми приїдемо, ми розрахуємося з нами"
At this information Pinocchio threw himself on the ground
Почувши цю інформацію, Піноккіо кинувся на землю
he refused to go another step
Він відмовився йти ще на крок
a crowd of inquisitive people began to assemble
Почав збиратися натовп допитливих людей
they made a ring around them
Вони зробили кільце навколо них
Some of them said one thing, some another
Хтось із них казав одне, хтось інше
"Poor puppet!" said several of the onlookers
«Бідолашна маріонетка!» — сказали кілька глядачів
"he is right not to wish to return home!"
«Він має рацію, не бажаючи повертатися додому!»
"Who knows how Geppetto will beat him!"
— Хто знає, як його поб'є Джеппетто!
"Geppetto seems a good man!"
«Джеппетто здається хорошою людиною!»
"but with boys he is a regular tyrant!"
— Але ж з хлопцями він звичайний тиран!
"don't leave that poor puppet in his hands"
«Не залишай ту бідну маріонетку в його руках»
"he is quite capable of tearing him to pieces!"
— Він цілком здатний розірвати його на шматки!
from what was said the soldier had to step in again
Зі сказаного солдату довелося знову втрутитися
the soldier gave Pinocchio his freedom

солдат подарував Піноккіо свою свободу
and the soldier led Geppetto to prison
і солдат привів Джеппетто до в'язниці
The poor man was not ready to defend himself with words
Бідолаха не був готовий захищатися словами
he cried like a calf "Wretched boy!"
Він кричав, як теля: «Нещасний хлопчик!»
"to think how I laboured to make him a good puppet!"
— Подумати, як я трудився, щоб зробити з нього добру маріонетку!
"But all I have done serves me right!"
— Але все, що я зробив, служить мені на користь!
"I should have thought of it sooner!"
— Треба було подумати про це раніше!

The Talking Little Cricket Scolds Pinocchio
Балакучий маленький цвіркун лає Піноккіо

poor Geppetto was being taken to prison
Бідолашного Джеппетто вели до в'язниці
all of this was not his fault, of course
У всьому цьому, звичайно, не було його провини
he had not done anything wrong at all
Він зовсім не зробив нічого поганого
and that little imp Pinocchio found himself free
і той маленький бісень Піноккіо опинився на волі
he had escaped from the clutches of the soldier
Він вирвався з лап солдата
and he ran off as fast as his legs could carry him
І він тікав так швидко, як ноги могли його нести
he wanted to reach home as quickly as possible
Він хотів якнайшвидше дістатися додому
therefore he rushed across the fields
І він помчав по полях
in his mad hurry he jumped over thorny hedges
У своєму шаленому поспіху він перестрибнув через колючі

ЖИВОПЛОТИ

and he jumped across ditches full of water
І він перестрибнув через канави, повні води
Arriving at the house, he found the door ajar
Прийшовши до будинку, він виявив, що двері відчинені
He pushed it open, went in, and fastened the latch
Він відчинив її, увійшов і застебнув засувку
he threw himself on the floor of his house
Він кинувся на підлогу свого будинку
and he gave a great sigh of satisfaction
І він задоволено зітхнув
But soon he heard someone in the room
Але невдовзі він почув когось у кімнаті
something was making a sound like "Cri-cri-cri!"
щось видавало звук на кшталт «Крі-крі-крі!»
"Who calls me?" said Pinocchio in a fright
«Хто мене кличе?» — перелякано спитав Піноккіо
"It is I!" answered a voice
«Це я!» — відповів голос
Pinocchio turned round and saw a little cricket
Піноккіо обернувся і побачив маленького цвіркуна
the cricket was crawling slowly up the wall
Цвіркун повільно повз по стіні
"Tell me, little cricket, who may you be?"
— Скажи мені, цвіркуно, хто ти такий?
"who I am is the talking cricket"
«Хто я є, той цвіркун, що говорить»
"and I have lived in this room a hundred years or more"
"А я прожив у цій кімнаті сто років або й більше"
"Now, however, this room is mine," said the puppet
— Але тепер ця кімната моя, — сказала маріонетка
"if you would do me the pleasure, go away at once"
«Якщо ти хочеш зробити мені задоволення, негайно йди геть»
"and when you're gone, please never come back"
"А коли тебе не буде, будь ласка, ніколи не повертайся"
"I will not go until I have told you a great truth"

«Я не піду, поки не скажу вам велику правду»
"Tell it me, then, and be quick about it"
«Тоді розкажи мені про це і поспіши»
"Woe to those boys who rebel against their parents"
«Горе тим хлопцям, які повстають проти своїх батьків»
"and woe to boys who run away from home"
"І горе хлопцям, що тікають з дому"
"They will never come to any good in the world"
«Вони ніколи в світі не прийдуть до добра»
"and sooner or later they will repent bitterly"
"І рано чи пізно вони гірко покаються"
"Sing all you want you little cricket"
«Співай все, що хочеш, маленький цвіркун»
"and feel free to sing as long as you please"
"І не соромтеся співати стільки, скільки вам заманеться"
"For me, I have made up my mind to run away"
«Я вирішив утекти»
"tomorrow at daybreak I will run away for good"
«Завтра на світанку я втечу назавжди»
"if I remain I shall not escape my fate"
"Якщо я залишуся, я не уникну своєї долі"
"it is the same fate as all other boys"
"Така ж доля, як і у всіх інших хлопчиків"
"if I stay I shall be sent to school"
"Якщо я залишуся, мене відправлять до школи"
"and I shall be made to study by love or by force"
"І я буду змушений навчатися любов'ю або силою"
"I tell you in confidence, I have no wish to learn"
«Кажу вам впевнено, я не маю бажання вчитися»
"it is much more amusing to run after butterflies"
«Набагато забавніше бігати за метеликами»
"I prefer climbing trees with my time"
«Я віддаю перевагу лазінню по деревах зі своїм часом»
"and I like taking young birds out of their nests"
«А мені подобається виймати пташенят з їхніх гнізд»
"Poor little goose" interjected the talking cricket
— Бідолашний маленький гусак, — втрутився балакучий

цвіркун
"don't you know you will grow up a perfect donkey?"
— Хіба ти не знаєш, що виростеш ідеальним віслюком?
"and every one will make fun of you"
«І кожен буде насміхатися з тебе»
Pinocchio was not pleased with what he heard
Піноккіо було не в захваті від почутого
"Hold your tongue, you wicked, ill-omened croaker!"
— Тримай язика за зубами, лукавий негідник!
But the little cricket was patient and philosophical
Але маленький цвіркун був терплячим і філософським
he didn't become angry at this impertinence
Він не розсердився на цю зухвалість
he continued in the same tone as he had before
Він продовжував тим самим тоном, що й раніше
"perhaps you really do not wish to go to school"
"Можливо, ти дійсно не хочеш іти до школи"
"so why not at least learn a trade?"
— То чому б хоча б не навчитися ремеслу?
"a job will enable you to earn a piece of bread!"
«Робота дасть тобі змогу заробити на шматок хліба!»
"What do you want me to tell you?" replied Pinocchio
«Що ти хочеш, щоб я тобі сказав?» — відповів Піноккіо
he was beginning to lose patience with the little cricket
Він починав втрачати терпіння щодо маленького цвіркуна
"there are many trades in the world I could do"
«У світі є багато професій, якими я міг би займатися»
"but only one calling really takes my fancy"
«Але тільки одне покликання мені по-справжньому подобається»
"And what calling is it that takes your fancy?"
— А що це за поклик, що тобі до вподоби?
"to eat, and to drink, and to sleep"
«Їсти, і пити, і спати»
"I am called to amuse myself all day"
«Я покликаний розважатися цілий день»
"to lead a vagabond life from morning to night"

«Вести бродяче життя з ранку до ночі»
the talking little cricket had a reply for this
Балакучий маленький цвіркун мав на це відповідь
"most who follow that trade end in hospital or prison"
«Більшість з тих, хто йде за цим ремеслом, закінчують у лікарні або в'язниці»
"Take care, you wicked, ill-omened croaker"
«Бережи себе, злий, нечестивий горбиль»
"Woe to you if I fly into a passion!"
— Горе тобі, якщо я впаду в пристрасть!
"Poor Pinocchio I really pity you!"
— Бідний Піноккіо, мені тебе дуже шкода!
"Why do you pity me?"
— Чого ти мене жалієш?
"I pity you because you are a puppet"
«Мені тебе шкода, бо ти маріонетка»
"and I pity you because you have a wooden head"
"І мені шкода тебе, бо в тебе дерев'яна голова"
At these last words Pinocchio jumped up in a rage
При цих останніх словах Піноккіо в люті схопився
he snatched a wooden hammer from the bench
Він вихопив з лави дерев'яний молоток

and he threw the hammer at the talking cricket
І він кинув молоток у розмовляючого цвіркуна
Perhaps he never meant to hit him
Можливо, він ніколи не збирався його вдарити
but unfortunately it struck him exactly on the head
Але, на жаль, це вдарило його саме по голові
the poor Cricket had scarcely breath to cry "Cri-cri-cri!"
бідолашний Цвіркун ледве дихав, щоб вигукнути: «Крі-крі-крі!»
he remained dried up and flattened against the wall
Він так і залишився висохлим і притиснутим до стіни

The Flying Egg
Літаюче яйце

The night was quickly catching up with Pinocchio
Ніч швидко наздоганяла Піноккіо
he remembered that he had eaten nothing all day
Він згадав, що цілий день нічого не їв
he began to feel a gnawing in his stomach
Він почав відчувати гризіння в животі
the gnawing very much resembled appetite
Гризіння дуже нагадувало апетит
After a few minutes his appetite had become hunger
Через кілька хвилин його апетит перетворився на голод
and in little time his hunger became ravenous
І за короткий час його голод став ненажерливим
Poor Pinocchio ran quickly to the fireplace
Бідолашний Піноккіо швидко побіг до каміна
the fireplace where a saucepan was boiling
Камін, де кипіла каструля
he was going to take off the lid
Він збирався зняти кришку
then he could see what was in it
Тоді він зміг побачити, що в ньому

but the saucepan was only painted on the wall
Але каструлька була намальована лише на стіні
You can imagine his feelings when he discovered this
Ви можете уявити його почуття, коли він дізнався про це
His nose, which was already long, became even longer
Його ніс, який і без того був довгим, став ще довшим
it must have grown by at least three inches
Він повинен був вирости хоча б на три дюйми
He then began to run about the room
Потім він почав бігати по кімнаті
he searched in the drawers and every imaginable place
Він нишпорив у шухлядах і в усіх можливих місцях
he hoped to find a bit of bread or crust
Він сподівався знайти шматочок хліба або скоринки
perhaps he could find a bone left by a dog
Можливо, він зміг знайти кістку, залишену собакою
a little moldy pudding of Indian corn
трохи запліснявілого пудингу з індійської кукурудзи
somewhere someone might have left a fish bone
Десь хтось міг залишити риб'ячу кістку
even a cherry stone would be enough
Вистачить навіть вишневої кісточки
if only there was something that he could gnaw
Якби тільки було щось, що він міг би гризти
But he could find nothing to get his teeth into
Але він не знайшов нічого, в що можна було б встромити зуби
And in the meanwhile his hunger grew and grew
А тим часом його голод ріс і зростав
Poor Pinocchio had no other relief than yawning
Бідолашному Піноккіо не залишалося ніякого іншого полегшення, крім позіхання
his yawns were so big his mouth almost reached his ears
Його позіхання були такими великими, що рот майже сягав вух
and felt as if he were going to faint
і відчував, що ось-ось знепритомніє

Then he began to cry desperately
Тоді він почав розпачливо плакати
"The talking little cricket was right"
«Балакучий маленький цвіркун мав рацію»
"I did wrong to rebel against my papa"
«Я вчинив неправильно, що повстав проти свого тата»
"I should not have ran away from home"
«Я не повинен був тікати з дому»
"If my papa were here I wouldn't be dying of yawning!"
«Якби мій тато був тут, я б не вмирав від позіхання!»
"Oh! what a dreadful illness hunger is!"
— Отакої! Яка страшна хвороба голод!»
Just then he thought he saw something in the dust-heap
Саме тоді йому здалося, що він щось побачив у купі пилу
something round and white that looked like a hen's egg
щось кругле і біле, схоже на куряче яйце
he sprung up to his feet and seized hold of the egg
Він схопився на ноги і вхопився за яйце
It was indeed a hen's egg, as he thought
Це справді було куряче яйце, як він подумав
Pinocchio's joy was beyond description
Радість Піноккіо не піддається опису
he had to make sure that he wasn't just dreaming
Він повинен був переконатися, що він не просто мріє
so he kept turning the egg over in his hands
І він продовжував перевертати яйце в руках
he felt and kissed the egg
Він обмацав і поцілував яйце
"And now, how shall I cook it?"
— А тепер як же я його зварю?
"Shall I make an omelet?"
— А може, я зроблю омлет?
"it would be better to cook it in a saucer!"
— Краще б його приготували в блюдце!
"Or would it not be more savory to fry it?"
— А чи не смачніше було б його посмажити?
"Or shall I simply boil the egg?"

— А може, я просто зварю яйце?
"No, the quickest way is to cook it in a saucer"
"Ні, найшвидший спосіб - це приготувати його в блюдці"
"I am in such a hurry to eat it!"
— Я так поспішаю його з'їсти!
Without loss of time he got an earthenware saucer
Не гаючи часу, у нього з'явилася фаянсова тарілка
he placed the saucer on a brazier full of red-hot embers
Він поставив блюдце на жаровню, повну розпеченого вугілля
he didn't have any oil or butter to use
У нього не було ні олії, ні масла, яке можна було б використовувати
so he poured a little water into the saucer
Тому він налив у блюдце трохи води
and when the water began to smoke, crack!
А коли вода почала диміти, тріснути!
he broke the egg-shell over the saucer
Він розбив яєчну шкаралупу над блюдцем
and he let the contents of the egg drop into the saucer
І він пустив вміст яйця в блюдце
but the egg was not full of white and yolk
Але в яйці не було повно білка і жовтка
instead, a little chicken popped out the egg
Замість цього з яйця вискочило маленьке курча

it was a very gay and polite little chicken
Це було дуже веселе і ввічливе маленьке курча
the little chicken made a beautiful courtesy
Маленьке курча зробило прекрасну ввічливість
"A thousand thanks, Master. Pinocchio"
— Тисяча подяк, Учителю. Піноккіо"
"you have saved me the trouble of breaking the shell"
«Ти врятував мене від клопоту, пов'язаного з розбиттям шкаралупи»
"Adieu, until we meet again" the chicken said
— Адіє, доки ми знову не зустрінемося, — сказала курка
"Keep well, and my best compliments to all at home!"
«Будьте здорові, і мої найкращі компліменти всім вдома!»
the little chicken spread its little wings
Маленьке курча розправило свої маленькі крильця
and the little chicken darted through the open window
І маленьке курча вискочило у відчинене вікно
and then the little chicken flew out of sight

І тут маленьке курча зникло з поля зору
The poor puppet stood as if he had been bewitched
Бідолашна маріонетка стояла, наче її зачарували
his eyes were fixed, and his mouth was open
Його очі були нерухомі, а рот відкритий
and he still had the egg-shell in his hand
А в руці в нього ще була яєчна шкаралупа
slowly he Recovered from his stupefaction
поволі він оговтався від заціпеніння
and then he began to cry and scream
А потім почав плакати і кричати
he stamped his feet on the floor in desperation
Він у розпачі тупотів ногами об підлогу
amidst his sobs he gathered his thoughts
Серед ридань він зібрався з думками
"Ah, indeed, the talking little cricket was right"
"Ах, справді, балакучий маленький цвіркун мав рацію"
"I should not have run away from home"
«Я не повинен був тікати з дому»
"then I would not now be dying of hunger!"
— Тоді б я не вмирав тепер з голоду!
"and if my papa were here he would feed me"
"А якби мій тато був тут, він би мене годував"
"Oh! what a dreadful illness hunger is!"
— Отакої! Яка страшна хвороба голод!»
his stomach cried out more than ever
Його живіт скрикнув більше, ніж будь-коли
and he did not know how to quiet his hunger
І він не знав, як вгамувати свій голод
he thought about leaving the house
Він думав про те, щоб вийти з дому
perhaps he could make an excursion in the neighborhood
Можливо, він міг би зробити екскурсію по околицях
he hoped to find some charitable person
Він сподівався знайти якусь благодійну людину
maybe they would give him a piece of bread
Може, йому дадуть шматок хліба

Pinocchio's Feet Burn to Cinders
Ноги Піноккіо горять до недогарку

It was an especially wild and stormy night
Це була особливо дика і бурхлива ніч
The thunder was tremendously loud and fearful
Грім був страшенно гучний і страшний
the lightning was so vivid that the sky seemed on fire
Блискавка була настільки яскравою, що здавалося, що небо горить
Pinocchio had a great fear of thunder
Піноккіо дуже боявся грому
but hunger can be stronger than fear
Але голод може бути сильнішим за страх
so he closed the door of the house
І він зачинив двері будинку
and he made a desperate rush for the village
І він відчайдушно кинувся в село
he reached the village in a hundred bounds
До села він дійшов за сто кіл
his tongue was hanging out of his mouth
Його язик стирчав з рота
and he was panting for breath like a dog
І він задихався, як собака
But he found the village all dark and deserted
Але він знайшов село темним і безлюдним
The shops were closed and the windows were shut
Магазини були зачинені, а вікна зачинені
and there was not so much as a dog in the street
А на вулиці було не так багато, як собаки
It seemed like he had arrived in the land of the dead
Здавалося, що він прибув у країну мертвих
Pinocchio was urged on by desperation and hunger
Піноккіо підштовхували відчай і голод
he took hold of the bell of a house
Він узяв у руки дзвін одного з будинків
and he began to ring the bell with all his might

І він почав дзвонити в дзвін з усієї сили
"That will bring somebody," he said to himself
"Це приведе когось", - сказав він сам собі
And it did bring somebody!
І це когось привело!
A little old man appeared at a window
Біля вікна з'явився маленький дідок
the little old man still had a night-cap on his head
На голові у маленького дідка ще був нічний ковпак
he called to him angrily
— сердито гукнув він
"What do you want at such an hour?"
— Чого ти хочеш у таку годину?
"Would you be kind enough to give me a little bread?"
— Чи не був би ти такий добрий, щоб дати мені трохи хліба?
the little old man was very obliging
Маленький дідок був дуже люб'язний
"Wait there, I will be back directly"
"Зачекайте там, я повернуся безпосередньо"
he thought it was one of the local rascals
Він подумав, що це хтось із місцевих пройдисвітів
they amuse themselves by ringing the house-bells at night
Вони розважаються тим, що вночі дзвонять у будинкові дзвони
After half a minute the window opened again
Через півхвилини вікно знову відчинилося
the voice of the same little old man shouted to Pinocchio
— крикнув голос того самого маленького дідка Піноккіо
"Come underneath and hold out your cap"
«Підійди під землю і простягни свою шапку»
Pinocchio pulled off his cap and held it out
Піноккіо стягнув з себе шапку і простягнув її
but Pinocchio's cap was not filled with bread or food
але шапка Піноккіо не була наповнена ні хлібом, ні їжею
an enormous basin of water was poured down on him
На нього вилилася величезна тазивчина з водою

the water soaked him from head to foot
Вода промочила його з ніг до голови
as if he had been a pot of dried-up geraniums
Наче горщик із засохлою геранню
He returned home like a wet chicken
Він повертався додому, як мокра курка
he was quite exhausted with fatigue and hunger
Він був досить виснажений втомою і голодом
he no longer had the strength to stand
У нього вже не було сил стояти
so he sat down and rested his damp and muddy feet
Тож він сів і дав відпочинок своїм вологим і брудним ногам
he put his feet on a brazier full of burning embers
Він поставив ноги на жаровню, повну палаючих вуглинок
and then he fell asleep, exhausted from the day
А потім заснув, знесилений від дня
we all know that Pinocchio has wooden feet
всі ми знаємо, що Піноккіо має дерев'яні ніжки
and we know what happens to wood on burning embers
І ми знаємо, що відбувається з деревиною на палаючому вугіллі
little by little his feet burnt away and became cinders
Мало-помалу його ноги згоріли і стали недогарками
Pinocchio continued to sleep and snore
Піноккіо продовжував спати і хропіти
his feet might as well have belonged to someone else
З таким же успіхом його ноги могли належати комусь іншому
At last he awoke because someone was knocking at the door
Нарешті він прокинувся від того, що хтось стукав у двері
"Who is there?" he asked, yawning and rubbing his eyes
«Хто там?» — запитав він, позіхаючи і протираючи очі
"It is I!" answered a voice
«Це я!» — відповів голос
And Pinocchio recognized Geppetto's voice
І Піноккіо впізнав голос Джеппетто

Geppetto Gives his own Breakfast to Pinocchio
Джеппетто подає свій сніданок Піноккіо

Poor Pinocchio's eyes were still half shut from sleep
Очі бідолашного Піноккіо були ще напівзаплющені від сну
he had not yet discovered what had happened
Він ще не зрозумів, що сталося
his feet had were completely burnt off
У нього були повністю обпалені ноги
he heard the voice of his father at the door
Він почув у дверях голос свого батька
and he jumped off the chair he had slept on
І він зіскочив зі стільця, на якому спав
he wanted to run to the door and open it
Він хотів підбігти до дверей і відчинити їх
but he stumbled around and fell on the floor
Але він спіткнувся і впав на підлогу
imagine having a sack of wooden ladles
Уявіть, що у вас є мішок з дерев'яними ополониками
imagine throwing the sack off the balcony
Уявіть, що ви викидаєте мішок з балкона
that is was the sound of Pinocchio falling to the floor
Це був звук падіння Піноккіо на підлогу
"Open the door!" shouted Geppetto from the street
«Відчиніть двері!» — крикнув Джеппетто з вулиці
"Dear papa, I cannot," answered the puppet
— Любий тату, не можу, — відповіла маріонетка
and he cried and rolled about on the ground
І він плакав, і валявся по землі
"Why can't you open the door?"
— Чому ти не можеш відчинити двері?
"Because my feet have been eaten"
«Бо мої ноги з'їдені»
"And who has eaten your feet?"
— А хто з'їв твої ноги?
Pinocchio looked around for something to blame
Піноккіо озирнувся, шукаючи в чому винен

eventually he answered "the cat ate my feet"
Врешті-решт він відповів: «Кіт з'їв мої ноги»
"Open the door, I tell you!" repeated Geppetto
«Відчиніть двері, кажу вам!» — повторив Джеппетто
"If you don't open it, you shall have the cat from me!"
— Якщо ти не відкриєш його, то забереш кота від мене!
"I cannot stand up, believe me"
"Я не можу встати, повір мені"
"Oh, poor me!" lamented Pinocchio
«Ох, бідний я!» — бідкався Піноккіо
"I shall have to walk on my knees for the rest of my life!"
«Мені все життя доведеться ходити на колінах!»
Geppetto thought this was another one of the puppet's tricks
Джеппетто подумав, що це ще одна з витівок маріонетки
he thought of a means of putting an end to his tricks
Він придумав, як покласти край своїм витівкам
he climbed up the wall and got in through the window
Він виліз на стіну і проник через вікно
He was very angry when he first saw Pinocchio
Він дуже розлютився, коли вперше побачив Піноккіо
and he did nothing but scold the poor puppet
І він тільки й робив, що лаяв бідолашну маріонетку

but then he saw Pinocchio really was without feet
але потім він побачив, що Піноккіо дійсно був без ніг
and he was quite overcome with sympathy again
І його знову цілком охопило співчуття
Geppetto took his puppet in his arms
Джеппетто взяв свою маріонетку на руки
and he began to kiss and caress him
І він почав цілувати та пестити його
he said a thousand endearing things to him
Він сказав йому тисячу милих речей
big tears ran down his rosy cheeks
Великі сльози потекли по його рум'яних щоках
"My little Pinocchio!" he comforted him
«Мій маленький Піноккіо!» — заспокоїв він його
"how did you manage to burn your feet?"
— Як ти примудрився обпекти собі ноги?
"I don't know how I did it, papa"
"Я не знаю, як я це зробив, тату"
"but it has been such a dreadful night"
"Але це була така жахлива ніч"
"I shall remember it as long as I live"
«Я буду пам'ятати це, доки житиму»
"there was thunder and lightning all night"
«Всю ніч був грім і блискавка»
"and I was very hungry all night"
"І я всю ніч був дуже голодний"
"and then the talking cricket scolded me"
"А потім балакучий цвіркун вилаяв мене"
"the talking cricket said 'it serves you right'"
"Балакучий цвіркун сказав: "Це служить тобі правильно"
"he said; 'you have been wicked and deserve it'"
"Він сказав; " Ти був нечестивим і заслуговуєш на це"
"and I said to him: 'Take care, little Cricket!'"
І я сказав йому: «Бережи себе, маленький Цвіркун!»
"and he said; 'You are a puppet'"
І він сказав: " Ти маріонетка"
"and he said; 'you have a wooden head'"

І він сказав: " У тебе дерев'яна голова»
"and I threw the handle of a hammer at him"
"І я кинув у нього рукоятку молотка"
"and then the talking little cricket died"
"А потім балакучий маленький цвіркун помер"
"but it was his fault that he died"
"Але це була його провина, що він загинув"
"because I didn't wish to kill him"
«Тому що я не хотів його вбивати»
"and I have proof that I didn't mean to"
"І у мене є докази того, що я цього не хотів"
"I had put an earthenware saucer on burning embers"
«Я поставив фаянсову тарілку на палаючі вуглинки»
"but a chicken flew out of the egg"
"Але з яйця вилетіла курка"
"the chicken said; 'Adieu, until we meet again'"
— сказала курка. Адіє, доки ми знову не зустрінемося».
'send my compliments to all at home'
«Надішліть мої компліменти всім вдома»
"and then I got even more hungry"
"А потім я ще більше зголодніла"
"then there was that little old man in a night-cap"
"А ще був той маленький дідок у нічному ковпаку"
"he opened the window up above me"
"Він відчинив вікно наді мною"
"and he told me to hold out my hat"
"І він сказав мені простягнути капелюха"
"and he poured a basinful of water on me"
"І він вилив на мене тазик з водою"
"asking for a little bread isn't a disgrace, is it?"
— Попросити трохи хліба — це не ганьба, чи не так?
"and then I returned home at once"
"А потім я одразу повернувся додому"
"I was hungry and cold and tired"
«Я був голодний, холодний і втомлений»
"and I put my feet on the brazier to dry them"
"І я поставив ноги на жаровню, щоб висушити їх"

"and then you returned in the morning"
"А потім вранці ти повернувся"
"and I found my feet were burnt off"
"І я побачив, що мої ноги обгоріли"
"and I am still hungry"
"І я все ще голодний"
"but I no longer have any feet!"
— Але в мене вже немає ніг!
And poor Pinocchio began to cry and roar
І бідний Піноккіо почав плакати і ревіти
he cried so loudly that he was heard five miles off
Він плакав так голосно, що його було чути за п'ять миль
Geppetto, only understood one thing from all this
Джеппетто, зрозумів з усього цього тільки одне
he understood that the puppet was dying of hunger
Він розумів, що маріонетка вмирає з голоду
so he drew from his pocket three pears
І він витяг з кишені три груші
and he gave the pears to Pinocchio
і він віддав груші Піноккіо
"These three pears were intended for my breakfast"
«Ці три груші призначалися для мого сніданку»
"but I will give you my pears willingly"
"Але я охоче віддам тобі свої груші"
"Eat them, and I hope they will do you good"
«Їжте їх, і я сподіваюся, що вони підуть вам на користь»
Pinocchio looked at the pears distrustfully
Піноккіо недовірливо подивився на груші
"but you can't expect me to eat them like that"
"Але ви не можете очікувати, що я буду їх так їсти"
"be kind enough to peel them for me"
«Будь ласкавий і зніми їх для мене»
"Peel them?" said Geppetto, astonished
«Очистити їх?» — здивовано сказав Джеппетто
"I didn't know you were so dainty and fastidious"
«Я не знала, що ти такий вишуканий і вибагливий»
"These are bad habits to have, my boy!"

— Це погані звички, мій хлопчику!
"we must accustom ourselves to like and to eat everything"
«Ми повинні призвичаїти себе любити і їсти все»
"there is no knowing to what we may be brought"
«Невідомо, до чого нас можуть привести»
"There are so many chances!"
«Стільки шансів!»
"You are no doubt right," interrupted Pinocchio
— Ти, без сумніву, маєш рацію, — перебив його Піноккіо
"but I will never eat fruit that has not been peeled"
"Але я ніколи не буду їсти плоди, які не були очищені"
"I cannot bear the taste of rind"
«Я не можу виносити смак шкірки»
So good Geppetto peeled the three pears
Так добре Джеппетто очистив три груші
and he put the pear's rinds on a corner of the table
І поклав шкірку груші на куток столу
Pinocchio had eaten the first pear
Піноккіо з'їв першу грушу
he was about to throw away the pear's core
Він збирався викинути серцевину груші
but Geppetto caught hold of his arm
але Джеппетто схопив його за руку
"Do not throw the core of the pear away"
«Серцевину груші не викидайте»
"in this world everything may be of use"
«У цьому світі все може бути корисним»
But Pinocchio refused to see the sense in it
Але Піноккіо відмовився бачити в цьому сенс
"I am determined I will not eat the core of the pear"
"Я твердо вирішив, що не буду їсти серцевину груші"
and Pinocchio turned upon him like a viper
І Піноккіо обернувся на нього, як гадюка
"Who knows!" repeated Geppetto
— Хтозна, — повторив Джеппетто
"there are so many chances," he said
"Є так багато шансів", - сказав він

and Geppetto never lost his temper even once
і Джеппетто жодного разу не втрачав самовладання
And so the three pear cores were not thrown out
І так три грушеві ядра не викинули
they were placed on the corner of the table with the rinds
Їх ставили на кутку столу разом з шкірками
after his small feast Pinocchio yawned tremendously
після свого маленького застілля Піноккіо страшенно позіхнув
and he spoke again in a fretful tone
І він знову заговорив роздратованим тоном
"I am as hungry as ever!"
— Я голодний, як ніколи!
"But, my boy, I have nothing more to give you!"
— Але, мій хлопчику, я більше нічого не можу тобі дати!
"You have nothing? Really? Nothing?"
"У вас нічого немає? Справді? Нічого?
"I have only the rind and the cores of the pears"
"У мене є тільки шкірка і серцевини груш"
"One must have patience!" said Pinocchio
«Треба набратися терпіння!» — сказав Піноккіо
"if there is nothing else I will eat the pear's rind"
«Якщо більше нічого немає, я з'їм шкірку груші»
And he began to chew the rind of the pear
І він почав жувати шкірку груші
At first he made a wry face
Спочатку він зробив криве обличчя
but then, one after the other, he quickly ate them
Але потім, один за одним, він швидко їх з'їв
and after the pear's rinds he even ate the cores
А після шкірки груші навіть серцевини з'їв
when he had eaten everything he rubbed his belly
Коли він з'їв усе, то потер собі живіт
"Ah! now I feel comfortable again"
— Ах! тепер я знову почуваюся комфортно»
"Now you see I was right," smiled Gepetto
— Тепер ти бачиш, що я мав рацію, — посміхнувся

Джепетто
"it's not good to accustom ourselves to our tastes"
«Недобре призвичаїтися до своїх смаків»
"We can never know, my dear boy, what may happen to us"
«Ми ніколи не зможемо знати, мій любий хлопчику, що може з нами статися»
"There are so many chances!"
«Стільки шансів!»

Geppetto Makes Pinocchio New Feet
Джеппетто робить Піноккіо новими ногами

the puppet had satisfied his hunger
Маріонетка вгамувала свій голод
but he began to cry and grumble again
Але він знову почав плакати і бурчати
he remembered he wanted a pair of new feet
Він згадав, що хотів пару нових ніг
But Geppetto punished him for his naughtiness
Але Джеппетто покарав його за неслухняність
he allowed him to cry and to despair a little
Він дозволив йому поплакати і трохи впасти у відчай
Pinocchio had to accept his fate for half the day
Піноккіо довелося змиритися зі своєю долею на півдня
at the end of the day he said to him:
В кінці дня він сказав йому:
"Why should I make you new feet?"
— Чому я маю робити тебе новими ногами?
"To enable you to escape again from home?"
— Щоб ти міг знову втекти з дому?
Pinocchio sobbed at his situation
Піноккіо схлипнув від свого становища
"I promise you that for the future I will be good"
"Я обіцяю тобі, що в майбутньому я буду хорошим"
but Geppetto knew Pinocchio's tricks by now
але Джеппетто вже знав хитрощі Піноккіо

"All boys who want something say the same thing"
«Всі хлопчики, які чогось хочуть, говорять одне й те саме»
"I promise you that I will go to school"
"Я тобі обіцяю, що піду до школи"
"and I will study and bring home a good report"
"А я вивчу і принесу додому хороший звіт"
"All boys who want something repeat the same story"
«Всі хлопчики, які чогось хочуть, повторюють одну і ту ж історію»
"But I am not like other boys!" Pinocchio objected
— Але ж я не такий, як інші хлопці! — заперечив Піноккіо
"I am better than all of them," he added
"Я кращий за них усіх", - додав він
"and I always speak the truth," he lied
— А я завжди кажу правду, — збрехав він
"I promise you, papa, that I will learn a trade"
— Обіцяю тобі, тату, що навчуся ремесла.
"I promise that I will be the consolation of your old age"
«Я обіцяю, що буду втіхою твоєї старості»
Geppetto's eyes filled with tears on hearing this
Очі Джеппетто наповнилися слізьми, почувши це
his heart was sad at seeing his son like this
Його серце сумувало, коли він бачив свого сина таким
Pinocchio was in such a pitiable state
Піноккіо перебував у такому жалюгідному стані
He did not say another word to Pinocchio
Він не сказав Піноккіо більше ні слова
he got his tools and two small pieces of seasoned wood
Він узяв свої інструменти та два маленькі шматки витриманого дерева
he set to work with great diligence
Він з великою старанністю взявся за роботу
In less than an hour the feet were finished
Не минуло й години, як ноги були готові
They might have been modelled by an artist of genius
Можливо, вони були створені за зразком геніального художника

Geppetto then spoke to the puppet
Потім Джеппетто заговорив з маріонеткою
"Shut your eyes and go to sleep!"
— Заплющ очі і лягай спати!
And Pinocchio shut his eyes and pretended to sleep
А Піноккіо заплющив очі і вдав, що спить
Geppetto got an egg-shell and melted some glue in it
Джеппетто дістав яєчну шкаралупу і розтопив в ній трохи клею
and he fastened Pinocchio's feet in their place
і він пристебнув ноги Піноккіо на їхньому місці
it was masterfully done by Geppetto
це було віртуозно виконано Джеппетто
not a trace could be seen of where the feet were joined
Не було видно і сліду від місця з'єднання ніг
Pinocchio soon realized that he had feet again
Незабаром Піноккіо зрозумів, що у нього знову ноги
and then he jumped down from the table
А потім зістрибнув з-за столу
he jumped around the room with energy and joy
Він енергійно і радісно стрибав по кімнаті
he danced as if he had gone mad with his delight
Він танцював так, наче збожеволів від свого захвату
"thank you for all you have done for me"
"Дякую тобі за все, що ти для мене зробив"
"I will go to school at once," Pinocchio promised
— Я зараз піду до школи, — пообіцяв Піноккіо
"but to go to school I shall need some clothes"
"Але щоб іти до школи, мені потрібен одяг"
by now you know that Geppetto was a poor man
Ви вже знаєте, що Джеппетто був бідною людиною
he had not so much as a penny in his pocket
У кишені у нього було не так вже й копійки
so he made him a little dress of flowered paper
Тож він зробив йому маленьке плаття з квітчастого паперу
a pair of shoes from the bark of a tree
пара взуття з кори дерева

and he made a hat out of the bread
І зробив він з хліба шапку

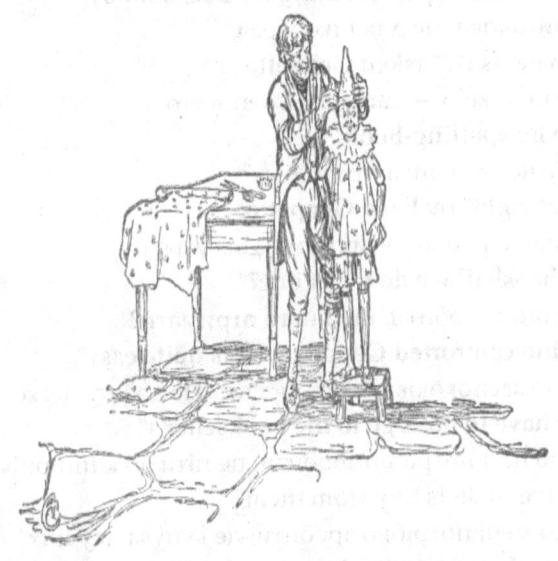

Pinocchio ran to look at himself in a crock of water
Піноккіо побіг дивитися на себе в купі води
he was ever so pleased with his appearance
Він був дуже задоволений своїм зовнішнім виглядом
and he strutted about the room like a peacock
І він нишпорив по кімнаті, як павич
"I look quite like a gentleman!"
— Я дуже схожий на джентльмена!
"Yes, indeed," answered Geppetto
— Так, справді, — відповів Джеппетто
"it is not fine clothes that make the gentleman"
«Не гарний одяг робить джентльмена»
"rather, it is clean clothes that make a gentleman"
«Скоріше, саме чистий одяг робить джентльмена»
"By the way," added the puppet
— До речі, — додала маріонетка
"to go to school there's still something I need"
"щоб іти до школи, мені ще щось потрібно"

"I am still without the best thing"
"Я все ще без найкращого"
"it is the most important thing for a school boy"
«Це найголовніше для школяра»
"And what is it?" asked Geppetto
«А що це таке?» — запитав Джеппетто
"I have no spelling-book"
"У мене немає книги правопису"
"You are right" realized Geppetto
— Ти маєш рацію, — зрозумів Джеппетто
"but what shall we do to get one?"
— Але що ж робити, щоб його отримати?
Pinocchio comforted Geppetto, "It is quite easy"
Піноккіо заспокоював Джеппетто: «Це досить легко»
"all we have to do is go to the bookseller's"
«Все, що нам потрібно зробити, це піти до книгарні»
"all I have to do is buy from them"
"Все, що мені потрібно зробити, це купувати у них"
"but how do we buy it without money?"
— Але як же купити його без грошей?
"I have got no money," said Pinocchio
— У мене немає грошей, — сказав Піноккіо
"Neither have I," added the good old man, very sadly
— І я теж, — дуже сумно додав добрий старий
although he was a very merry boy, Pinocchio became sad
Хоч він був дуже веселим хлопчиком, Піноккіо засумував
poverty, when it is real, is understood by everybody
Бідність, коли вона реальна, розуміють усі
"Well, patience!" exclaimed Geppetto, rising to his feet
«Ну, терпіння!» — вигукнув Джеппетто, підводячись на ноги
and he put on his old corduroy jacket
І він одягнув свою стару вельветову куртку
and he ran out of the house into the snow
І він вибіг з хати в сніг
He returned back to the house soon after
Невдовзі він повернувся додому

in his hand he held a spelling-book for Pinocchio
У руці він тримав книгу з правописом Піноккіо
but the old jacket he had left with was gone
Але стара куртка, з якою він залишився, зникла
The poor man was in his shirt-sleeves
Бідолаха був у рукавах сорочки
and outdoors it was cold and snowing
А на вулиці було холодно і йшов сніг
"And your jacket, papa?" asked Pinocchio
«А твоя куртка, тату?» — запитав Піноккіо
"I have sold it," confirmed old Geppetto
— Я продав його, — підтвердив старий Джеппетто
"Why did you sell it?" asked Pinocchio
«Чому ви його продали?» — запитав Піноккіо
"Because I found my jacket was too hot"
«Тому що я виявив, що моя куртка занадто гаряча»
Pinocchio understood this answer in an instant
Піноккіо зрозумів цю відповідь в одну мить
Pinocchio was unable to restrain the impulse of his heart
Піноккіо не зміг стримати порив свого серця
Because Pinocchio did have a good heart after all
Тому що у Піноккіо все-таки було добре серце
he sprang up and threw his arms around Geppetto's neck
він підскочив і обійняв Джеппетто за шию
and he kissed him again and again a thousand times
І він цілував його знову і знову тисячу разів

Pinocchio Goes to See a Puppet Show
Піноккіо йде на лялькову виставу

eventually it stopped snowing outside
З часом на вулиці перестав іти сніг
and Pinocchio set out to go to school
і Піноккіо вирушив до школи
and he had his fine spelling-book under his arm
А під пахвою в нього був чудовий правопис

he walked along with a thousand ideas in his head
Він йшов разом з тисячею ідей в голові
his little brain thought of all the possibilities
Його маленький мозок думав про всі можливості
and he built a thousand castles in the air
І він збудував тисячу повітряних замків
each castle was more beautiful than the other
Кожен замок був красивіший за інший
And, talking to himself, he said;
І, розмовляючи сам із собою, сказав:
"Today at school I will learn to read at once"
«Сьогодні в школі я буду вчитися читати відразу»
"then tomorrow I will begin to write"
"то завтра я почну писати"
"and the day after tomorrow I will learn the numbers"
"А післязавтра я вивчу цифри"
"all of these things will prove very useful"
«Всі ці речі виявляться дуже корисними»
"and then I will earn a great deal of money"
"І тоді я зароблю багато грошей"
"I already know what I will do with the first money"
«Я вже знаю, що буду робити з першими грошима»
"I will immediately buy a beautiful new cloth coat"
«Я негайно куплю гарне нове суконне пальто»
"my papa will not have to be cold anymore"
«Моєму татові більше не доведеться мерзнути»
"But what am I saying?" he realized
«Але що я кажу?» — зрозумів він
"It shall be all made of gold and silver"
"Усе буде зроблено із золота та срібла"
"and it shall have diamond buttons"
"І в ньому будуть діамантові гудзики"
"That poor man really deserves it"
«Цей бідний чоловік справді заслуговує на це»
"he bought me books and is having me taught"
«Він купив мені книжки і навчає мене»
"and to do so he has remained in a shirt"

"І для цього він залишився в сорочці"
"he has done all this for me in such cold weather"
"Він все це зробив для мене в такі холоди"
"only papas are capable of such sacrifices!"
— На такі жертви здатні тільки тапи!
he said all this to himself with great emotion
Все це він сказав собі з великим розчуленням
but in the distance he thought he heard music
Але вдалині йому здалося, що він чує музику
it sounded like pipes and the beating of a big drum
Він звучав, як труби і биття великого барабана
He stopped and listened to hear what it could be
Він зупинився і прислухався, щоб почути, що це може бути
The sounds came from the end of a street
Звуки долинали з кінця вулиці
and the street led to a little village on the seashore
А вулиця вела в маленьке село на березі моря
"What can that music be?" he wondered
«Що це може бути за музика?» — здивувався він
"What a pity that I have to go to school"
"Як шкода, що я маю йти до школи"
"if only I didn't have to go to school..."
«Якби мені не довелося ходити до школи...»
And he remained irresolute
І він залишався нерішучим
It was, however, necessary to come to a decision
Однак для прийняття рішення необхідно було прийти
"Should I go to school?" he asked himself
«Чи йти мені до школи?» — запитав він себе
"or should I go after the music?"
— Чи мені йти за музикою?
"Today I will go and hear the music" he decided
"Сьогодні я піду послухаю музику", - вирішив він
"and tomorrow I will go to school"
"А завтра я піду до школи"
the young scapegrace of a boy had decided

Молодий хлопець вирішив
and he shrugged his shoulders at his choice
І він знизав плечима на свій вибір
The more he ran the nearer came the sounds of the music
Чим більше він бігав, тим ближче долинали звуки музики
and the beating of the big drum became louder and louder
І биття великого барабана ставало все голосніше і голосніше
At last he found himself in the middle of a town square
Нарешті він опинився посеред міської площі
the square was quite full of people
На площі було досить повно людей
all the people were all crowded round a building
Всі люди юрмилися навколо будівлі
and the building was made of wood and canvas
А будівля була зроблена з дерева і полотна
and the building was painted a thousand colours
А будівля була розфарбована в тисячу кольорів
"What is that building?" asked Pinocchio
«Що це за будівля?» — запитав Піноккіо
and he turned to a little boy
І він обернувся до маленького хлопчика
"Read the placard," the boy told him
— Прочитай плакат, — сказав йому хлопчик
"it is all written there," he added
"Там все написано", - додав він
"read it and and then you will know"
"Прочитай і тоді ти дізнаєшся"
"I would read it willingly," said Pinocchio
— Я б охоче прочитав її, — сказав Піноккіо
"but it so happens that today I don't know how to read"
"Але так вийшло, що сьогодні я не вмію читати"
"Bravo, blockhead! Then I will read it to you"
"Браво, блокхед! Тоді я вам її прочитаю"
"you see those words as red as fire?"
— Ти бачиш ці слова червоні, як вогонь?
"The Great Puppet Theatre," he read to him

«Великий ляльковий театр», — прочитав він йому

"Has the play already begun?"

— П'єса вже почалася?

"It is beginning now," confirmed the boy

— Зараз усе починається, — підтвердив хлопець

"How much does it cost to go in?"

"Скільки коштує зайти?"

"A dime is what it costs you"

"Копійка – це те, чого вам коштує"

Pinocchio was in a fever of curiosity

Піноккіо був у гарячці цікавості

full of excitement he lost all control of himself

Сповнений збудження, він втратив будь-який контроль над собою

and Pinocchio lost all sense of shame

і Піноккіо втратив будь-яке почуття сорому

"Would you lend me a dime until tomorrow?"

— Чи позичиш ти мені копійку до завтра?

"I would lend it to you willingly," said the boy

— Я б охоче позичив її тобі, — сказав хлопець

"but unfortunately today I cannot give it to you"

"Але, на жаль, сьогодні я не можу вам цього дати"

Pinocchio had another idea to get the money

У Піноккіо з'явилася ще одна ідея отримати гроші

"I will sell you my jacket for a dime"

"Я продам тобі свою куртку за копійки"

"but your jacket is made of flowered paper"

«Але ж твоя куртка зроблена з паперу в квіточку»

"what use could I have for such a jacket?"

— Яка мені користь від такої куртки?

"imagine it rained and the jacket got wet"

"Уявіть, що пішов дощ і куртка промокла"

"it would be impossible to get it off my back"

"Це було б неможливо відірвати від моєї спини"

"Will you buy my shoes?" tried Pinocchio

«Ти купиш мої черевики?» — запитав Піноккіо

"They would only be of use to light the fire"

«Вони принесуть користь лише для того, щоб розпалити вогонь»

"How much will you give me for my cap?"

— Скільки ви мені дасте за мою шапку?

"That would be a wonderful acquisition indeed!"

«Це було б справді чудовим придбанням!»

"A cap made of bread crumb!" joked the boy

«Шапочка з хлібного м'якуша!» — пожартував хлопчик

"There would be a risk of the mice coming to eat it"

"Був би ризик, що миші прийдуть його з'їсти"

"they might eat it whilst it was still on my head!"

— Вони могли б з'їсти його, поки воно було ще на моїй голові!

Pinocchio was on thorns about his predicament

Піноккіо був на тернах про своє скрутне становище

He was on the point of making another offer

Він був готовий зробити ще одну пропозицію

but he had not the courage to ask him

Але він не мав відваги запитати його

He hesitated, felt irresolute and remorseful

Він вагався, відчував нерішучість і докори сумління

At last he raised the courage to ask

Нарешті він набрався сміливості запитати

"Will you give me a dime for this new spelling-book?"

— Чи дасте ви мені копійку за цей новий книжник правопису?

but the boy declined this offer too

Але і цю пропозицію хлопець відхилив

"I am a boy and I don't buy from boys"

"Я хлопчик і не купую у хлопчиків"

a hawker of old clothes had overheard them

Їх підслухав лоточник старого одягу

"I will buy the spelling-book for a dime"

"Я куплю правопис за копійки"

And the book was sold there and then

І книгу продавали там і тоді

poor Geppetto had remained at home trembling with cold

бідолашний Джеппетто залишався вдома, тремтячи від холоду
in order that his son could have a spelling-book
Для того, щоб у сина була книга правопису

The Puppets Recognize their Brother Pinocchio
Ляльки впізнають свого брата Піноккіо

Pinocchio was in the little puppet theatre
Піноккіо був у маленькому ляльковому театрі
an incident occurred that almost produced a revolution
Стався інцидент, який ледь не спричинив революцію
The curtain had gone up and the play had already begun
Завіса піднялася, і вистава вже почалася
Harlequin and Punch were quarrelling with each other
Арлекін і Панч сварилися один з одним
every moment they were threatening to come to blows
Кожну мить вони погрожували дійти до ударів
All at once Harlequin stopped and turned to the public
Раптом Арлекін зупинився і звернувся до публіки
he pointed with his hand to someone far down in the pit
Він показав рукою на когось далеко внизу в ямі
and he exclaimed in a dramatic tone
— вигукнув він драматичним тоном
"Gods of the firmament!"
— Боги небосхилу!
"Do I dream or am I awake?"
«Мені сниться чи я не сплю?»
"But, surely that is Pinocchio!"
— Але, безперечно, це Піноккіо!
"It is indeed Pinocchio!" cried Punch
«Це справді Піноккіо!» — вигукнув Панч
And Rose peeped out from behind the scenes
І Роуз визирнула з-за лаштунків
"It is indeed himself!" screamed Rose
«Це справді він сам!» — закричала Роуз

and all the puppets shouted in chorus
І всі маріонетки хором кричали
"It is Pinocchio! it is Pinocchio!"
— Це Піноккіо! це Піноккіо!»
and they leapt from all sides onto the stage
І вони з усіх боків вистрибували на сцену
"It is Pinocchio!" all the puppets exclaimed
«Це Піноккіо!» — вигукнули всі ляльки
"It is our brother Pinocchio!"
— Це наш брат Піноккіо!
"Long live Pinocchio!" they cheered together
«Хай живе Піноккіо!» — аплодували вони разом
"Pinocchio, come up here to me," cried Harlequin
— Піноккіо, підійди сюди до мене, — крикнув Арлекін
"throw yourself into the arms of your wooden brothers!"
— Кинься в обійми своїх дерев'яних братів!
Pinocchio couldn't decline this affectionate invitation
Піноккіо не міг відмовитися від цього ласкавого запрошення
he leaped from the end of the pit into the reserved seats
Він вистрибнув з кінця ями на плацкартні місця
another leap landed him on the head of the drummer
Ще один стрибок приземлив його на голову барабанщика
and he then sprang upon the stage
І тоді він вискочив на сцену
The embraces and the friendly pinches
Обійми і дружні пощипування
and the demonstrations of warm brotherly affection
і прояви теплої братерської любові
Pinocchio reception from the puppets was beyond description
Прийом Піноккіо від ляльок не піддавався опису
The sight was doubtless a moving one
Видовище, без сумніву, було зворушливим
but the public in the pit had become impatient
Але публіка в ямі втратила терпіння
they began to shout, "we came to watch a play"

Вони почали кричати: "Ми прийшли подивитися виставу"
"go on with the play!" they demanded
«Продовжуйте виставу!» — вимагали вони
but the puppets didn't continue the recital
Але ляльки не продовжили сольний концерт
the puppets doubled their noise and outcries
Ляльки подвоїли свій галас і вигуки
they put Pinocchio on their shoulders
вони поклали собі на плечі Піноккіо
and they carried him in triumph before the footlights
І вони несли його з тріумфом перед світлом ніг
At that moment the ringmaster came out
У цей момент вийшов рингмейстер
He was a big and ugly man
Він був великим і негарним чоловіком
the sight of him was enough to frighten anyone
Одного його вигляду вистачило, щоб налякати будь-кого
His beard was as black as ink and long
Борода в нього була чорна, як чорнило, і довга
and his beard reached from his chin to the ground
І борода його сягала від підборіддя до землі
and he trod upon his beard when he walked
І він наступав на бороду свою, коли йшов
His mouth was as big as an oven
Рот у нього був завбільшки з піч
and his eyes were like two lanterns of burning red glass
А очі його були схожі на два ліхтарі з палаючого червоного скла
He carried a large whip of twisted snakes and foxes' tails
Він ніс великий батіг скручених змій і лисячих хвостів
and he cracked his whip constantly
І він постійно тріщав батогом
At his unexpected appearance there was a profound silence
При його несподіваній появі запала глибока тиша
no one dared to even breathe
Ніхто не наважувався навіть дихати
A fly could have been heard in the stillness

У тиші можна було почути муху
The poor puppets of both sexes trembled like leaves
Бідні маріонетки обох статей тремтіли, як листя
"have you come to raise a disturbance in my theatre?"
— Ви прийшли підняти заворушення в моєму театрі?
he had the gruff voice of a goblin
У нього був грубий голос гобліна
a goblin suffering from a severe cold
Гоблін, який страждає від сильної застуди
"Believe me, honoured sir, it it not my fault!"
— Повірте мені, вельмишановний пане, це не моя вина!
"That is enough from you!" he blared
«З тебе досить!» — вигукнув він
"Tonight we will settle our accounts"
"Сьогодні ввечері ми розрахуємося з нами"
soon the play was over and the guests left
Незабаром спектакль закінчився і гості розійшлися
the ringmaster went into the kitchen
Майстер зайшов у кухню
a fine sheep was being prepared for his supper
На вечерю готували добру вівцю
it was turning slowly on the fire
Він повільно перевертався на вогні
there was not enough wood to finish roasting the lamb
Не вистачило дров, щоб закінчити запікати баранину
so he called for Harlequin and Punch
тому він викликав Арлекіна і Панча
"Bring that puppet here," he ordered them
— Принесіть цю маріонетку сюди, — наказав він їм
"you will find him hanging on a nail"
«Ти знайдеш його висить на цвяху»
"It seems to me that he is made of very dry wood"
"Мені здається, що він зроблений з дуже сухого дерева"
"I am sure he would make a beautiful blaze"
"Я впевнений, що він би гарно запалив"
At first Harlequin and Punch hesitated
Спочатку Арлекін і Панч вагалися

but they were appalled by a severe glance from their master
Але вони були приголомшені суворим поглядом свого господаря
and they had no choice but to obey his wishes
І їм нічого не залишалося, як підкоритися його бажанням
In a short time they returned to the kitchen
За короткий час вони повернулися на кухню
this time they were carrying poor Pinocchio
цього разу вони несли бідного Піноккіо
he was wriggling like an eel out of water
Він звивався, як вугор з води
and he was screaming desperately
І він розпачливо кричав
"Papa! papa! save me! I will not die!"
— Тату! Тато! Спасти мене! Я не помру!»

The Fire-Eater Sneezes and Pardons Pinocchio
Пожирач вогню чхає і прощає Піноккіо

The ringmaster looked like a wicked man
Майстер був схожий на нечестивого чоловіка
and he was known by all as Fire-eater
І всі знали його як Пожирача Вогню
his black beard covered his chest and legs
Його чорна борода прикривала груди і ноги
it was like he was wearing an apron
Він наче був у фартусі
and this made him look especially wicked
І це зробило його особливо злим
On the whole, however, he did not have a bad heart
Але в цілому у нього не було хворого серця
he saw poor Pinocchio brought before him
він побачив, як перед ним привели бідолашного Піноккіо
he saw the puppet struggling and screaming
Він бачив, як маріонетка борсається і кричить
"I will not die, I will not die!"

«Я не помру, я не помру!»
and he was quite moved by what he saw
І він був дуже зворушений побаченим
he felt very sorry for the helpless puppet
Йому стало дуже шкода безпорадну маріонетку
he tried to hold his sympathies within himself
Він намагався тримати свої симпатії в собі
but after a little they all came out
Але через деякий час вони всі вийшли
he could contain his sympathy no longer
Він уже не міг стримати свого співчуття
and he let out an enormous violent sneeze
І він видав страшенно жорстоке чхання
up until that moment Harlequin had been worried
До цього моменту Арлекін хвилювався
he had been bowing down like a weeping willow
Він кланявся, як плакуча верба
but when he heard the sneeze he became cheerful
Але коли він почув чхання, то повеселішав
he leaned towards Pinocchio and whispered;
він нахилився до Піноккіо і прошепотів:
"Good news, brother, the ringmaster has sneezed"
"Добра новина, брате, рингмейстер чхнув"
"that is a sign that he pities you"
«Це знак, що він вас жаліє»
"and if he pities you, then you are saved"
«А якщо він пожаліє тебе, то ти спасенний»
most men weep when they feel compassion
Більшість чоловіків плачуть, коли відчувають співчуття
or at least they pretend to dry their eyes
Або хоча б роблять вигляд, що сушать очі
Fire-Eater, however, had a different habit
Однак Пожирач Вогню мав іншу звичку
when moved by emotion his nose would tickle him
Коли він був зворушений емоціями, його лоскотав ніс
the ringmaster didn't stop acting the ruffian
Рингмейстер не переставав грати роль хулігана

"are you quite done with all your crying?"
— Ти вже покінчила з усім своїм плачем?
"my stomach hurts from your lamentations"
«У мене болить живіт від твоїх лементів»
"I feel a spasm that almost..."
«Я відчуваю спазм, що майже...»
and the ringmaster let out another loud sneeze
І рингмейстер видав ще одне гучне чхання
"Bless you!" said Pinocchio, quite cheerfully
«Будьте здорові!» – сказав Піноккіо досить бадьоро
"Thank you! And your papa and your mamma?"
"Дякую! А твій тато і твоя мама?"
"are they still alive?" asked Fire-Eater
«Вони ще живі?» – запитав Пожирач Вогню
"My papa is still alive and well," said Pinocchio
— Мій тато ще живий і здоровий, — сказав Піноккіо
"but my mamma I have never known," he added
"Але свою маму я ніколи не знав", - додав він
"good thing I did not have you thrown on the fire"
"Добре, що я не кинув тебе у вогонь"
"your father would have lost all who he still had"
«Твій батько втратив би всіх, хто в нього ще був»
"Poor old man! I pity him!"
— Бідний старий! Мені його шкода!»
"Etchoo! etchoo! etchoo!" Fire-eater sneezed
— Еге ж! І т.д.! І т.д.!» Пожирач вогню чхнув
and he sneezed again three times
І він знову чхнув тричі
"Bless you," said Pinocchio each time
— Благословляю тебе, — щоразу говорив Піноккіо
"Thank you! Some compassion is due to me"
"Дякую! Якесь співчуття мені належить"
"as you can see I have no more wood"
"Як бачиш, у мене більше немає дерева"
"so I will struggle to finish roasting my mutton"
"Тому я буду намагатися закінчити смажити свою баранину"

"you would have been of great use to me!"
— Ти був би мені дуже корисний!
"However, I have had pity on you"
«Але я змилосердився над тобою»
"so I must have patience with you"
"Отже, я повинен мати терпіння до тебе"
"Instead of you I will burn another puppet"
«Замість тебе я спалю ще одну маріонетку»
At this call two wooden gendarmes immediately appeared
На цей поклик відразу ж з'явилися два дерев'яних жандарма
They were very long and very thin puppets
Це були дуже довгі і дуже тонкі маріонетки
and they had wonky hats on their heads
А на головах у них були хиткі капелюхи
and they held unsheathed swords in their hands
І вони тримали в руках своїх мечі без піхов
The ringmaster said to them in a hoarse voice:
Дзвонар сказав їм хрипким голосом:
"Take Harlequin and bind him securely"
«Візьми Арлекіна і надійно зв'яжи його»
"and then throw him on the fire to burn"
"А потім киньте його на вогонь спалювати"
"I am determined that my mutton shall be well roasted"
"Я твердо вирішив, що моя баранина буде добре просмажена"
imagine how poor Harlequin must have felt!
Уявіть собі, яким бідним мусив почуватися Арлекін!
His terror was so great that his legs bent under him
Його жах був такий великий, що ноги зігнулися під ним
and he fell with his face on the ground
І він упав обличчям на землю
Pinocchio was agonized by what he was seeing
Піноккіо був вражений побаченим
he threw himself at the ringmaster's feet
Він кинувся до ніг Майстра Кільця
he bathed his long beard with his tears

Він викупав свою довгу бороду своїми сльозами
and he tried to beg for Harlequin's life
і він намагався випросити життя Арлекіна
"Have pity, Sir Fire-Eater!" Pinocchio begged
— Пожаліте, пане Пожирачу Вогню! — благав Піноккіо
"Here there are no sirs," the ringmaster answered severely
— Тут нема панів, — суворо відповів каблучник
"Have pity, Sir Knight!" Pinocchio tried
— Пожаліте, пане лицарю! Піноккіо спробував
"Here there are no knights!" the ringmaster answered
«Тут немає лицарів!» — відповів майстер
"Have pity, Commander!" Pinocchio tried
— Змилуйтеся, командире! Піноккіо спробував
"Here there are no commanders!"
— Тут нема командирів!
"Have pity, Excellence!" Pinocchio pleaded
— Змилуйся, Ясновельможність! — благав Піноккіо
Fire-eater quite liked what he had just heard
Пожирачу вогню дуже сподобалося те, що він щойно почув
Excellence was something he did aspire to
Досконалість – це те, до чого він прагнув
and the ringmaster began to smile again
І майстер знову почав посміхатися
and he became at once kinder and more tractable
І він відразу став добрішим і поступливішим
Turning to Pinocchio, he asked:
Обернувшись до Піноккіо, він запитав:
"Well, what do you want from me?"
— Ну, що ти хочеш від мене?
"I implore you to pardon poor Harlequin"
«Я благаю вас пробачити бідного Арлекіна»
"For him there can be no pardon"
"Для нього не може бути прощення"
"I have spared you, if you remember"
«Я пощадив тебе, якщо ти пам'ятаєш»
"so he must be put on the fire"

"Отже, його треба поставити на вогонь"
"I am determined that my mutton shall be well roasted"
"Я твердо вирішив, що моя баранина буде добре просмажена"
Pinocchio stood up proudly to the ringmaster
Піноккіо гордо підійшов до майстра
and he threw away his cap of bread crumb
І він викинув свою шапку з хлібною крихтою
"In that case I know my duty"
«У такому разі я знаю свій обов'язок»
"Come on, gendarmes!" he called the soldiers
«Ходімо, жандарми!» — гукнув він солдатам
"Bind me and throw me amongst the flames"
«Зв'яжіть мене і киньте серед полум'я»
"it would not be just for Harlequin to die for me!"
— Не тільки Арлекін помер би за мене!
"he has been a true friend to me"
«Він був для мене справжнім другом»
Pinocchio had spoken in a loud, heroic voice
— говорив Піноккіо гучним, героїчним голосом
and his heroic actions made all the puppets cry
І його героїчні вчинки змусили плакати всіх маріонеток
Even though the gendarmes were made of wood
Хоч жандарми були зроблені з дерева
they wept like two newly born lambs
Вони плакали, як двоє новонароджених ягнят
Fire-eater at first remained as hard and unmoved as ice
Пожирач вогню спочатку залишався твердим і непорушним, як лід
but little by little he began to melt and sneeze
Але потроху він почав танути і чхати
he sneezed again four or five times
Він знову чхнув чотири чи п'ять разів
and he opened his arms affectionately
І він ласкаво розкрив свої обійми
"You are a good and brave boy!" he praised Pinocchio
«Ти добрий і сміливий хлопчик!» — похвалив він Піноккіо

"Come here and give me a kiss"
«Іди сюди і поцілуй мене»
Pinocchio ran to the ringmaster at once
Піноккіо відразу ж побіг до майстра
he climbed up the ringmaster's beard like a squirrel
Він заліз по бороді Майстра Кільця, як білка
and he deposited a hearty kiss on the point of his nose
І він поклав сердечний поцілунок на кінчик свого носа
"Then the pardon is granted?" asked poor Harlequin
«Тоді помилування надано?» — запитав бідний Арлекін
in a faint voice that was scarcely audible
ледве чутним голосом
"The pardon is granted!" answered Fire-Eater
«Помилування надано!» — відповів Пожирач Вогню
he then added, sighing and shaking his head:
Потім додав, зітхнувши і похитавши головою:
"I must have patience with my puppets!"
— Мені треба набратися терпіння до моїх маріонеток!
"Tonight I shall have to eat the mutton half raw;"
"Сьогодні ввечері мені доведеться з'їсти баранину наполовину сиру";
"but another time, woe to him who displeases me!"
— А іншим разом, горе тому, хто мені не подобається!
At the news of the pardon the puppets all ran to the stage
Почувши звістку про помилування, всі маріонетки побігли на сцену
they lit all the lamps and chandeliers of the show
Вони запалили всі лампи і люстри шоу
it was as if there was a full-dress performance
Це було так, наче був виступ у повному комплекті
they began to leap and to dance merrily
Вони почали стрибати і весело танцювати
when dawn had come they were still dancing
Коли настав світанок, вони ще танцювали

Pinocchio Receives Five Gold Pieces
Піноккіо отримує п'ять золотих монет

The following day Fire-eater called Pinocchio over
Наступного дня Пожирач Вогню викликав Піноккіо

"What is your father's name?" he asked Pinocchio
«Як звати твого батька?» — запитав він Піноккіо

"My father is called Geppetto," Pinocchio answered
— Мого батька звуть Джеппетто, — відповів Піноккіо

"And what trade does he follow?" asked Fire-eater
«А яким ремеслом він займається?» — запитав Пожирач Вогню

"He has no trade, he is a beggar"
«У нього немає торгівлі, він жебрак»

"Does he earn much?" asked Fire-eater
«Чи багато він заробляє?» — запитав Пожирач Вогню

"No, he has never a penny in his pocket"
"Ні, у нього в кишені ніколи немає ні копійки"

"once he bought me a spelling-book"
«Одного разу він купив мені книжку з правопису»

"but he had to sell the only jacket he had"
"Але він був змушений продати єдину куртку, яка в нього була"
"Poor devil! I feel almost sorry for him!"
— Бідолашний чорт! Мені його майже шкода!»
"Here are five gold pieces for him"
«Ось йому п'ять золотих»
"Go at once and take the gold to him"
«Іди зараз і віднеси йому золото»
Pinocchio was overjoyed by the present
Піноккіо був у нестямі від подарунка
he thanked the ringmaster a thousand times
Він тисячу разів подякував Майстру Дзвінка
He embraced all the puppets of the company
Він обійняв усіх маріонеток компанії
he even embraced the troop of gendarmes
Він навіть обійняв загін жандармів
and then he set out to return straight home
І тоді він вирушив повертатися прямо додому
But Pinocchio didn't get very far
Але Піноккіо не дуже далеко зайшов
on the road he met a Fox with a lame foot
по дорозі він зустрів Лисицю з кульгавою ногою
and he met a Cat blind in both eyes
і він зустрів сліпого в обидва ока Кота
they were going along helping each other
Вони йшли разом, допомагаючи один одному
they were good companions in their misfortune
Вони були добрими товаришами в їхньому нещасті
The Fox, who was lame, walked leaning on the Cat
Лисиця, яка була кульгава, ходила, спираючись на Кота
and the Cat, who was blind, was guided by the Fox
а Кіт, який був сліпим, керувався Лисом
the Fox greeted Pinocchio very politely
Лисиця дуже ввічливо привіталася з Піноккіо
"Good-day, Pinocchio," said the Fox
— Добрий день, Піноккіо, — сказала Лисиця

"How do you come to know my name?" asked the puppet
«Як ти дізнаєшся моє ім'я?» — запитала маріонетка
"I know your father well," said the fox
— Я добре знаю твого батька, — сказала лисиця
"Where did you see him?" asked Pinocchio
«Де ви його бачили?» — запитав Піноккіо
"I saw him yesterday, at the door of his house"
"Я бачив його вчора, біля дверей його будинку"
"And what was he doing?" asked Pinocchio
«А що він робив?» — запитав Піноккіо
"He was in his shirt and shivering with cold"
«Він був у сорочці і тремтів від холоду»
"Poor papa! But his suffering is over now"
— Бідний тату! Але його страждання тепер закінчилися"
"in the future he shall shiver no more!"
«У майбутньому він більше не буде тремтіти!»
"Why will he shiver no more?" asked the fox
«Чому він більше не буде тремтіти?» — запитала лисиця
"Because I have become a gentleman" replied Pinocchio
— Тому що я став джентльменом, — відповів Піноккіо
"A gentleman—you!" said the Fox
— Джентльмен — ти, — сказала Лисиця
and he began to laugh rudely and scornfully
І він почав грубо і презирливо сміятися
The Cat also began to laugh with the fox
Кіт теж почав сміятися разом з лисицею
but she did better at concealing her laughter
Але вона краще вміла приховувати свій сміх
and she combed her whiskers with her forepaws
І вона розчесала вуса передніми лапами
"There is little to laugh at," cried Pinocchio angrily
— Нема з чого сміятися, — сердито вигукнув Піноккіо
"I am really sorry to make your mouth water"
"Мені дуже шкода змушувати тебе сльозитися"
"if you know anything then you know what these are"
"Якщо ви щось знаєте, то ви знаєте, що це"
"you can see that they are five pieces of gold"

«Ви бачите, що це п'ять золотих»
And he pulled out the money that Fire-eater had given him
І він витягнув гроші, які дав йому Пожирач Вогню
for a moment the fox and the cat did a strange thing
На якусь мить лисиця і кіт зробили дивну річ
the jingling of the money really got their attention
Дзвін грошей справді привернув їхню увагу
the Fox stretched out the paw that seemed crippled
Лисиця простягла лапу, яка здавалася калікою
and the Cat opened wide her two eyes
і Кіт широко розплющила свої два очі
her eyes looked like two green lanterns
Її очі були схожі на два зелені ліхтарі

it is true that she shut her eyes again
Це правда, що вона знову заплющила очі
she was so quick that Pinocchio didn't notice
вона була така швидка, що Піноккіо не помітив
the Fox was very curious about what he had seen
Лису було дуже цікаво те, що він побачив
"what are you going to do with all that money?"

— Що ти збираєшся робити з усіма цими грошима?

Pinocchio was all too proud to tell them his plans

Піноккіо був дуже гордий, щоб розповісти їм про свої плани

"First of all, I intend to buy a new jacket for my papa"

"Перш за все, я маю намір купити для свого тата нову куртку"

"the jacket will be made of gold and silver"

«Куртка буде зроблена із золота і срібла»

"and the coat will come with diamond buttons"

"А пальто буде з діамантовими гудзиками"

"and then I will buy a spelling-book for myself"

"А потім я куплю собі книжку з правопису"

"You will buy a spelling book for yourself?"

— Ти купиш собі книжку з правопису?

"Yes indeed, for I wish to study in earnest"

"Так, дійсно, бо я хочу вчитися серйозно"

"Look at me!" said the Fox

«Подивись на мене!» — сказала Лисиця

"Through my foolish passion for study I have lost a leg"

«Через свою безглузду пристрасть до навчання я втратив ногу»

"Look at me!" said the Cat

«Подивись на мене!» — сказав Кіт

"Through my foolish passion for study I have lost my eyes"

«Через свою безглузду пристрасть до навчання я втратив очі»

At that moment a white Blackbird began his usual song

У цей момент білий чорний дрізд почав свою звичайну пісню

"Pinocchio, don't listen to the advice of bad companions"

«Піноккіо, не слухай порад поганих товаришів»

"if you listen to their advice you will repent it!"

«Якщо ти прислухаєшся до їхніх порад, ти покаєшся!»

Poor Blackbird! If only he had not spoken!

Бідолашний Чорний Дрізд! Якби він не заговорив!

The Cat, with a great leap, sprang upon him

Кіт великим стрибком кинувся на нього
she didn't even give him time to say "Oh!"
вона навіть не дала йому часу сказати «О!».
she ate him in one mouthful, feathers and all
Вона з'їла його одним ковтком, пір'я і все
Having eaten him, she cleaned her mouth
З'ївши його, вона очистила рот
and then she shut her eyes again
А потім знову заплющила очі
and she feigned blindness just as before
І вона вдавала сліпоту, як і раніше
"Poor Blackbird!" said Pinocchio to the Cat
«Бідний Чорний Дрізд!» — сказав Піноккіо Коту
"why did you treat him so badly?"
— Чому ти так погано з ним поводився?
"I did it to give him a lesson"
«Я зробив це, щоб дати йому урок»
"He will learn not to meddle in other people's affairs"
«Він навчиться не втручатися в чужі справи»
by now they had gone almost half-way home
На той час вони вже пройшли майже половину шляху додому
the Fox, halted suddenly, and spoke to the puppet
Лисиця, раптом зупинилася і заговорила до маріонетки
"Would you like to double your money?"
«Чи хотіли б ви подвоїти свої гроші?»
"In what way could I double my money?"
«Яким чином я міг подвоїти свої гроші?»
"Would you like to multiply your five miserable coins?"
— Чи не хотіли б ви помножити свої п'ять жалюгідних монет?
"I would like that very much! but how?"
"Я б цього дуже хотів! Але як?
"The way to do it is easy enough"
«Шлях до цього досить простий»
"Instead of returning home you must go with us"
«Замість того, щоб повертатися додому, ви повинні йти з

нами»

"And where do you wish to take me?"
— А куди ти хочеш мене забрати?

"We will take you to the land of the Owls"
«Ми відвеземо тебе в країну Сов»

Pinocchio reflected a moment to think
Піноккіо замислився на мить

and then he said resolutely "No, I will not go"
і тоді він рішуче сказав: "Ні, я не піду"

"I am already close to the house"
"Я вже близько до будинку"

"and I will return home to my papa"
"І я повернуся додому до свого тата"

"he has been waiting for me in the cold"
"Він чекав на мене на морозі"

"all day yesterday I did not come back to him"
"Весь вчорашній день я до нього не повертався"

"Who can tell how many times he sighed!"
— Хто скаже, скільки разів він зітхав!

"I have indeed been a bad son"
«Я справді був поганим сином»

"and the talking little cricket was right"
"І балакучий маленький цвіркун мав рацію"

"Disobedient boys never come to any good"
«Неслухняні хлопці ніколи не приходять до добра»

"what the talking little cricket said is true"
«Те, що сказав балакучий маленький цвіркун, є правдою»

"many misfortunes have happened to me"
«Зі мною сталося багато нещасть»

"Even yesterday in fire-eater's house I took a risk"
«Ще вчора в будинку пожирача вогню я ризикнув»

"Oh! it makes me shudder to think of it!"
— Отакої! Я здригаюся від думки про це!»

"Well, then," said the Fox, "you've decided to go home?"
— Ну, що ж, — сказала Лисиця, — ти вирішила йти додому?

"Go, then, and so much the worse for you"

"Іди ж, і тим гірше для тебе"
"So much the worse for you!" repeated the Cat
«Тим гірше для тебе!» — повторив Кіт
"Think well of it, Pinocchio," they advised him
— Добре подумай, Піноккіо, — порадили йому
"because you are giving a kick to fortune"
"Тому що ти даєш стусан фортуні"
"a kick to fortune!" repeated the Cat
«Стусан по фортуні!» — повторив Кіт
"all it would have taken would have been a day"
"Все, що знадобилося б, це день"
"by tomorrow your five coins could have multiplied"
«До завтрашнього дня ваші п'ять монет могли б примножитися»
"your five coins could have become two thousand"
«Твої п'ять монет могли б стати двома тисячами»
"Two thousand sovereigns!" repeated the Cat
«Дві тисячі соверенів!» — повторив Кіт
"But how is it possible?" asked Pinocchio
«Але як це можливо?» — запитав Піноккіо
and he remained with his mouth open from astonishment
І він залишився з відкритими ротами від подиву
"I will explain it to you at once," said the Fox
— Я тобі зараз поясню, — сказала Лисиця
"in the land of the Owls there is a sacred field"
"в країні Сов є священне поле"
"everybody calls it the field of miracles"
«Всі називають його полем чудес»
"In this field you must dig a little hole"
«На цьому полі ти мусиш викопати маленьку яму»
"and you must put a gold coin into the hole"
«І ти мусиш покласти золоту монету в отвір»
"then you cover up the hole with a little earth"
"Тоді ви засипаєте дірку невеликою кількістю землі"
"you must get water from the fountain nearby"
«Треба набрати води з фонтану поблизу»
"you must water they hole with two pails of water"

«Ти мусиш поливати їх двома відрами води»
"then sprinkle the hole with two pinches of salt"
"Потім посипте отвір двома щіпками солі"
"and when night comes you can go quietly to bed"
«А коли настане ніч, можна спокійно лягти спати»
"during the night the miracle will happen"
«Вночі станеться диво»
"the gold pieces you planted will grow and flower"
«Золоті вироби, які ви посадили, будуть рости і цвісти»
"and what do you think you will find in the morning?"
— А що ти думаєш, що знайдеш вранці?
"You will find a beautiful tree where you planted it"
«Ти знайдеш гарне дерево там, де ти його посадив»
"they tree will be laden with gold coins"
«Вони будуть навантажені золотими монетами»
Pinocchio grew more and more bewildered
Піноккіо все більше і більше розгублювався
"let's suppose I bury my five coins in that field"
«Припустимо, я закопаю свої п'ять монет у тому полі»
"how many coins might I find the following morning?"
"Скільки монет я можу знайти наступного ранку?"
"That is an exceedingly easy calculation," replied the Fox
— Це надзвичайно простий розрахунок, — відповіла Лисиця
"a calculation you can make with your hands"
"Розрахунок, який можна зробити своїми руками"
"Every coin will give you an increase of five-hundred"
«Кожна монета дасть вам надбавку в п'ятсот»
"multiply five hundred by five and you have your answer"
«Помножте п'ятсот на п'ять і ви отримаєте свою відповідь»
"you will find two-thousand-five-hundred shining gold pieces"
«Ви знайдете дві тисячі п'ятсот блискучих золотих монет»
"Oh! how delightful!" cried Pinocchio, dancing for joy
— Отакої! Як чудово!» — вигукнув Піноккіо, танцюючи від радості
"I will keep two thousand for myself"

«Дві тисячі я залишу собі»
"and the other five hundred I will give you two"
"А інші п'ятсот я дам вам два"
"A present to us?" cried the Fox with indignation
«Подарунок нам?» — обурено вигукнула Лисиця
and he almost appeared offended at the offer
І він мало не образився на цю пропозицію
"What are you dreaming of?" asked the Fox
«Про що ти мрієш?» — запитала Лисиця
"What are you dreaming of?" repeated the Cat
«Про що ти мрієш?» — повторив Кіт
"We do not work to accumulate interest"
«Ми не працюємо на накопичення відсотків»
"we work solely to enrich others"
«Ми працюємо виключно для того, щоб збагачувати інших»
"to enrich others!" repeated the Cat
«Щоб збагатити інших!» — повторив Кіт
"What good people!" thought Pinocchio to himself
«Які добрі люди!» — подумав собі Піноккіо
and he forgot all about his papa and the new jacket
І він зовсім забув про тата і нову куртку
and he forgot about the spelling-book
І він забув про правопис
and he forgot all of his good resolutions
І він забув про всі свої добрі рішення
"Let us be off at once" he suggested
— Ходімо негайно, — запропонував він
"I will go with you two to the field of Owls"
«Я піду з вами двома на поле Сов»

The Inn of the Red Craw-Fish
Заїжджий двір червоного рака

They walked, and walked, and walked
Вони йшли, і ходили, і йшли
all tired out, they finally arrived at an inn
Всі втомлені, вони нарешті прибули до корчми
The Inn of The Red Craw-Fish
Заїжджий двір Червоної Риби-Рака
"Let us stop here a little," said the Fox
— Зупинимося тут трохи, — сказала Лисиця
"we should have something to eat," he added
"Нам має бути що їсти", - додав він
"we need to rest ourselves for an hour or two"
«Нам потрібно відпочити годину-дві»
"and then we will start again at midnight"
"А потім опівночі знову почнемо"
"we'll arrive at the Field of Miracles in the morning"
«Вранці ми приїдемо на Поле чудес»
Pinocchio was also tired from all the walking
Піноккіо теж втомився від усіх прогулянок
so he was easily convinced to go into the inn
Тому його легко було переконати зайти до корчми
all three of them sat down at a table
Усі троє сіли за стіл
but none of them really had any appetite
Але ні в кого з них насправді не було ніякого апетиту

The Cat was suffering from indigestion
Кіт страждав від розладу шлунка
and she was feeling seriously indisposed
І вона відчувала серйозну нездужання
she could only eat thirty-five fish with tomato sauce
Вона могла з'їсти лише тридцять п'ять рибин з томатним соусом
and she had just four portions of noodles with Parmesan
і у неї було лише чотири порції локшини з пармезаном
but she thought the noodles weres not seasoned enough
Але вона подумала, що локшина недостатньо приправлена
so she asked three times for the butter and grated cheese!
Тому вона тричі попросила масло і тертий сир!
The Fox could also have gone without eating
Лисиця теж могла залишитися без їжі
but his doctor had ordered him a strict diet
Але лікар призначив йому сувору дієту
so he was forced to content himself simply with a hare
Тому він був змушений задовольнятися просто зайцем
the hare was dressed with a sweet and sour sauce
Заєць був заправлений кисло-солодким соусом
it was garnished lightly with fat chickens
Його злегка прикрашали жирними курчатами
then he ordered a dish of partridges and rabbits
Тоді він замовив страву з куріпок і кроликів
and he also ate some frogs, lizards and other delicacies
А ще він їв якихось жаб, ящірок та інші ласощі
he really could not eat anything else
Більше він дійсно нічого не міг їсти
He cared very little for food, he said
За його словами, він дуже мало дбав про їжу
and he said he struggled to put it to his lips
І він сказав, що йому було важко висловити це до своїх вуст
The one who ate the least was Pinocchio
Той, хто їв найменше, був Піноккіо

He asked for some walnuts and a hunch of bread
Він попросив трохи волоських горіхів і шматок хліба
and he left everything on his plate
І він залишив усе на своїй тарілці
The poor boy's thoughts were not with the food
Думки бідного хлопчика були не про їжу
he continually fixed his thoughts on the Field of Miracles
він постійно зосереджував свої думки на Полі Чудес
When they had supped, the Fox spoke to the host
Коли вони повечеряли, Лисиця заговорила до господаря
"Give us two good rooms, dear inn-keeper"
— Дайте нам дві добрі кімнати, шановний корчмарю.
"please provide us one room for Mr. Pinocchio"
"Будь ласка, надайте нам одну кімнату для пана Піноккіо"
"and I will share the other room with my companion"
"І я буду ділити іншу кімнату зі своїм супутником"
"We will snatch a little sleep before we leave"
«Перед від'їздом ми трохи поспимо»
"Remember, however, that we wish to leave at midnight"
«Але пам'ятай, що ми хочемо піти опівночі»
"so please call us, to continue our journey"
"Тому, будь ласка, зателефонуйте нам, щоб продовжити нашу подорож"
"Yes, gentlemen," answered the host
— Так, панове, — відповів господар
and he winked at the Fox and the Cat
і він підморгнув Лисиці та Коту
it was as if he said "I know what you are up to"
Він ніби сказав: «Я знаю, що ти задумав»
the wink seemed to say, "we understand one another!"
Підморгування ніби говорило: «Ми розуміємо один одного!»
Pinocchio was very tired from the day
Піноккіо дуже втомився за цей день
he fell asleep as soon as he got into his bed
Він заснув, як тільки ліг у своє ліжко
and as soon as he started sleeping he started to dream

І як тільки він починав спати, йому починалися сни
he dreamed that he was in the middle of a field
Йому приснилося, що він посеред поля
the field was full of shrubs as far as the eye could see
Поле було повне чагарників, скільки сягало око
the shrubs were covered with clusters of gold coins
Кущі були вкриті гронами золотих монет
the gold coins swung in the wind and rattled
Золоті монети гойдалися на вітрі і гриміли
and they made a sound like, "tzinn, tzinn, tzinn"
І вони видавали звук на кшталт: "Цинн, Цінн, Цінн"
they sounded as if they were speaking to Pinocchio
вони звучали так, ніби розмовляли з Піноккіо
"Let who whoever wants to come and take us"
"Хто хто хоче прийти і взяти нас"
Pinocchio was just about to stretch out his hand
Піноккіо саме збирався простягнути руку
he was going to pick handfuls of those beautiful gold pieces
Він збирався зібрати жменями ці прекрасні золоті вироби
and he almost was able to put them in his pocket
І він майже зміг покласти їх у кишеню
but he was suddenly awakened by three knocks on the door
Але його раптом розбудили три стукіт у двері
It was the host who had come to wake him up
Саме господар прийшов, щоб розбудити його
"I have come to let you know it's midnight"
"Я прийшов, щоб повідомити вам, що зараз північ"
"Are my companions ready?" asked the puppet
«Мої товариші готові?» — запитала маріонетка
"Ready! Why, they left two hours ago"
— Готові! Так, вони виїхали дві години тому"
"Why were they in such a hurry?"
— Чому вони так поспішали?
"Because the Cat had received a message"
"Тому що Кіт отримав повідомлення"
"she got news that her eldest kitten was ill"
«Вона отримала звістку, що її старше кошеня захворіло»

"Did they pay for the supper?"
— Вони заплатили за вечерю?
"What are you thinking of?"
— Про що ти думаєш?
"They are too well educated to dream of insulting you"
«Вони занадто добре освічені, щоб мріяти про те, щоб образити вас»
"a gentleman like you would not let his friends pay"
«Такий джентльмен, як ви, не дозволив би своїм друзям платити»
"What a pity!" thought Pinocchio
«Як шкода!» — подумав Піноккіо
"such an insult would have given me much pleasure!"
— Така образа принесла б мені стільки задоволення!
"And where did my friends say they would wait for me?"
— А де мої друзі сказали, що чекатимуть на мене?
"At the Field of Miracles, tomorrow morning at daybreak"
«На Полі чудес, завтра вранці на світанку»
Pinocchio paid a coin for the supper of his companions
Піноккіо заплатив монету за вечерю своїх супутників
and then he left for the field of Miracles
а потім пішов на поле Чудес
Outside the inn it was almost pitch black
За корчмою було майже як смола
Pinocchio could only make progress by groping his way
Піноккіо міг досягти прогресу, лише навпомацки прокладаючи собі шлях
it was impossible to see his hand's in front of him
Неможливо було розгледіти його руку перед собою
Some night-birds flew across the road
Через дорогу перелетіли якісь нічні птахи
they brushed Pinocchio's nose with their wings
вони чистили крилами ніс Піноккіо
it caused him a terrible fright
Це викликало у нього страшний переляк
springing back, he shouted: "who goes there?"
Відскочивши назад, він крикнув: «Хто туди йде?»

and the echo in the hills repeated in the distance
І відгомін у пагорбах повторювався вдалині
"Who goes there?" - "Who goes there?" - "Who goes there?"
«Хто туди ходить?» - «Хто туди йде?» - «Хто туди ходить?»
on the trunk of the tree he saw a little light
На стовбурі дерева він побачив трохи світла
it was a little insect he saw shining dimly
Це була маленька комаха, яку він бачив тьмяно сяячи
like a night-light in a lamp of transparent china
як нічник в лампі з прозорого фарфору
"Who are you?" asked Pinocchio
«Хто ти такий?» — запитав Піноккіо
the insect answered in a low voice;
— відповіла комаха низьким голосом;
"I am the ghost of the talking little cricket"
«Я — привид маленького цвіркуна, що говорить»
the voice was fainter than can be described
Голос був слабкішим, ніж можна описати
the voice seemed to come from the other world
Голос ніби долинув з того світу
"What do you want with me?" said the puppet
«Що ти хочеш від мене?» — сказала маріонетка
"I want to give you some advice"
"Я хочу дати вам кілька порад"
"Go back and take the four coins that you have left"
«Поверніться назад і заберіть чотири монети, які у вас залишилися»
"take your coins to your poor father"
«Віднеси свої монети бідному батькові»
"he is weeping and in despair at home"
"Він плаче і в розпачі вдома"
"because you have not returned to him"
"Тому що ви не повернулися до Нього"
but Pinocchio had already thought of this
але Піноккіо вже додумався до цього
"By tomorrow my papa will be a gentleman"
«До завтрашнього дня мій тато буде джентльменом»

"these four coins will become two thousand"
«Ці чотири монети стануть двома тисячами»

"Don't trust those who promise to make you rich in a day"
«Не довіряйте тим, хто обіцяє зробити вас багатим за один день»

"Usually they are either mad or rogues!"
— Зазвичай вони або божевільні, або пройдисвіти!

"Give ear to me, and go back, my boy"
«Послухай мене і вернись, мій хлопчику»

"On the contrary, I am determined to go on"
«Навпаки, я сповнений рішучості продовжувати»

"The hour is late!" said the cricket
«Година пізня!» — сказав цвіркун

"I am determined to go on"
«Я сповнений рішучості продовжувати»

"The night is dark!" said the cricket
«Ніч темна!» — сказав цвіркун

"I am determined to go on"
«Я сповнений рішучості продовжувати»

"The road is dangerous!" said the cricket
«Дорога небезпечна!» — сказав цвіркун

"I am determined to go on"
«Я сповнений рішучості продовжувати»

"boys are bent on following their wishes"
«Хлопчики схильні слідувати своїм бажанням»

"but remember, sooner or later they repent it"
"Але пам'ятайте, рано чи пізно вони каються в цьому"

"Always the same stories. Good-night, little cricket"
"Завжди одні й ті самі історії. На добраніч, маленький цвіркун"

The Cricket wished Pinocchio a good night too
Цвіркун побажав і Піноккіо на добраніч

"may Heaven preserve you from dangers and assassins"
«Нехай Небо збереже вас від небезпек і вбивць»

then the talking little cricket vanished suddenly
Потім маленьке балакуче цвіркуно раптово зникло

like a light that has been blown out

як світло, що задулося
and the road became darker than ever
І дорога стала темнішою, ніж будь-коли

Pinocchio Falls into the Hands of the Assassins
Піноккіо потрапляє до рук убивць

Pinocchio resumed his journey and spoke to himself
Піноккіо продовжив свою подорож і заговорив сам до себе
"how unfortunate we poor boys are"
«Які ж нещасні ми, бідні хлопці»
"Everybody scolds us and gives us good advice"
«Всі нас лають і дають добрі поради»
"but I don't choose to listen to that tiresome little cricket"
"Але я не вибираю слухати цього стомлюючого маленького цвіркуна"
"who knows how many misfortunes are to happen to me!"
— Хто знає, скільки нещасть трапиться зі мною!
"I haven't even met any assassins yet!"
— Я ще навіть не зустрічав убивць!
"That is, however, of little consequence"
«Це, однак, має незначні наслідки»
"for I don't believe in assassins"
"Бо я не вірю в убивць"
"I have never believed in assassins"
«Я ніколи не вірив у вбивць»
"I think that assassins have been invented purposely"
"Я думаю, що вбивць вигадали навмисно"
"papas use them to frighten little boys"
«Тата використовують їх, щоб налякати маленьких хлопчиків»
"and then little boys are scared of going out at night"
"А потім маленькі хлопчики бояться виходити на вулицю вночі"
"Anyway, let's suppose I was to come across assassins"
"У всякому разі, припустимо, що я мав натрапити на

вбивць"
"do you imagine they would frighten me?"
— Уявляєш, вони мене налякають?
"they would not frighten me in the least"
«Вони б мене анітрохи не налякали»
"I will go to meet them and call to them"
"Я піду їм назустріч і покличу їх"
'Gentlemen assassins, what do you want with me?'
— Панове вбивці, що ви хочете від мене?
'Remember that with me there is no joking'
«Пам'ятай, що зі мною не жартують»
'Therefore, go about your business and be quiet!'
— Отже, йди у своїх справах і мовчи!
"At this speech they would run away like the wind"
«При цій промові вони б розбіглися, як вітер»
"it could be that they are badly educated assassins"
"Можливо, це погано освічені вбивці"
"then the assassins might not run away"
"Тоді вбивці можуть і не втекти"
"but even that isn't a great problem"
"Але навіть це не є великою проблемою"
"then I would just run away myself"
"Тоді б я просто втік сам"
"and that would be the end of that"
"І на цьому все б закінчилося"
But Pinocchio had no time to finish his reasoning
Але Піноккіо не встиг закінчити свої міркування
he thought that he heard a slight rustle of leaves
Йому здалося, що він чує легкий шелест листя
He turned to look where the noise had come from
Він обернувся, щоб подивитися, звідки долинув шум
and he saw in the gloom two evil-looking black figures
І він побачив у темряві дві злі на вигляд чорні постаті
they were completely enveloped in charcoal sacks
Вони були повністю загорнуті в мішки з вугіллям
They were running after him on their tiptoes
Вони бігли за ним навшпиньки

and they were making great leaps like two phantoms
І вони робили великі стрибки, як два фантоми
"Here they are in reality!" he said to himself
«Ось вони насправді!» — сказав він сам собі
he didn't have anywhere to hide his gold pieces
Йому не було де сховати свої золоті вироби
so he put them in his mouth, under his tongue
І він поклав їх собі в рот, під язик свій
Then he turned his attention to escaping
Потім він переключив свою увагу на втечу
But he did not manage to get very far
Але далеко зайти йому не вдалося
he felt himself seized by the arm
Він відчув, як його схопили за руку

and he heard two horrid voices threatening him
І він почув два жахливі голоси, що погрожували йому
"Your money or your life!" they threatened
«Твої гроші чи твоє життя!» — погрожували вони
Pinocchio was not able to answer in words
Піноккіо не зміг відповісти словами
because he had put his money in his mouth
Тому що він поклав свої гроші в рот свій
so he made a thousand low bows
І він зробив тисячу низьких поклонів
and he offered a thousand pantomimes
І він запропонував тисячу пантомім
He tried to make the two figures understand
Він намагався зрозуміти дві постаті
he was just a poor puppet without any money
Він був просто бідною маріонеткою без грошей
he had not as much as a nickel in his pocket
У кишені у нього було не так вже й п'ятака
but the two robbers were not convinced
Але двох розбійників це не переконало
"Less nonsense and out with the money!"
«Менше дурниць і геть з грошима!»
And the puppet made a gesture with his hands
І лялька зробила жест руками
he pretended to turn his pockets inside out
Він зробив вигляд, що вивертає кишені навиворіт
Of course Pinocchio didn't have any pockets
Звичайно, у Піноккіо не було кишень
but he was trying to signify, "I have no money"
але він намагався показати: "У мене немає грошей"
slowly the robbers were losing their patience
Поволі у розбійників втрачався терпець
"Deliver up your money or you are dead," said the taller one
— Віддай свої гроші, або ти мертвий, — сказав вищий
"Dead!" repeated the smaller one
«Мертвий!» — повторив менший
"And then we will also kill your father!"

— І тоді ми вб'ємо ще й твого батька!
"Also your father!" repeated the smaller one again
«Ще й твій батько!» — знову повторив менший
"No, no, no, not my poor papa!" cried Pinocchio in despair
«Ні, ні, ні, не мій бідний тато!» — у розпачі вигукнув Піноккіо
and as he said it the coins clinked in his mouth
І коли він це сказав, монети задзвеніли в його роті
"Ah! you rascal!" realized the robbers
— Ах! Ти негідник!» — зрозуміли розбійники
"you have hidden your money under your tongue!"
— Ти сховав гроші під язик!
"Spit it out at once!" he ordered him
«Негайно виплюнь!» — наказав він йому
"spit it out," repeated the smaller one
— Виплюнь, — повторив менший
Pinocchio was obstinate to their commands
Піноккіо був упертий у виконанні їхніх команд
"Ah! you pretend to be deaf, do you?"
— Ах! Ти прикидаєшся глухим, чи не так?
"leave it to us to find a means"
«Залиште це нам, щоб знайти засіб»
"we will find a way to make you give up your money"
«Ми знайдемо спосіб змусити вас відмовитися від своїх грошей»
"We will find a way," repeated the smaller one
— Ми знайдемо спосіб, — повторив менший
And one of them seized the puppet by his nose
І один з них схопив маріонетку за ніс
and the other took him by the chin
А другий узяв його за підборіддя
and they began to pull brutally
І їх почали жорстоко смикати
one pulled up and the other pulled down
Один підтягнувся, а інший потягнув вниз
they tried to force him to open his mouth
Вони намагалися змусити його відкрити рот

But it was all to no purpose
Але все було марно
Pinocchio's mouth seemed to be nailed together
Рот Піноккіо немов був прибитий докупи
Then the shorter assassin drew out an ugly knife
Тоді нижчий на зріст убивця витяг потворний ніж
and he tried to put it between his lips
І він спробував вкласти її між губи
But Pinocchio, as quick as lightning, caught his hand
Але Піноккіо, швидкий, як блискавка, вхопив його за руку
and he bit him with his teeth
І він вкусив його зубами
and with one bite he bit the hand clean off
І одним укусом відкусив руку
but it wasn't a hand that he spat out
Але це була не рука, яку він виплюнув
it was hairier than a hand, and had claws
Він був волохачий за руку і мав кігті
imagine Pinocchio's astonishment when saw a cat's paw
Уявіть собі здивування Піноккіо, коли він побачив котячу лапу
or at least that's what he thought he saw
Або, принаймні, так він думав, що побачив
Pinocchio was encouraged by this first victory
Піноккіо був натхненний цією першою перемогою
now he used his fingernails to break free
Тепер він використовував свої нігті, щоб вирватися на волю
he succeeded in liberating himself from his assailants
Йому вдалося звільнитися від нападників
he jumped over the hedge by the roadside
Він перестрибнув через живопліт при дорозі
and began to run across the fields
і почав бігати по полях
The assassins ran after him like two dogs chasing a hare
Вбивці бігли за ним, як дві собаки, що ганяються за зайцем
and the one who had lost a paw ran on one leg

А той, хто втратив лапу, біг на одній нозі
and no one ever knew how he managed it
І ніхто ніколи не знав, як йому це вдалося
After a race of some miles Pinocchio could run no more
Після кількакілометрового забігу Піноккіо вже не міг бігти
he thought his situation was lost
Він вважав, що його становище програно
he climbed the trunk of a very high pine tree
Він заліз по стовбуру дуже високої сосни
and he seated himself in the topmost branches
І він сів на найвищих гілках
The assassins attempted to climb after him
Вбивці намагалися лізти за ним
when they reached half-way up the tree they slid down again
Коли вони дійшли до половини шляху вгору по дереву, то знову зісковзнули вниз
and they arrived on the ground with their skin grazed
І прийшли вони на землю з випасаною шкурою
But they didn't give up so easily
Але вони не здавалися так просто
they piled up some dry wood beneath the pine
Вони нагромадили під сосною трохи сухих дров
and then they set fire to the wood
А потім підпалили дрова
very quickly the pine began to burn higher
дуже швидко сосна почала горіти вище
like a candle blown by the wind
Як свічка, що роздувається вітром
Pinocchio saw the flames rising higher and higher
Піноккіо бачив, як полум'я піднімалося все вище і вище
he did not wish to end his life like a roasted pigeon
Він не бажав закінчувати своє життя, як смажений голуб
so he made a stupendous leap from the top of the tree
І він зробив приголомшливий стрибок з верхівки дерева
and he ran across the fields and vineyards
І він бігав по полях і виноградниках

The assassins followed him again
Вбивці знову пішли за ним
and they kept behind him without giving up
І вони трималися за ним, не здаючись
The day began to break and they were still pursuing him
День почав світати, а його все ще переслідували
Suddenly Pinocchio found his way barred by a ditch
Раптом Піноккіо опинився загороджений канавою
it was full of stagnant water the colour of coffee
У ньому було повно стоячої води кольору кави
What was our Pinocchio to do now?
Що тепер мав робити наш Піноккіо?
"One! two! three!" cried the puppet
— Один! Два! Три!» — вигукнула маріонетка
making a rush, he sprang to the other side
Кинувшись, він стрибнув на інший берег
The assassins also tried to jump over the ditch
Вбивці також намагалися перестрибнути через рів
but they had not measured the distance
Але вони не виміряли відстань
splish splash! they fell into the middle of the ditch
Сплеск блиску! Вони впали на середину рову

Pinocchio heard the plunge and the splashing
Піноккіо почув гуркіт і плескіт
"A fine bath to you, gentleman assassins"
"Прекрасна ванна вам, джентльмени-вбивці"
And he felt convinced that they were drowned
І він був переконаний, що вони потонули
but it's good that Pinocchio did look behind him
але добре, що Піноккіо все-таки озирнувся за ним
because his two assassins had not drowned
Тому що двоє його вбивць не потонули
the two assassins had got out the water again
Двоє вбивць знову вийшли з води
and they were both still running after him
І вони обоє ще бігли за ним
they were still enveloped in their sacks
Вони все ще були загорнуті у свої мішки
and the water was dripping from them
І з них капала вода
as if they had been two hollow baskets
Наче це були два порожнисті кошики

The Assassins Hang Pinocchio to the Big Oak Tree
Вбивці вішають Піноккіо на великий дуб

At this sight, the puppet's courage failed him
Побачивши це, сміливість маріонетки його підвела
he was on the point of throwing himself on the ground
Він був на межі того, що кинувся на землю
and he wanted to give himself over for lost
І він хотів віддати себе за втрачене
he turned his eyes in every direction
Він звертав очі на всі боки
he saw a small house as white as snow
Він побачив маленький будиночок, білий, як сніг,
"If only I had breath to reach that house"
«Якби мені вистачило духу, щоб дістатися до того

будинку»

"perhaps then I might be saved"

"Можливо, тоді я буду спасенний"

without delaying an instant he recommenced running

Не зволікаючи ні на мить, він знову почав бігти

poor little Pinocchio was running for his life

Бідолашний маленький Піноккіо біг, рятуючи своє життя

he ran through the wood with the assassins after him

Він біг по лісі, а за ним і вбивці

there was a desperate race of nearly two hours

Це був відчайдушний забіг, який тривав майже дві години

and finally he arrived quite breathless at the door

І нарешті він підійшов до дверей, зовсім захеканий

he desperately knocked on the door of the house

Він відчайдушно постукав у двері будинку

but no one answered Pinocchio's knock

але ніхто не відповів на стукіт Піноккіо

He knocked at the door again with great violence

Він знову постукав у двері з великою силою

because he heard the sound of steps approaching him

Бо він почув звук кроків, що наближалися до нього

and he heard the the heavy panting of his persecutors

І він почув важке задихання своїх гонителів

there was the same silence as before

Запала така ж тиша, як і раніше

he saw that knocking was useless

Він зрозумів, що стукати марно

so he began in desperation to kick and pommel the door

Тож він у відчаї почав стукати ногами та стукати дверима

The window next to the door then opened

Після цього відчинилося вікно поруч із дверима

and a beautiful Child appeared at the window

і біля вікна з'явилася прекрасна Дитина

the beautiful child had blue hair

У прекрасної дитини було синє волосся

and her face was as white as a waxen image

А обличчя її було біле, як воскове зображення

her eyes were closed as if she was asleep
Її очі були заплющені, наче вона спала
and her hands were crossed on her breast
І її руки були схрещені на грудях
Without moving her lips in the least, she spoke
Анітрохи не ворушачи губами, вона заговорила
"In this house there is no one, they are all dead"
"У цьому будинку нікого немає, вони всі мертві"
and her voice seemed to come from the other world
І голос її наче долинав з того світу
but Pinocchio shouted and cried and implored
але Піноккіо кричав, плакав і благав
"Then at least open the door for me"
"Тоді хоча б відчиніть мені двері"
"I am also dead," said the waxen image
— Я теж мертвий, — сказав восковий бовван
"Then what are you doing there at the window?"
— Що ж ти там робиш біля вікна?
"I am waiting to be taken away"
«Я чекаю, коли мене заберуть»
Having said this she immediately disappeared
Сказавши це, вона негайно зникла
and the window was closed again without the slightest noise
І вікно знову було зачинене без найменшого шуму
"Oh! beautiful Child with blue hair," cried Pinocchio"
— Отакої! прекрасна Дитина з синім волоссям, - вигукнув Піноккіо.
"open the door, for pity's sake!"
— Відчиніть двері, заради жалю!
"Have compassion on a poor boy pursued..."
«Змилуйся над бідним хлопцем, якого гнали...»
But he could not finish the sentence
Але він не зміг закінчити речення
because he felt himself seized by the collar
Бо відчував, що його схопили за комір
the same two horrible voices said to him threateningly:
Ті самі два жахливі голоси погрозливо сказали йому:

"You shall not escape from us again!"
— Ти вже не втечеш від нас!
"You shall not escape," panted the little assassin
— Ти не втечеш, — зітхнув маленький убивця
The puppet saw death was staring him in the face
Маріонетка бачила, що смерть дивиться йому в обличчя
he was taken with a violent fit of trembling
Його взяли з сильним нападом тремтіння
the joints of his wooden legs began to creak
суглоби його дерев'яних ніг почали скрипіти
and the coins hidden under his tongue began to clink
І монети, заховані під його язиком, почали дзвеніти
"will you open your mouth—yes or no?" demanded the assassins
«Ви відкриєте рот — так чи ні?» — вимагали вбивці
"Ah! no answer? Leave it to us"
— Ах! Немає відповіді? Залиште це нам"
"this time we will force you to open it!"
— Цього разу ми змусимо вас його відкрити!
"we will force you," repeated the second assassin
— Ми вас змусимо, — повторив другий убивця
And they drew out two long, horrid knives
І вони витягли два довгих жахливих ножа
and the knifes were as sharp as razors
А ножі були гострі, як бритви
they attempted to stab him twice
Вони двічі намагалися вдарити його ножем
but the puppet was lucky in one regard
Але маріонетці пощастило в одному відношенні
he had been made from very hard wood
Він був зроблений з дуже твердих порід дерева
the knives broke into a thousand pieces
Ножі розлетілися на тисячу штук
and the assassins were left with just the handles
А у вбивць залишилися одні лише ручки
for a moment they could only stare at each other
Якусь мить вони могли тільки дивитися один на одного

"I see what we must do," said one of them
— Я бачу, що нам робити, — сказав один із них
"He must be hung! Let us hang him!"
— Його треба повісити! Повісимо його!»
"Let us hang him!" repeated the other
«Повішімо його!» — повторив інший
Without loss of time they tied his arms behind him
Не гаючи часу, вони зв'язали йому руки за спиною
and they passed a running noose round his throat
І вони пропустили зашморг навколо його горла
and they hung him to the branch of the Big Oak
І повісили його до гілки Великого Дуба
They then sat down on the grass watching Pinocchio
Потім вони сіли на траву і спостерігали за Піноккіо
and they waited for his struggle to end
І вони чекали, коли закінчиться його боротьба
but three hours had already passed
Але минуло вже три години
the puppet's eyes were still open
Очі маріонетки були ще розплющені
his mouth was closed just as before
Його рот був закритий, як і раніше
and he was kicking more than ever
І він бив ногами більше, ніж будь-коли
they had finally lost their patience with him
Вони нарешті втратили терпіння щодо нього
they turned to Pinocchio and spoke in a bantering tone
вони обернулися до Піноккіо і заговорили жартівливим тоном
"Good-bye Pinocchio, see you again tomorrow"
«До побачення, Піноккіо, побачимося завтра знову»
"hopefully you'll be kind enough to be dead"
"Сподіваюся, ти будеш достатньо добрим, щоб бути мертвим"
"and hopefully you will have your mouth wide open"
"І, сподіваюся, у вас буде широко відкритий рот"
And they walked off in a different direction

І вони пішли в іншому напрямку
In the meantime a northerly wind began to blow and roar
Тим часом почав дути і ревти північний вітер
and the wind beat the poor puppet from side to side
І вітер бив бідолашну маріонетку з боку в бік

the wind made him swing about violently
Вітер змушував його несамовито розгойдуватися
like the clatter of a bell ringing for a wedding
як стукіт дзвоника, що дзвонить на весіллі
And the swinging gave him atrocious spasms
І розгойдування викликало у нього жахливі спазми
and the noose became tighter and tighter around his throat
І зашморг ставав все тугішим і тугішим навколо його горла
and finally it took away his breath

І нарешті у нього перехопило подих
Little by little his eyes began to grow dim
Потроху його очі почали тьмяніти
he felt that death was near
Він відчував, що смерть близька
but Pinocchio never gave up hope
але Піноккіо ніколи не втрачав надії
"perhaps some charitable person will come to my assistance"
"Можливо, якась благодійна особа прийде мені на допомогу"
But he waited and waited and waited
Але він чекав, чекав і чекав
and in the end no one came, absolutely no one
І в підсумку ніхто не прийшов, абсолютно ніхто
then he remembered his poor father
Тоді він згадав про свого бідного батька
thinking he was dying, he stammered out
Думаючи, що він помирає, він заїкнувся
"Oh, papa! papa! if only you were here!"
— Ой, тату! Тато! Якби ти був тут!»
His breath failed him and he could say no more
У нього перехопило подих, і він не міг більше нічого сказати
He shut his eyes and opened his mouth
Він заплющив очі і відкрив рота
and he stretched out his arms and legs
І він простягнув руки та ноги
he gave one final long shudder
Він востаннє довго здригнувся
and then he hung stiff and insensible
І тоді він повис задубіло і непритомний

The Beautiful Child Rescues the Puppet
Прекрасна дитина рятує маріонетку

poor Pinocchio was still suspended from the Big Oak tree
Бідолашний Піноккіо все ще був підвішений до Великого Дуба
but apparently Pinocchio was more dead than alive
але, судячи з усього, Піноккіо був скоріше мертвий, ніж живий
the beautiful Child with blue hair came to the window again
Прекрасна Дитина з синім волоссям знову підійшла до вікна
she saw the unhappy puppet hanging by his throat
Вона побачила нещасну маріонетку, що висіла у нього за горло
she saw him dancing up and down in the gusts of the wind
Вона бачила, як він танцював то вгору, то вниз під поривами вітру
and she was moved by compassion for him
І вона була зворушена співчуттям до нього
the beautiful child struck her hands together
Прекрасна дитина сплеснула руками
and she gave three little claps
І вона дала три маленькі хлопки
there came a sound of wings flying rapidly
Почувся звук швидкого польоту крил
a large Falcon flew on to the window-sill
великий Сокіл прилетів на підвіконня

"What are your orders, gracious Fairy?" he asked
«Які твої накази, милостива Феє?» — запитав він
and he inclined his beak in sign of reverence
І він нахилив дзьоба на знак пошани
"Do you see that puppet dangling from the Big Oak tree?"
— Бачиш ту ляльку, що звисає з Великого Дуба?
"I see him," confirmed the falcon
— Я бачу його, — підтвердив сокіл
"Fly over to him at once," she ordered him
— Прилетіть до нього негайно, — наказала вона йому
"use your strong beak to break the knot"
«Використовуй свій сильний дзьоб, щоб розірвати вузол»
"lay him gently on the grass at the foot of the tree"
«Поклади його ніжно на траву біля підніжжя дерева»
The Falcon flew away to carry out his orders
Сокіл полетів, щоб виконати його наказ
and after two minutes he returned to the child

А через дві хвилини повернувся до дитини
"I have done as you commanded"
"Я зробив так, як ти заповідав"
"And how did you find him?"
— А як ви його знайшли?
"when I first saw him he appeared dead"
"Коли я вперше побачив його, він здавався мертвим"
"but he couldn't really have been entirely dead"
"Але насправді він не міг бути повністю мертвим"
"I loosened the noose around his throat"
«Я розв'язав зашморг навколо його горла»
"and then he gave soft a sigh"
— А потім тихо зітхнув.
"he muttered to me in a faint voice"
— пробурмотів він мені слабким голосом.
"'Now I feel better!' he said"
"Тепер я почуваюся краще!" — сказав він.
The Fairy then struck her hands together twice
Потім Фея двічі сплеснула руками
as soon as she did this a magnificent Poodle appeared
як тільки вона це зробила, з'явився чудовий пудель
the poodle walked upright on his hind legs
Пудель ходив вертикально на задніх лапах
it was exactly as if he had been a man
Це було точнісінько так, ніби він був чоловіком
He was in the full-dress livery of a coachman
Він був у повній лівреї кучера
On his head he had a three-cornered cap braided with gold
На голові у нього була трикутна шапочка, заплетена золотом
his curly white wig came down on to his shoulders
Його кучерява біла перука спускалася на плечі
he had a chocolate-collared waistcoat with diamond buttons
На ньому був жилет з шоколадним коміром і ромбоподібними ґудзиками
and he had two large pockets to contain bones
І в нього було дві великі кишені для кісток

the bones that his mistress gave him at dinner
кістки, які господиня дала йому за вечерею
he also had a pair of short crimson velvet breeches
А ще на ньому була пара коротких малинових оксамитових бриджів
and he wore some silk stockings
І він носив кілька шовкових панчіх
and he wore smart Italian leather shoes
і він був одягнений в ошатні італійські шкіряні туфлі
hanging behind him was a species of umbrella case
Позаду нього висів своєрідний футляр для парасольок
the umbrella case was made of blue satin
Футляр для парасольки був виготовлений з атласу синього кольору
he put his tail into it when the weather was rainy
Він засунув у нього свій хвіст, коли погода була дощова
"Be quick, Medoro, like a good dog!"
— Будь швидкий, Медоро, як добрий пес!
and the fairy gave her poodle the commands
І фея давала своєму пуделю команди
"get the most beautiful carriage harnessed"
«Запрягти найкрасивішу карету»
"and have the carriage waiting in my coach-house"
"І нехай карета чекає в моєму вагоні"
"and go along the road to the forest"
"І йти по дорозі до лісу"
"When you come to the Big Oak tree you will find a poor puppet"
«Коли прийдеш до Великого Дуба, то знайдеш бідну маріонетку»
"he will be stretched on the grass half dead"
«Він буде розтягнутий на траві напівмертвий»
"you will have to pick him up gently"
"Підбирати його доведеться обережно"
"lay him flat on the cushions of the carriage"
«Покладіть його рівно на подушки карети»
"when you have done this bring him here to me"

«Коли ти це зробиш, приведи його сюди, до мене»
"Do you understand?" she asked one last time
«Розумієш?» — запитала вона в останній раз
The Poodle showed that he had understood
Пудель показав, що зрозумів
he shook the case of blue satin three or four times
Він три-чотири рази потряс футляром синього атласу
and then he ran off like a race-horse
А потім втік, як скаковий кінь
soon a beautiful carriage came out of the coach-house
Незабаром з каретного будинку виїхала прекрасна карета
The cushions were stuffed with canary feathers
Подушки були набиті канарковим пір'ям
the carriage was lined on the inside with whipped cream
Карета була зсередини облицьована збитими вершками
and custard and vanilla wafers made the seating
А заварний крем і ванільні вафлі зробили сидіння
The little carriage was drawn by a hundred white mice
Маленьку карету намалювали сто білих мишей
and the Poodle was seated on the coach-box
А пудель сидів на каретному ящику
he cracked his whip from side to side
Він тріщав батогом з боку в бік
like a driver when he is afraid that he is behind time
як водій, коли боїться, що відстає від часу
less than a quarter of an hour passed
Минуло менше чверті години
and the carriage returned to the house
І карета повернулася до хати
The Fairy was waiting at the door of the house
Фея чекала біля дверей будинку
she took the poor puppet in her arms
Вона взяла бідолашну маріонетку на руки
and she carried him into a little room
І вона віднесла його до маленької кімнати
the room was wainscoted with mother-of-pearl
Кімната була облицьована перламутром

she called for the most famous doctors in the neighbourhood
Вона викликала найвідоміших лікарів району
They came immediately, one after the other
Вони прийшли відразу, один за одним
a Crow, an Owl, and a talking little cricket
Ворона, Сова і балакучий маленький цвіркун
"I wish to know something from you, gentlemen," said the Fairy
— Я хочу дещо дізнатися від вас, панове, — сказала Фея
"is this unfortunate puppet alive or dead?"
— Жива чи мертва ця нещасна маріонетка?
the Crow started by feeling Pinocchio's pulse
Ворона почала з того, що намацала пульс Піноккіо
he then felt his nose and his little toe
Потім він обмацав ніс і мізинець на нозі
he carefully made his diagnosis of the puppet
Він ретельно поставив свій діагноз маріонетці
and then he solemnly pronounced the following words:
І тоді урочисто вимовив такі слова:
"To my belief the puppet is already dead"
"На моє переконання, маріонетка вже мертва"
"but there is always the chance he's still alive"
"Але завжди є шанс, що він ще живий"
"I regret," said the Owl, "to contradict the Crow"
— Шкодую, — сказала Сова, — що суперечив Вороні.
"my illustrious friend and colleague"
"Мій ясновельможний друг і колега"
"in my opinion the puppet is still alive"
"На мою думку, маріонетка ще жива"
"but there's always a chance he's already dead"
"Але завжди є шанс, що він уже мертвий"
lastly the Fairy asked the talking little Cricket
— нарешті запитала Фея у маленького Цвіркуна, що говорить,
"And you, have you nothing to say?"
— А ти, нема чого сказати?
"doctors are not always called upon to speak"

«Лікарів не завжди закликають говорити»
"sometimes the wisest thing is to be silent"
«Іноді найрозумніше – це мовчати»
"but let me tell you what I know"
"Але дозвольте мені розповісти вам те, що я знаю"
"that puppet has a face that is not new to me"
«У цієї маріонетки обличчя, яке для мене не нове»
"I have known him for some time!"
— Я знаю його вже давно!
Pinocchio had lain immovable up to that moment
До цього моменту Піноккіо лежав непорушно
he was just like a real piece of wood
Він був схожий на справжній шматок дерева
but then he was seized with a fit of convulsive trembling
Але тут його охопив напад конвульсивного тремтіння
and the whole bed shook from his shaking
І все ліжко здригнулося від його тремтіння
the talking little Cricket continued talking
Балакучий маленький Цвіркун продовжував говорити
"That puppet there is a confirmed rogue"
"Ця маріонетка там підтверджений пройдисвіт"
Pinocchio opened his eyes, but shut them again immediately
Піноккіо розплющив очі, але відразу ж знову заплющив їх
"He is a good for nothing ragamuffin vagabond"
"Він ні на що не годиться рагамаффін-волоцюга"
Pinocchio hid his face beneath the clothes
Піноккіо сховав обличчя під одягом
"That puppet there is a disobedient son"
«Та маріонетка там неслухняний син»
"he will make his poor father die of a broken heart!"
«Він змусить свого бідного батька померти від розбитого серця!»
At that instant everyone could hear something
У цю мить усі щось почули
suffocated sound of sobs and crying was heard
Почулися задушливі ридання і плач
the doctors raised the sheets a little

Лікарі трохи підняли простирадла
Imagine their astonishment when they saw Pinocchio
Уявіть собі їхнє здивування, коли вони побачили Піноккіо
the crow was the first to give his medical opinion
Ворона була першою, хто дав свій медичний висновок
"When a dead person cries he's on the road to recovery"
«Коли мрець плаче, він на шляху до одужання»
but the owl was of a different medical opinion
Але сова була іншої лікарської думки
"I grieve to contradict my illustrious friend"
«Мені сумно суперечити моєму славетному другові»
"when the dead person cries it means he's is sorry to die"
«Коли мрець плаче, це означає, що йому шкода помирати»

Pinocchio Refuses to Take his Medicine
Піноккіо відмовляється приймати свої ліки

The doctors had done all that they could
Лікарі зробили все, що могли
so they left Pinocchio with the fairy
Так вони залишили Піноккіо з феєю
the Fairy touched Pinocchio's forehead
Фея доторкнулася до чола Піноккіо
she could tell that he had a high fever
Вона могла сказати, що у нього висока температура
the Fairy knew exactly what to give Pinocchio
Фея точно знала, що подарувати Піноккіо
she dissolved a white powder in some water
Вона розчинила білий порошок у невеликій кількості води
and she offered Pinocchio the tumbler of water
і вона запропонувала Піноккіо стакан з водою
and she reassured him that everything would fine
І вона його заспокоїла, що все буде добре
"Drink it and in a few days you will be cured"
«Випий і через кілька днів ти вилікуєшся»

Pinocchio looked at the tumbler of medicine
Піноккіо подивився на стаканчик з ліками
and he made a wry face at the medicine
І він зробив криве обличчя на ліки
"Is it sweet or bitter?" he asked plaintively
«Солодкий чи гіркий?» — жалібно спитав він
"It is bitter, but it will do you good"
"Це гірко, але це піде вам на користь"
"If it is bitter, I will not drink it"
«Якщо воно гірке, я не буду його пити»
"Listen to me," said the Fairy, "drink it"
— Послухай мене, — сказала Фея, — випий його.
"I don't like anything bitter," he objected
— Я не люблю нічого гіркого, — заперечив він
"I will give you a lump of sugar"
«Я дам тобі грудочку цукру»
"it will take away the bitter taste"
«Це забере гіркий присмак»
"but first you have to drink your medicine"
«Але спочатку треба випити свої ліки»
"Where is the lump of sugar?" asked Pinocchio
«А де ж грудочка цукру?» — запитав Піноккіо
"Here is the lump of sugar," said the Fairy
— Ось грудочка цукру, — сказала Фея
and she took out a piece from a gold sugar-basin
І вона вийняла шматок із золотої цукорниці
"please give me the lump of sugar first"
«Будь ласка, спочатку дайте мені грудочку цукру»
"and then I will drink that bad bitter water"
"І тоді я буду пити ту погану гірку воду"
"Do you promise me?" she asked Pinocchio
«Ти мені обіцяєш?» — запитала вона Піноккіо
"Yes, I promise," answered Pinocchio
— Так, обіцяю, — відповів Піноккіо
so the Fairy gave Pinocchio the piece of sugar
Тож Фея дала Піноккіо шматочок цукру
and Pinocchio crunched up the sugar and swallowed it

А Піноккіо хрумтів цукром і ковтав його
he licked his lips and enjoyed the taste
Він облизнув губи і насолоджувався смаком
"It would be a fine thing if sugar were medicine!"
«Було б добре, якби цукор був ліками!»
"then I would take medicine every day"
"Тоді я б щодня приймала ліки"
the Fairy had not forgotten Pinocchio's promise
Фея не забула обіцянку Піноккіо
"keep your promise and drink this medicine"
«Дотримуйся своєї обіцянки і випий ці ліки»
"it will restore you back to health"
"Це поверне вам здоров'я"
Pinocchio took the tumbler unwillingly
Піноккіо неохоче взяв стакан
he put the point of his nose to the tumbler
Він приклав вістря носа до стаканчика
and he lowered the tumbler to his lips
І він опустив стакан до губ
and then again he put his nose to it
А потім знову приклав до неї носа
and at last he said, "It is too bitter!"
І нарешті він сказав: "Це занадто гірко!"
"I cannot drink anything so bitter"
"Я не можу пити нічого такого гіркого"
"you don't know yet if you can't," said the Fairy
— Ти ще не знаєш, чи не можеш, — сказала Фея
"you have not even tasted it yet"
"Ви ще навіть не куштували"
"I can imagine how it's going to taste!"
«Я уявляю, як це буде смакувати!»
"I know it from the smell," objected Pinocchio
— Я знаю це по запаху, — заперечив Піноккіо
"first I want another lump of sugar please"
"спочатку я хочу ще одну грудочку цукру, будь ласка"
"and then I promise that will drink it!"
— А потім обіцяю, що вип'ю!

The Fairy had all the patience of a good mamma
У Феї вистачило терпіння доброї мами
and she put another lump of sugar in his mouth
І вона поклала йому в рот ще одну грудочку цукру
and again, she presented the tumbler to him
І знову вона подарувала йому стакан
"I still cannot drink it!" said the puppet
«Я все ще не можу його пити!» — сказала маріонетка
and Pinocchio made a thousand grimaced faces
і Піноккіо зробив тисячу гримас облич
"Why can't you drink it?" asked the fairy
«Чому ти не можеш його пити?» — запитала фея
"Because that pillow on my feet bothers me"
«Тому що та подушка на моїх ногах мене турбує»
The Fairy removed the pillow from his feet
Фея зняла подушку з його ніг
Pinocchio excused himself again
Піноккіо знову вибачився
"I've tried my best but it doesn't help me"
"Я намагався зробити все можливе, але це мені не допомогло"
"Even without the pillow I cannot drink it"
«Навіть без подушки я не можу її пити»
"What is the matter now?" asked the fairy
«У чому ж тепер справа?» — запитала фея
"The door of the room is half open"
«Двері кімнати напіввідчинені»
"it bothers me when doors are half open"
«Мене турбує, коли двері напіввідчинені»
The Fairy went and closed the door for Pinocchio
Фея пішла і зачинила двері для Піноккіо
but this didn't help, and he burst into tears
Але це не допомогло, і він розплакався
"I will not drink that bitter water—no, no, no!"
— Я не буду пити ту гірку воду — ні, ні, ні!
"My boy, you will repent it if you don't"
"Мій хлопчику, ти покаєшся, якщо не зробиш"

"I don't care if I will repent it," he replied

"Мені байдуже, чи покаюся я в цьому", — відповів він

"Your illness is serious," warned the Fairy

— Твоя хвороба серйозна, — попередила Фея

"I don't care if my illness is serious"

«Мені байдуже, чи серйозна моя хвороба»

"The fever will carry you into the other world"

«Лихоманка понесе тебе на той світ»

"then let the fever carry me into the other world"

«Тоді нехай лихоманка понесе мене на той світ»

"Are you not afraid of death?"

— Ти не боїшся смерті?

"I am not in the least afraid of death!"

«Я анітрохи не боюся смерті!»

"I would rather die than drink bitter medicine"

«Я краще помру, ніж вип'ю гіркі ліки»

At that moment the door of the room flew open

У цей момент двері кімнати відчинилися

four rabbits as black as ink entered the room

До кімнати увійшли чотири чорні, як чорнило, кролики

on their shoulders they carried a little bier

На плечах вони несли трохи пива

"What do you want with me?" cried Pinocchio
«Що ти хочеш від мене?» — вигукнув Піноккіо
and he sat up in bed in a great fright
І він сів у ліжку з великого переляку
"We have come to take you," said the biggest rabbit
— Ми прийшли тебе забрати, — сказав найбільший кролик
"you cannot take me yet; I am not dead"
— Ти ще не можеш мене взяти; Я не вмер"
"where are you planning to take me to?"
— Куди ти плануєш мене везти?
"No, you are not dead yet," confirmed the rabbit
— Ні, ти ще не вмер, — підтвердив кролик
"but you have only a few minutes left to live"
«Але вам залишилося жити лише кілька хвилин»
"because you refused the bitter medicine"
«Тому що ти відмовився від гірких ліків»
"the bitter medicine would have cured your fever"
«Гіркі ліки вилікували б твою гарячку»
"Oh, Fairy, Fairy!" the puppet began to scream
«О, Фея, Фея!» — почала кричати лялька
"give me the tumbler at once," he begged
— Дай мені тумблер негайно, — благав він
"be quick, for pity's sake, I do not want die"
«Будь швидким, заради жалю, я не хочу вмирати»
"no, I will not die today"
"Ні, я не помру сьогодні"
Pinocchio took the tumbler with both hands
Піноккіо взяв стакан обома руками

and he emptied the water one one big gulp
І він вилив воду одним великим ковтком
"We must have patience!" said the rabbits
«Треба набратися терпіння!» — сказали кролики
"this time we have made our journey in vain"
«Цього разу ми марно пішли в дорогу»
they took the little bier on their shoulders again
Вони знову взяли маленького пива на плечі
and they left the room back to where they came from
І вони повернулися з кімнати туди, звідки прийшли
and they grumbled and murmured between their teeth
А вони бурчали і бурмотіли між зубами
Pinocchio's recovery did not take long at all
Одужання Піноккіо зовсім не зайняло багато часу
a few minutes later he jumped down from the bed
Через кілька хвилин він зіскочив з ліжка
wooden puppets have a special privilege
Дерев'яні ляльки мають особливий привілей

they seldom get seriously ill like us
Вони рідко серйозно хворіють, як ми,
and they are lucky to be cured very quickly
І їм пощастило вилікуватися дуже швидко
"has my medicine done you good?" asked the fairy
«Чи пішли тобі на користь мої ліки?» — запитала фея
"your medicine has done me more than good"
«Ваші ліки принесли мені більше, ніж користь»
"your medicine has saved my life"
«Твої ліки врятували мені життя»
"why didn't you take your medicine sooner?"
«Чому ви не прийняли ліки раніше?»
"Well, Fairy, we boys are all like that!"
— Ну, Фея, ми всі такі!
"We are more afraid of medicine than of the illness"
«Ми більше боїмося медицини, ніж хвороби»
"Disgraceful!" cried the fairy in indignation
«Ганебно!» — обурено вигукнула фея
"Boys ought to know the power of medicine"
«Хлопчики повинні знати силу ліків»
"a good remedy may save them from a serious illness"
«Хороший засіб може врятувати їх від важкої хвороби»
"and perhaps it even saves you from death"
"А можливо, навіть рятує вас від смерті"
"next time I shall not require so much persuasion"
"Наступного разу я не буду вимагати стільки умовлянь"
"I shall remember those black rabbits"
«Я буду пам'ятати тих чорних кроликів»
"and I shall remember the bier on their shoulders"
"І я буду пам'ятати пиво на їхніх плечах"
"and then I shall immediately take the tumbler"
"І тоді я негайно візьму стакан"
"and I will drink all the medicine in one go!"
— І я вип'ю всі ліки за один раз!
The Fairy was happy with Pinocchio's words
Фея зраділа словам Піноккіо
"Now, come here to me and sit on my lap"

"А тепер іди сюди, до мене, і сядь мені на коліна"
"and tell me all about the assassins"
"І розкажіть мені все про вбивць"
"how did you end up hanging from the big Oak tree?"
— Як ти опинився на великому Дубі?
And Pinocchio ordered all the events that happened
І Піноккіо наказав на всі події, що відбулися
"You see, there was a ringmaster; Fire-eater"
— Бачиш, там був каблучник; Пожирач вогню"
"Fire-eater gave me some gold pieces"
«Пожирач вогню дав мені кілька золотих»
"he told me to take the gold to my father"
«Він сказав мені віднести золото моєму батькові»
"but I didn't take the gold straight to my father"
"Але я не відніс золото прямо до батька"
"on the way home I met a Fox and a Cat"
«По дорозі додому я зустрів Лисицю і Кота»
"they made me an offer I couldn't refuse"
«Вони зробили мені пропозицію, від якої я не міг відмовитися»
'Would you like those pieces of gold to multiply?'
«Чи хотіли б ви, щоб ці шматки золота розмножувалися?»
"'Come with us and,' they said"
"Ходімо з нами і,—сказали вони"
'we will take you to the Field of Miracles'
«ми відвеземо вас на Поле чудес»
"and I said, 'Let's go to the Field of Miracles'"
"А я кажу: "Ходімо на Поле Чудес".
"And they said, 'Let us stop at this inn'"
"І вони сказали: "Зупинимося в цьому заїзді"
"and we stopped at the Red Craw-Fish in"
"І ми зупинилися на Червоному Раку всередині"
"all of us went to sleep after our food"
«Ми всі лягли спати після їжі»
"when I awoke they were no longer there"
"Коли я прокинувся, їх уже не було"
"because they had to leave before me"

"Тому що вони повинні були піти раніше за мене"
"Then I began to travel by night"
«Потім я почав подорожувати вночі»
"you cannot imagine how dark it was"
"Ви не уявляєте, наскільки темно було"
"that's when I met the two assassins"
"Саме тоді я познайомився з двома вбивцями"
"and they were wearing charcoal sacks"
«І вони були в мішках з вугіллям»
"they said to me: 'Out with your money'"
"Вони сказали мені: "Геть зі своїми грошима"
"and I said to them, 'I have no money'"
"І сказав я їм: "У мене немає грошей""
"because I had hidden the four gold pieces"
«Тому що я сховав чотири золоті»
"I had put the money in my mouth"
«Я поклав гроші в рот»
"one tried to put his hand in my mouth"
«Один намагався засунути руку мені в рот»
"and I bit his hand off and spat it out"
"А я відкусив йому руку і виплюнув"
"but instead of a hand it was a cat's paw"
"Але замість руки була котяча лапа"
"and then the assassins ran after me"
"А потім вбивці побігли за мною"
"and I ran and ran as fast as I could"
"І я біг і біг так швидко, як тільки міг"
"but in the end they caught me anyway"
"Але в підсумку мене все одно спіймали"
"and they tied a noose around my neck"
«І мені на шию зав'язали зашморг»
"and they hung me from the Big Oak tree"
"І повісили мене на Великому Дубі"
"they waited for me to stop moving"
«Вони чекали, коли я перестану рухатися»
"but I never stopped moving at all"
"Але я зовсім не переставав рухатися"

"and then they called up to me"
"А потім до мене покликали"
'Tomorrow we shall return here'
«Завтра ми повернемося сюди»
'then you will be dead with your mouth open'
«Тоді ти будеш мертвий з відкритим ротом»
'and we will have the gold under your tongue'
«І золото буде у нас під язиком»
the Fairy was interested in the story
Фея зацікавилася історією
"And where have you put the pieces of gold now?"
— А куди ж ви тепер поклали шматки золота?
"I have lost them!" said Pinocchio, dishonestly
«Я їх загубив!» — нечесно сказав Піноккіо
he had the pieces of gold in his pocket
У нього в кишені були шматочки золота
as you know Pinocchio already had a long nose
як відомо, у Піноккіо вже був довгий ніс
but lying made his nose grow even longer
Але від брехні його ніс став ще довшим
and his nose grew another two inches
А ніс у нього виріс ще на два сантиметри
"And where did you lose the gold?"
— А де ти загубив золото?
"I lost it in the woods," he lied again
— Я загубив його в лісі, — знову збрехав він
and his nose also grew at his second lie
І ніс у нього теж виріс при другій брехні
"worry not about the gold," said the fairy
— Не турбуйся про золото, — сказала фея
"we will go to the woods and find your gold"
«Ми підемо в ліс і знайдемо твоє золото»
"all that is lost in those woods is always found"
«Все, що загубилося в тих лісах, завжди знайдеться»
Pinocchio got quite confused about his situation
Піноккіо неабияк заплутався у своєму становищі
"Ah! now I remember all about it," he replied

— Ах! тепер я все про це пам'ятаю", - відповів він
"I didn't lose the four gold pieces at all"
«Я зовсім не втратив чотири золоті»
"I just swallowed your medicine, didn't I?"
— Я щойно проковтнув твої ліки, чи не так?
"I swallowed the coins with the medicine"
«Я проковтнув монети з ліками»
at this daring lie his nose grew even longer
Від цієї зухвалої брехні його ніс став ще довшим
now Pinocchio could not move in any direction
тепер Піноккіо не міг рухатися в жодному напрямку
he tried to turn to his left side
Він спробував розвернутися на лівий бік
but his nose struck the bed and window-panes
Але його ніс вдарився об ліжко і шибки
he tried to turn to the right side
Він спробував розвернутися на правий бік
but now his nose struck against the walls
Але тепер його ніс вдарився об стіни
and he could not raise his head either
І він теж не міг підняти голову
because his nose was long and pointy
Тому що ніс у нього був довгий і гострий
and his nose could have poke the Fairy in the eye
а його ніс міг би ткнути Феї в очі
the Fairy looked at him and laughed
Фея подивилася на нього і засміялася
Pinocchio was very confused about his situation
Піноккіо був дуже збентежений своїм становищем
he did not know why his nose had grown
Він не знав, чому в нього виріс ніс
"What are you laughing at?" asked the puppet
«З чого ти смієшся?» — запитала маріонетка
"I am laughing at the lies you've told me"
«Я сміюся з брехні, яку ви мені сказали»
"how can you know that I have told lies?"
— Як ти можеш знати, що я сказав неправду?

"Lies, my dear boy, are found out immediately"
«Брехня, мій любий хлопчику, виявляється відразу»
"in this world there are two sorts of lies"
«У цьому світі є два види брехні»
"There are lies that have short legs"
«Є брехня, у якої короткі ноги»
"and there are lies that have long noses"
"А є брехня, у якої довгі носи"
"Your lie is one of those that has a long nose"
"Твоя брехня - одна з тих, у якої довгий ніс"
Pinocchio did not know where to hide himself
Піноккіо не знав, де сховатися
he was ashamed of his lies being discovered
Йому було соромно за те, що його брехня була розкрита
he tried to run out of the room
Він намагався вибігти з кімнати
but he did not succeed at escaping
Але втекти йому не вдалося
his nose had gotten too long to escape
Його ніс став занадто довгим, щоб вирватися
and he could no longer pass through the door
І він уже не міг пройти через двері

Pinocchio Meets the Fox and the Cat Again
Піноккіо знову зустрічається з лисицею і кішкою

the Fairy understood the importance of the lesson
Фея зрозуміла всю важливість заняття
she let the puppet to cry for a good half-hour
Вона дозволила маріонетці поплакати добрих півгодини
his nose could no longer pass through the door
Його ніс уже не міг пройти крізь двері
telling lies is the worst thing a boy can do
Говорити неправду – це найгірше, що може зробити хлопчик
and she wanted him to learn from his mistakes

І вона хотіла, щоб він вчився на своїх помилках
but she could not bear to see him weeping
Але вона не могла стерпіти, коли він плакав
she felt full of compassion for the puppet
Вона відчула повне співчуття до маріонетки
so she clapped her hands together again
І вона знову заплескала в долоні
a thousand large Woodpeckers flew in from the window
з вікна залетіла тисяча великих Дятлів
The woodpeckers immediately perched on Pinocchio's nose
Дятли відразу ж примостилися на носі Піноккіо
and they began to peck at his nose with great zeal
І почали з великим завзяттям клювати йому в ніс
you can imagine the speed of a thousand woodpeckers
Можна уявити собі швидкість тисячі дятлів
within no time at all Pinocchio's nose was normal
За мить ніс Піноккіо став нормальним
of course you remember he always had a big nose
Ви, звичайно, пам'ятаєте, у нього завжди був великий ніс
"What a good Fairy you are," said the puppet
— Яка ж ти добра Фея, — сказала лялька
and Pinocchio dried his tearful eyes
і Піноккіо висушив заплакані очі
"and how much I love you!" he added
"І як я тебе люблю!" – додав він
"I love you also," answered the Fairy
— Я теж тебе кохаю, — відповіла Фея
"if you remain with me you shall be my little brother"
"Якщо ти залишишся зі мною, ти станеш моїм молодшим братом"
"and I will be your good little sister"
"А я буду твоєю доброю молодшою сестрою"
"I would like to remain very much," said Pinocchio
— Я дуже хотів би залишитися, — сказав Піноккіо
"but I have to go back to my poor papa"
"Але я мушу повернутися до свого бідного тата"
"I have thought of everything," said the fairy

— Я все продумала, — сказала фея
"I have already let your father know"
«Я вже дав знати твоєму батькові»
"and he will come here tonight"
"І він прийде сюди сьогодні ввечері"
"Really?" shouted Pinocchio, jumping for joy
«Невже?» — вигукнув Піноккіо, підстрибуючи від радості
"Then, little Fairy, I have a wish"
«Тоді, маленька Фея, у мене є бажання»
"I would very much like to go and meet him"
"Я б дуже хотіла поїхати і зустрітися з ним"
"I want to give a kiss to that poor old man"
«Я хочу поцілувати того бідного старого»
"he has suffered so much on my account"
«Він стільки страждав через мене»
"Go, but be careful not to lose your way"
«Іди, але будь обережний, щоб не збитися зі шляху»
"Take the road that goes through the woods"
«Ідіть дорогою, що йде через ліс»
"I am sure that you will meet him there"
"Я впевнений, що ви його там зустрінете"
Pinocchio set out to go through the woods
Піноккіо вирушив іти лісом
once in the woods he began to run like a kid
Одного разу в лісі він почав бігати, як дитина,
But then he had reached a certain spot in the woods
Але потім він дійшов до одного місця в лісі
he was almost in front of the Big Oak tree
він був майже перед Великим Дубом
he thought he heard people amongst the bushes
Йому здалося, що він чує людей серед кущів
In fact, two persons came out on to the road
Насправді на дорогу вийшли двоє осіб
Can you guess who they were?
Чи можете ви здогадатися, хто це був?
they were his two travelling companions
Вони були його двома попутниками

in front of him was the Fox and the Cat
перед ним стояли Лисиця і Кіт
his companions who had taken him to the inn
його товариші, які взяли його до корчми

"Why, here is our dear Pinocchio!" cried the Fox
«Та ось же наш любий Піноккіо!» — вигукнула Лисиця
and he kissed and embraced his old friend
І він поцілував і обійняв свого старого друга
"How came you to be here?" asked the fox
«Як ти тут опинився?» — запитала лисиця
"How come you to be here?" repeated the Cat
«Як ти тут опинився?» — повторив Кіт
"It is a long story," answered the puppet
— Це довга історія, — відповіла маріонетка
"I will tell you the story when I have time"
«Я розповім вам історію, коли матиму час»

"but I must tell you what happened to me"
"Але я мушу розповісти, що сталося зі мною"
"do you know that the other night I met with assassins?"
— Ти знаєш, що днями вночі я зустрічався з убивцями?
"Assassins! Oh, poor Pinocchio!" worried the Fox
"Вбивці! Ох, бідний Піноккіо!» — занепокоїлася Лисиця
"And what did they want?" he asked
«А чого вони хотіли?» — запитав він
"They wanted to rob me of my gold pieces"
«Вони хотіли вкрасти в мене мої золоті монети»
"Villains!" said the Fox
«Негідники!» — сказала Лисиця
"Infamous villains!" repeated the Cat
«Ганебні негідники!» — повторив Кіт
"But I ran away from them," continued the puppet
— Але я втік від них, — продовжувала маріонетка
"they did their best to catch me"
«Вони зробили все можливе, щоб мене спіймати»
"and after a long chase they did catch me"
"І після довгої погоні мене таки спіймали"
"they hung me from a branch of that oak tree"
«Вони повісили мене на гілці того дуба»
And Pinocchio pointed to the Big Oak tree
І Піноккіо показав на Великого Дуба
the Fox was appalled by what he had heard
Лис був приголомшений почутим
"Is it possible to hear of anything more dreadful?"
— Хіба можна почути про щось страшніше?
"In what a world we are condemned to live!"
«В якому світі ми приречені жити!»
"Where can respectable people like us find a safe refuge?"
«Де таким поважним людям, як ми, знайти безпечний притулок?»
the conversation went on this way for some time
Розмова тривала так деякий час
in this time Pinocchio observed something about the Cat
в цей час Піноккіо щось зауважив про Кота

the Cat was lame of her front right leg
Кішка кульгала на передню праву ногу
in fact, she had lost her paw and all its claws
Фактично вона втратила лапу і всі її кігті
Pinocchio wanted to know what had happened
Піноккіо хотів знати, що сталося
"What have you done with your paw?"
— Що ти зробив зі своєю лапою?
The Cat tried to answer, but became confused
Кіт спробував відповісти, але розгубився
the Fox jumped in to explain what had happened
Лисиця вскочила, щоб пояснити, що сталося
"you must know that my friend is too modest"
«Ти мусиш знати, що мій друг надто скромний»
"her modesty is why she doesn't usually speak"
«Її скромність є причиною того, що вона зазвичай не говорить»
"so let me tell the story for her"
"Тож дозвольте мені розповісти історію за неї"
"an hour ago we met an old wolf on the road"
"Годину тому ми зустріли на дорозі старого вовка"
"he was almost fainting from want of food"
«Він мало не знепритомнів від нестачі їжі»
"and he asked alms of us"
"І він попросив у нас милостиню"
"we had not so much as a fish-bone to give him"
«У нас не було навіть риб'ячої кістки, щоб дати йому»
"but what did my friend do?"
— А що ж зробив мій друг?
"well, she really has the heart of a César"
"Ну, в неї справді серце Сезаря"
"She bit off one of her fore paws"
«Вона відкусила собі одну з передніх лап»
"and the threw her paw to the poor beast"
"І кинула лапу бідному звірові"
"so that he might appease his hunger"
«Щоб він міг утихомирити свій голод»

And the Fox was brought to tears by his story
І Лиса довела до сліз його розповідь
Pinocchio was also touched by the story
Піноккіо теж був зворушений історією
approaching the Cat, he whispered into her ear
підійшовши до Кішки, він прошепотів їй на вухо
"If all cats resembled you, how fortunate the mice would be!"
«Якби всі коти були схожі на тебе, як би пощастило мишам!»
"And now, what are you doing here?" asked the Fox
«А що ти тут робиш?» — запитала Лисиця
"I am waiting for my papa," answered the puppet
— Я чекаю на свого тата, — відповіла маріонетка
"I am expecting him to arrive at any moment now"
"Я очікую, що він приїде в будь-який момент зараз"
"And what about your pieces of gold?"
— А як же твої золоті шматки?
"I have got them in my pocket," confirmed Pinocchio
— У мене вони в кишені, — підтвердив Піноккіо
although he had to explain that he had spent one coin
Хоча йому довелося пояснити, що він витратив одну монету
the cost of their meal had come to one piece of gold
Вартість їхньої трапези склала одну золоту
but he told them not to worry about that
Але він сказав їм, щоб вони не хвилювалися з цього приводу
but the Fox and the Cat did worry about it
але Лисиця і Кіт хвилювалися з цього приводу
"Why do you not listen to our advice?"
— Чому ти не слухаєш наших порад?
"by tomorrow you could have one or two thousand!"
— До завтрашнього дня у вас може бути одна чи дві тисячі!
"Why don't you bury them in the Field of Miracles?"
— Чому б вам не поховати їх на Полі Чудес?
"Today it is impossible," objected Pinocchio

— Сьогодні це неможливо, — заперечив Піноккіо

"but don't worry, I will go another day"

"Але не хвилюйся, я піду в інший день"

"Another day it will be too late!" said the Fox

«Ще одного дня буде пізно!» — сказала Лисиця

"Why would it be too late?" asked Pinocchio

«Чому було б запізно?» — запитав Піноккіо

"Because the field has been bought by a gentleman"

«Тому що поле купив пан»

"after tomorrow no one will be allowed to bury money there"

«Після завтрашнього дня нікому не дозволять закопати там гроші»

"How far off is the Field of Miracles?"

— Як далеко Поле Чудес?

"It is less than two miles from here"

"Це менш ніж за дві милі звідси"

"Will you come with us?" asked the Fox

«Ти підеш з нами?» — запитала Лисиця

"In half an hour we can be there"

"За півгодини ми можемо бути там"

"You can bury your money straight away"

"Ви можете закопати свої гроші відразу"

"and in a few minutes you will collect two thousand coins"

"А за кілька хвилин ви зберете дві тисячі монет"

"and this evening you will return with your pockets full"

"А сьогодні ввечері ти повернешся з повними кишенями"

"Will you come with us?" the Fox asked again

«Ти підеш з нами?» — знову запитала Лисиця

Pinocchio thought of the good Fairy

Піноккіо подумав про добру Фею

and Pinocchio thought of old Geppetto

і Піноккіо подумав про старого Джеппетто

and he remembered the warnings of the talking little cricket

І він пам'ятав застереження маленького цвіркуна, що говорив

and he hesitated a little before answering

І він трохи завагався, перш ніж відповісти
by now you know what kind of boy Pinocchio is
Ви вже знаєте, що за хлопчик Піноккіо
Pinocchio is one of those boys without much sense
Піноккіо - один з тих хлопчиків без особливого сенсу
he ended by giving his head a little shake
На завершення він злегка похитав головою
and then he told the Fox and the Cat his plans
і тоді він розповів Лисиці та Коту про свої плани
"Let us go: I will come with you"
"Відпусти нас, я піду з тобою"
and they went to the field of miracles
І пішли вони на поле чудес
they walked for half a day and reached a town
Вони йшли півдня і дійшли до містечка
the town was the Trap for Blockheads
місто було пасткою для блокхедів
Pinocchio noticed something interesting about this town
Піноккіо помітив дещо цікаве в цьому містечку
everywhere where you looked there were dogs
Скрізь, куди не глянь, всюди були собаки
all the dogs were yawning from hunger
Всі собаки позіхали з голоду
and he saw shorn sheep trembling with cold
І він побачив стрижених овець, які тремтіли від холоду
even the cockerels were begging for Indian corn
навіть півники випрошували індійську кукурудзу
there were large butterflies that could no longer fly
Були великі метелики, які вже не вміли літати
because they had sold their beautiful coloured wings
Тому що вони продали свої прекрасні кольорові крила
there were peacocks that were ashamed to be seen
Були павичі, яких було соромно бачити
because they had sold their beautiful coloured tails
Тому що вони продали свої прекрасні кольорові хвости
and pheasants went scratching about in a subdued fashion
А фазани стримано шкрябали

they were mourning for their gold and silver feathers
Вони оплакували своє золоте і срібне пір'я
most were beggars and shamefaced creatures
Більшість з них були жебраками і сором'язливими створіннями
but among them some lordly carriage passed
Але між ними проїжджала якась панська карета
the carriages contained a Fox, or a thieving Magpie
у вагонах була Лисиця, або злодійкувата Сорока
or the carriage seated some other ravenous bird of prey
Або в кареті сидів якийсь інший хижий птах
"And where is the Field of Miracles?" asked Pinocchio
«А де ж Поле чудес?» – запитав Піноккіо
"It is here, not two steps from us"
«Вона тут, а не за два кроки від нас»
They crossed the town and and went over a wall
І перейшли вони місто, і перейшли через мур
and then they came to a solitary field
І тоді вони вийшли на самотнє поле
"Here we are," said the Fox to the puppet
— Ось ми й приїхали, — сказала Лисиця лялці
"Now stoop down and dig with your hands a little hole"
«А тепер нахиліться і викопайте руками невелику ямку»
"and put your gold pieces into the hole"
«І покладіть свої золоті шматочки в отвір»
Pinocchio obeyed what the fox had told him
Піноккіо послухався того, що сказала йому лисиця
He dug a hole and put into it the four gold pieces
Він викопав яму і поклав у неї чотири золоті монети
and then he filled up the hole with a little earth
А потім засипав яму невеликою кількістю землі
"Now, then," said the Fox, "go to that canal close to us"
— А тепер, — сказала Лисиця, — іди до того каналу, що неподалік від нас.
"fetch a bucket of water from the canal"
«Принесіть відро води з каналу»
"water the ground where you have sowed the gold"

«Поливай землю, де ти посіяв золото»
Pinocchio went to the canal without a bucket
Піноккіо пішов на канал без відра
as he had no bucket, he took off one of his old shoes
Оскільки у нього не було відра, він зняв один зі своїх старих черевиків
and he filled his shoe with water
І він наповнив свій черевик водою
and then he watered the ground over the hole
А потім полив землю над лункою
He then asked, "Is there anything else to be done?
Потім він запитав: "Чи є ще щось, що потрібно зробити?
"you need not do anything else," answered the Fox
— Більше нічого не треба, — відповіла Лисиця
"there is no need for us to stay here"
«Нам не потрібно тут залишатися»
"you can return in about twenty minutes"
"Ви можете повернутися приблизно за двадцять хвилин"
"and then you will find a shrub in the ground"
«А потім знайдеш чагарник у землі»
"the tree's branches will be loaded with money"
«Гілки дерева будуть навантажені грошима»
The poor puppet was beside himself with joy
Бідолашна маріонетка була біля себе від радості
he thanked the Fox and the Cat a thousand times
він тисячу разів подякував Лисиці і Коту
and he promised them many beautiful presents
І обіцяв їм багато прекрасних подарунків
"We wish for no presents," answered the two rascals
— Ми не бажаємо подарунків, — відповіли два негідники
"It is enough for us to have taught you how to enrich yourself"
«Досить того, що ми навчили вас збагачуватися»
"there is nothing worse than seeing others do hard work"
«Немає нічого гіршого, ніж бачити, як інші виконують важку роботу»
"and we are as happy as people out for a holiday"

«І ми щасливі, як люди, що виходять на свято»
Thus saying, they took leave of Pinocchio
Сказавши це, вони попрощалися з Піноккіо
and they wished him a good harvest
І побажали йому гарного врожаю
and then they went about their business
А потім пішли у своїх справах

Pinocchio is Robbed of his Money
У Піноккіо обкрадають гроші

The puppet returned to the town
Лялька повернулася в містечко
and he began to count the minutes one by one
І він почав рахувати хвилини один за одним
and soon he thought he had counted long enough
І скоро йому здалося, що він досить довго рахував
so he took the road leading to the Field of Miracles
І він пішов дорогою, що вела на Поле Чудес
And he walked along with hurried steps
І він ішов квапливими кроками
and his heart beat fast with great excitement
І серце його билося швидко від великого хвилювання
like a drawing-room clock going very well
як годинник у вітальні, що працює дуже добре
Meanwhile he was thinking to himself:
Тим часом він думав про себе:
"**what if I don't find a thousand gold pieces?**"
— А якщо я не знайду тисячі золотих?
"**what if I find two thousand gold pieces instead?**"
— А раптом я знайду дві тисячі золотих?
"**but what if I don't find two thousand gold pieces?**"
— А якщо я не знайду дві тисячі золотих?
"**what if I find five thousand gold pieces!**"
— А раптом я знайду п'ять тисяч золотих!
"**what if I find a hundred thousand gold pieces??**"

«А якщо я знайду сто тисяч золотих??»
"Oh! what a fine gentleman I should then become!"
— Отакої! Яким же гарним джентльменом я мав би стати!»
"I could live in a beautiful palace"
«Я міг би жити в прекрасному палаці»
"and I would have a thousand little wooden horses"
«А в мене була б тисяча маленьких дерев'яних конячок»
"a cellar full of currant wine and sweet syrups"
«Льох, повний смородинового вина та солодких сиропів»
"and a library quite full of candies and tarts"
«І бібліотека, повна цукерок і пирогів»
"and I would have plum-cakes and macaroons"
"А в мене були б сливові пиріжки та макаруни"
"and I would have biscuits with cream"
"А в мене було б печиво з кремом"
he walked along building castles in the sky
Він ходив уздовж будівельних замків у небі
and he build many of these castles in the sky
І він збудував багато цих замків у небі
and eventually he arrived at the edge of the field
І врешті-решт він дійшов до краю поля
and he stopped to look about for a tree
І він зупинився, щоб пошукати дерево
there were other trees in the field
У полі були й інші дерева
but they had been there when he had left
Але вони були там, коли він пішов
and he saw no money tree in all the field
І не бачив він грошового дерева в усьому полі
He walked along the field another hundred steps
Він ішов по полю ще сто кроків
but he couldn't find the tree he was looking for
Але він не міг знайти дерево, яке шукав
he then entered into the field
Потім він вийшов на поле
and he went up to the little hole
І він підійшов до маленької дірки

the hole where he had buried his coins
Отвір, де він закопав свої монети
and he looked at the hole very carefully
І він дуже уважно подивився на дірку
but there was definitely no tree growing there
Але дерева там точно не росло
He then became very thoughtful
Потім він став дуже задумливим
and he forget the rules of society
І він забуває про правила суспільства
and he didn't care for good manners for a moment
І він ні на мить не дбав про хороші манери
he took his hands out of his pocket
Він вийняв руки з кишені
and he gave his head a long scratch
І він довго почухав голову
At that moment he heard an explosion of laughter
У цей момент він почув вибух сміху
someone close by was laughing himself silly
Хтось поруч безглуздо сміявся сам
he looked up one of the nearby trees
Він подивився вгору на одне з сусідніх дерев
he saw a large Parrot perched on a branch
він побачив великого Папугу, що сидів на гілці
the parrot was brushed the few feathers he had left
Папузі розчесали кілька пір'їнок, які у нього залишилися
Pinocchio asked the parrot in an angry voice;
— сердитим голосом запитав папуга Піноккіо;
"Why are you here laughing so loud?"
— Чого ти тут так голосно смієшся?
"I am laughing because in brushing my feathers"
«Я сміюся, бо розчісую пір'я»
"I was just brushing a little under my wings"
«Я просто трохи розчісував під крилами»
"and while brushing my feathers I tickled myself"
«І поки розчісував пір'я, я лоскотав себе»
The puppet did not answer the parrot

Лялька не відповіла папузі
but instead Pinocchio went to the canal
але замість цього Піноккіо відправився на канал
he filled his old shoe full of water again
Він знову наповнив свій старий черевик водою
and he proceeded to water the hole once more
І він знову почав поливати ополонку
While he was busy doing this he heard more laughter
Поки він був зайнятий цим, то почув ще більший сміх
the laughter was even more impertinent than before
Сміх був ще зухвалішим, ніж раніше
it rang out in the silence of that solitary place
Він пролунав у тиші того самотнього місця
Pinocchio shouted out even angrier than before
— вигукнув Піноккіо ще зліше, ніж раніше
"Once for all, may I know what you are laughing at?"
— Раз і назавжди, може, я знаю, з чого ти смієшся?
"I am laughing at simpletons," answered the parrot
— Я сміюся з простаків, — відповів папуга
"simpletons who believe in foolish things
"Простаки, які вірять у дурниці
"the foolish things that people tell them"
«Безумства, що люди говорять їм»
"I laugh at those who let themselves be fooled"
«Я сміюся з тих, хто дає себе обдурити»
"fooled by those more cunning than they are"
«Обдурені тими, хто хитріший за них»
"Are you perhaps speaking of me?"
— Ти, мабуть, говориш про мене?
"Yes, I am speaking of you, poor Pinocchio"
"Так, я говорю про тебе, бідний Піноккіо"
"you have believed a very foolish thing"
«Ви повірили в дуже безглузду річ»
"you believed that money can be grown in fields"
«Ви вірили, що гроші можна виростити в полях»
"you thought money can be grown like beans"
«Ви думали, що гроші можна вирощувати як квасолю»

"I also believed it once," admitted the parrot
— Я теж колись у це вірив, — зізнався папуга
"and today I am suffering for having believed it"
"І сьогодні я страждаю від того, що повірив у це"
"but I have learned my lesson from that trick"
"Але я виніс урок з цього трюку"
"I turned my efforts to honest work"
«Я спрямував свої зусилля на чесну роботу»
"and I have put a few pennies together"
"І я зібрав кілька копійок"
"it is necessary to know how to earn your pennies"
«Треба вміти заробляти свої копійки»
"you have to earn them either with your hands"
"Їх треба заробляти або руками"
"or you have to earn them with your brains"
"Або їх треба заробляти мізками"
"I don't understand you," said the puppet
— Я тебе не розумію, — сказала маріонетка
and he was already trembling with fear
І він уже тремтів від страху
"Have patience!" rejoined the parrot
«Наберіться терпіння!» — відповів папуга
"I will explain myself better, if you let me"
"Я краще поясниюся, якщо ви мені дозволите"
"there is something that you must know"
"Є дещо, що ви повинні знати"
"something happened while you were in the town"
"Щось сталося, поки ви були в місті"
"the Fox and the Cat returned to the field"
«Лисиця і Кіт повернулися в поле»
"they took the money you had buried"
«Вони забрали гроші, які ви закопали»
"and then they fled from the scene of the crime"
"А потім вони втекли з місця злочину"
"And now he that catches them will be clever"
«А тепер хто їх спіймає, той буде розумний»
Pinocchio remained with his mouth open

Піноккіо залишився з відкритим ротом
and he chose not to believe the Parrot's words
і він вирішив не вірити словам Папуги
he began with his hands to dig up the earth
Він почав руками копати землю
And he dug deep into the ground
І він глибоко закопався в землю
a rick of straw could have stood in the hole
У норі могла стояти копиця соломи
but the money was no longer there
Але грошей вже не було
He rushed back to the town in a state of desperation
Він кинувся назад до міста в стані відчаю
and he went at once to the Courts of Justice
І він негайно пішов до судів справедливості
and he spoke directly with the judge
І він говорив безпосередньо з суддею
he denounced the two knaves who had robbed him
Він викрив двох негідників, які його обікрали
The judge was a big ape of the gorilla tribe
Суддею виявилася велика мавпа з племені горил
an old ape respectable because of his white beard
Стара мавпа, поважна через свою білу бороду
and he was respectable for other reasons
І він був поважним з інших причин
because he had gold spectacles on his nose
Тому що на носі у нього були золоті окуляри
although, his spectacles were without glass
Хоча його окуляри були без скла
but he was always obliged to wear them
Але він завжди був зобов'язаний їх носити
on account of an inflammation of the eyes
на рахунок запалення очей

Pinocchio told him all about the crime
Піноккіо розповів йому все про злочин
the crime of which he had been the victim
злочин, жертвою якого він став
He gave him the names and the surnames
Він дав йому імена та прізвища
and he gave all the details of the rascals
І він розповів усі подробиці про негідників
and he ended by demanding to have justice
І закінчив він вимогою справедливості
The judge listened with great benignity
Суддя слухав з великою поблажливістю
he took a lively interest in the story
Він жваво зацікавився розповіддю
he was much touched and moved by what he heard
Він був дуже зворушений і зворушений почутим

finally the puppet had nothing further to say
Нарешті ляльці більше нічого було сказати
and then the gorilla rang a bell
І тут горила задзвонила в дзвіночок
two mastiffs appeared at the door
У дверях з'явилися два мастифи
the dogs were dressed as gendarmes
Собаки були переодягнені як жандарми
The judge then pointed to Pinocchio
Тоді суддя вказав на Піноккіо
"That poor devil has been robbed"
«Того бідолашного диявола обікрали»
"rascals took four gold pieces from him"
«Пройдисвіти відібрали у нього чотири золоті»
"take him away to prison immediately," he ordered
«Негайно заберіть його до в'язниці», — наказав він
The puppet was petrified on hearing this
Лялька скам'яніла, почувши це
it was not at all the judgement he had expected
Це було зовсім не те судження, на яке він розраховував
and he tried to protest the judge
І він намагався висловити протест судді
but the gendarmes stopped his mouth
Але жандарми заткнули йому рота
they didn't want to lose any time
Вони не хотіли втрачати часу
and they carried him off to the prison
І понесли його до в'язниці
And there he remained for four long months
І пробув він там довгих чотири місяці
and he would have remained there even longer
І він пробув би там ще довше
but puppets do sometimes have good fortune too
Але і лялькам іноді щастить
a young King ruled over the Trap for Blockheads
молодий король правив Пасткою для Блокхедів
he had won a splendid victory in battle

Він здобув блискучу перемогу в битві
because of this he ordered great public rejoicings
Через це він наказав влаштовувати великі громадські веселощі
There were illuminations and fireworks
Лунали ілюмінації та феєрверки
and there were horse and velocipede races
А ще були кінні та велосіпедні перегони
the King was so happy he released all prisoners
Король був такий щасливий, що звільнив усіх в'язнів
Pinocchio was very happy at this news
Піноккіо дуже зрадів цій звістці
"if they are freed, then so am I"
"Якщо вони визволені, то і я теж"
but the jailor had other orders
Але у тюремного наглядача були інші накази
"No, not you," said the jailor
— Ні, не ти, — відповів тюремний наглядач
"because you do not belong to the fortunate class"
«Тому що ви не належите до щасливого класу»
"I beg your pardon," replied Pinocchio
— Прошу вибачення, — відповів Піноккіо
"I am also a criminal," he proudly said
— Я ще й злочинець, — з гордістю сказав він
the jailor looked at Pinocchio again
тюремник знову подивився на Піноккіо
"In that case you are perfectly right"
"У цьому випадку ви абсолютно праві"
and he took off his hat
І він зняв капелюха
and he bowed to him respectfully
І він шанобливо вклонився йому
and he opened the prison doors
І він відчинив двері в'язниці
and he let the little puppet escape
І він дозволив маленькій маріонетці втекти

- 132 -

Pinocchio Goes back to the Fairy's House
Піноккіо повертається в будинок феї

You can imagine Pinocchio's joy
Ви можете уявити собі радість Піноккіо
finally he was free after four months
Нарешті він вийшов на волю через чотири місяці
but he didn't stop in order to celebrate
Але він не зупинився для того, щоб відсвяткувати
instead, he immediately left the town
Натомість він одразу покинув місто
he took the road that led to the Fairy's house
він пішов дорогою, що вела до будиночка Феї
there had been a lot of rain in recent days
Останніми днями було багато дощів
so the road had become a went boggy and marsh
І дорога перетворилася на заболочену й болотисту
and Pinocchio sank knee deep into the mud
і Піноккіо занурився коліном у багнюку

But the puppet was not one to give up
Але маріонетка не з тих, хто здавався
he was tormented by the desire to see his father
Його мучило бажання побачити батька
and he wanted to see his little sister again too
І він теж хотів знову побачити свою маленьку сестричку
and he ran through the marsh like a greyhound
І він біг по болоту, як хорт
and as he ran he was splashed with mud
І коли він біг, його забризкало багнюкою
and he was covered from head to foot
І він був покритий з голови до ніг
And he said to himself as he went along:
І він сказав сам до себе, йдучи:
"How many misfortunes have happened to me"
"Скільки нещасть трапилося зі мною"
"But I deserved these misfortunes"
«Але я заслужив ці нещастя»
"because I am an obstinate, passionate puppet"
«Тому що я вперта, пристрасна маріонетка»
"I am always bent upon having my own way"
«Я завжди прагну йти своїм шляхом»
"and I don't listen to those who wish me well"
«І я не слухаю тих, хто бажає мені добра»
"they have a thousand times more sense than I!"
— У них у тисячу разів більше розуму, ніж у мене!
"But from now I am determined to change"
"Але відтепер я сповнений рішучості змінитися"
"I will become orderly and obedient"
«Я стану впорядкованим і слухняним»
"because I have seen what happened"
"Тому що я бачив, що сталося"
"disobedient boys do not have an easy life"
«У неслухняних хлопчиків нелегке життя»
"they come to no good and gain nothing"
«Вони нічого доброго не роблять і нічого не здобувають»
"And has my papa waited for me?"

— А тато мене дочекався?

"Shall I find him at the Fairy's house?"

— Чи знайду я його в будинку Феї?

"it has been so long since I last saw him"

"Минуло стільки часу з того часу, як я його востаннє бачив"

"I am dying to embrace him again"

«Я вмираю, щоб знову обійняти його»

"I can't wait to cover him with kisses!"

"Я не можу дочекатися, щоб покрити його поцілунками!"

"And will the Fairy forgive me my bad conduct?"

— І чи пробачить мені Фея мою погану поведінку?

"To think of all the kindness I received from her"

«Подумати про всю доброту, яку я отримав від неї»

"oh how lovingly did she care for me"

«О, з якою любов'ю вона піклувалася про мене»

"that I am now alive I owe to her!"

«Що я тепер живий, я зобов'язаний їй!»

"could you find a more ungrateful boy"

"Чи могли б ви знайти більш невдячного хлопчика"

"is there a boy with less heart than I have?"

«Чи є хлопчик з меншим серцем, ніж у мене?»

Whilst he was saying this he stopped suddenly

Поки він це говорив, то раптом зупинився

he was frightened to death

Він був наляканий до смерті

and he made four steps backwards

І він зробив чотири кроки назад

What had Pinocchio seen?

Що побачив Піноккіо?

He had seen an immense Serpent

Він бачив величезного Змія

the snake was stretched across the road

Змія була розтягнута поперек дороги

the snake's skin was a grass green colour

Шкіра змії була трав'яного зеленого кольору

and it had red eyes in its head

І в голові в нього були червоні очі

and it had a long and pointed tail
А ще у нього був довгий і загострений хвіст
and the tail was smoking like a chimney
А хвіст димів, як димар

It would be impossible to imagine the puppet's terror
Неможливо уявити жах ляльки
He walked away to a safe distance
Він відійшов на безпечну відстань
and he sat on a heap of stones
І він сів на купі каміння
there he waited until the Serpent had finished

там він чекав, поки Змій скінчить
soon the Serpent's business should be done
скоро справа Змія має бути закінчена
He waited an hour; two hours; three hours
Він чекав годину; дві години; три години
but the Serpent was always there
але Змій завжди був поруч
even from a distance he could see his fiery eyes
Навіть здалеку він бачив його вогняні очі
and he could see the column of smoke
І він побачив стовп диму
the smoke that ascended from the end of his tail
дим, що здіймався з кінця його хвоста
At last Pinocchio tried to feel courageous
Нарешті Піноккіо спробував відчути себе мужнім
and he approached to within a few steps
І він підійшов за кілька кроків
he spoke to the Serpent in a little soft voice
він говорив зі Змієм трохи тихим голосом
"Excuse me, Sir Serpent," he insinuated
— Даруйте, пане Змію, — натякнув він
"would you be so good as to move a little?"
— Чи не був би ти такий добрий, що трохи поворухнувся?
"just a step to the side, if you could"
"Просто крок убік, якби ви могли"
He might as well have spoken to the wall
З таким же успіхом він міг би говорити зі стіною
He began again in the same soft voice:
Він знову почав тим самим м'яким голосом:
"please know, Sir Serpent, I am on my way home"
"Будь ласка, пане Змію, я повертаюся додому"
"my father is waiting for me"
"Мій батько чекає на мене"
"and it has been such a long time since I saw him!"
— І стільки часу я його не бачила!
"Will you, therefore, allow me to continue?"
— Отже, чи дозволите ви мені продовжувати?

He waited for a sign in answer to this request
Він чекав на табличку у відповідь на це прохання
but the snake made no answer
Але змія нічого не відповіла
up to that moment the serpent had been sprightly
До цієї миті змій був бадьорий
up until then it had been full of life
До того часу вона була сповнена життя
but now he became motionless and almost rigid
Але тепер він став нерухомим і майже жорстким
He shut his eyes and his tail ceased smoking
Він заплющив очі, і його хвіст перестав диміти
"Can he really be dead?" said Pinocchio
«Невже він може бути мертвим?» — сказав Піноккіо
and he rubbed his hands with delight
І він потирав руки від захвату
He decided to jump over him
Він вирішив перестрибнути через нього
and then he could reach the other side of the road
І тоді він міг дістатися до іншого боку дороги
Pinocchio took a little run up
Піноккіо трохи розбігся
and he went to jump over the snake
І він пішов перестрибнути через змія
but suddenly the Serpent raised himself on end
Але раптом Змій підвівся дибки
like a spring set in motion
Як пружина, що прийшла в рух
and the puppet stopped just in time
І лялька зупинилася якраз вчасно
he stopped his feet from jumping
Він зупинив ноги, щоб не стрибнути
and he fell to the ground
І він упав на землю
he fell rather awkwardly into the mud
Він досить незграбно впав у багнюку
his head got stuck in the mud

Його голова застрягла в багнюці
and his legs went into the air
І його ноги піднялися в повітря
the Serpent went into convulsions of laughter
Змій увійшов у конвульсії сміху
it laughed until he broke a blood-vessel
Він сміявся, поки не розірвав кровоносну судину
and the snake died from all its laughter
І змія померла від усього свого сміху
this time the snake really was dead
Цього разу змія дійсно була мертва
Pinocchio then set off running again
Тоді Піноккіо знову рушив бігти
he hoped to reach the Fairy's house before dark
він сподівався дістатися до будинку Феї до настання темряви
but soon he had other problems again
Але незабаром у нього знову виникли інші проблеми
he began to suffer so dreadfully from hunger
Він почав так страшенно страждати від голоду
and he could not bear the hunger any longer
І він не міг більше терпіти голод
he jumped into a field by the wayside
Він стрибнув у поле на узбіччі
perhaps there were some grapes he could pick
Можливо, там були якісь виноградини, які він міг зібрати
Oh, if only he had never done it!
О, якби він ніколи цього не робив!
He had scarcely reached the grapes
Він ледве дотягнувся до виноградин
and then there was a "cracking" sound
А потім почувся звук "тріск"
his legs were caught between something
Його ноги були затиснуті між чимось
he had stepped into two cutting iron bars
Він ступив у два ріжучі залізні прути
poor Pinocchio became giddy with pain

Бідолашний Піноккіо запаморочився від болю
stars of every colour danced before his eyes
Перед його очима танцювали зірки всіх кольорів
The poor puppet had been caught in a trap
Бідолашна маріонетка потрапила в пастку
it had been put there to capture polecats
Його поклали туди для упіймання тхорів

Pinocchio Becomes a Watch-Dog
Піноккіо стає сторожовим псом

Pinocchio began to cry and scream
Піноккіо почав плакати і кричати
but his tears and groans were useless
Але його сльози і стогони були марні
because there was not a house to be seen
Бо не було хати, щоб її можна було побачити
nor did living soul pass down the road
І жива душа не проходила по дорозі
At last the night had come on

Нарешті настала ніч
the trap had cut into his leg
Пастка врізалася йому в ногу
the pain brought him the point of fainting
Біль довела його до непритомності
he was scared from being alone
Йому було страшно залишитися на самоті
he didn't like the darkness
Він не любив темряву
Just at that moment he saw a Firefly
Саме в цю мить він побачив Світлячка
He called to the firefly and said:
Він гукнув світлячка і сказав:
"Oh, little Firefly, will you have pity on me?"
— Ой, маленька Світлячко, зглянешся ти наді мною?
"please liberate me from this torture"
«Прошу тебе, визволи мене від цих мук»
"Poor boy!" said the Firefly
— Бідолашний хлопчик, — сказав Світлячок
the Firefly stopped and looked at him with compassion
Світлячок зупинився і подивився на нього зі співчуттям
"your legs have been caught by those sharp irons"
«Твої ноги зачепили ті гострі праски»
"how did you get yourself into this trap?
"Як ви потрапили в цю пастку?"
"I came into the field to pick grapes"
«Я прийшов у поле збирати виноград»
"But where did you plant your grapes?"
— А де ж ти посадив свій виноград?
"No, they were not my grapes"
"Ні, це не були мої виноградини"
"who taught you to carry off other people's property?"
— Хто навчив вас забирати чуже майно?
"I was so hungry," Pinocchio whimpered
— Я був такий голодний, — прошепотів Піноккіо
"Hunger is not a good reason"
«Голод – не найповажніша причина»

"we cannot appropriated what does not belong to us"
«Ми не можемо привласнити те, що нам не належить»
"That is true, that is true!" said Pinocchio, crying
«Це правда, це правда!» — сказав Піноккіо, плачучи
"I will never do it again," he promised
"Я ніколи більше цього не зроблю", - пообіцяв він
At this moment their conversation was interrupted
У цей момент їхня розмова перервалася
there was a slight sound of approaching footsteps
Почувся легкий звук кроків, що наближалися
It was the owner of the field coming on tiptoe
Це був господар поля, що йшов навшпиньки
he wanted to see if he had caught a polecat
Він хотів перевірити, чи не спіймав він тхора
the polecat that ate his chickens in the night
Тхір, який вночі з'їв своїх курей
but he was surprised by what was in his trap
Але він був здивований тим, що опинилося в його пастці
instead of a polecat, a boy had been captured
Замість тхора в полон потрапив хлопчик
"Ah, little thief," said the angry peasant,
— Ах, маленький злодюжко, — сказав розлючений селянин, —
"then it is you who carries off my chickens?"
— То це ти виносиш моїх курей?
"No, I have not been carrying off your chickens"
— Ні, я не виносив твоїх курей.
"I only came into the field to take two grapes!"
— Я прийшов у поле тільки набрати двох виноградин!
"He who steals grapes can easily steal chicken"
«Хто краде виноград, той легко може вкрасти курку»
"Leave it to me to teach you a lesson"
«Залиште це мені, щоб я провчив вас»
"and you won't forget this lesson in a hurry"
«І цей урок ви не забудете в поспіху»
Opening the trap, he seized the puppet by the collar
Відкривши пастку, він схопив ляльку за комір

and he carried him to his house like a young lamb
І він поніс його до свого дому, як молоде ягня
they reached the yard in front of the house
Вони дійшли до подвір'я перед будинком
and he threw him roughly on the ground
І він кинув його грубо на землю
he put his foot on his neck and said to him:
Він поклав ногу йому на шию і сказав йому:
"It is late and I want to go to bed"
"Вже пізно і я хочу лягти спати"
"we will settle our accounts tomorrow"
"Завтра розрахуємося"
"the dog who kept guard at night died today"
"Сьогодні помер пес, який ніс варту вночі"
"you will live in his place from now"
«Відтепер ти будеш жити на його місці»
"You shall be my watch-dog from now"
«Відтепер ти будеш моїм сторожовим псом»
he took a great dog collar covered with brass knobs
Він узяв великий собачий нашийник, прикритий латунними ручками
and he strapped the dog collar around Pinocchio's neck
і він обв'язав собачий нашийник на шию Піноккіо
it was so tight that he could not pull his head out
Вона була така туга, що він не міг витягнути голову
the dog collar was attached to a heavy chain
Собачий нашийник кріпився до важкого ланцюга
and the heavy chain was fastened to the wall
І важкий ланцюг був прикріплений до стіни
"If it rains tonight you can go into the kennel"
"Якщо сьогодні вночі піде дощ, ви можете йти в будку"
"my poor dog had a little bed of straw in there"
«У моєї бідної собаки була маленька підстилка з соломи»
"remember to keep your ears pricked for robbers"
«Не забувайте тримати вуха насторженими перед грабіжниками»
"and if you hear robbers, then bark loudly"

"А якщо почуєте розбійників, то голосно гавкайте"
Pinocchio had received his orders for the night
Піноккіо отримав свої накази на ніч
and the poor man finally went to bed
І бідолаха нарешті ліг спати

Poor Pinocchio remained lying on the ground
Бідолашний Піноккіо так і залишився лежати на землі
he felt more dead than he felt alive
Він відчував себе більш мертвим, ніж живим
the cold, and hunger, and fear had taken all his energy
І холод, і голод, і страх забрали всю його енергію
From time to time he put his hands angrily to the go collar
Час від часу він сердито прикладав руки до коміра
"It serves me right!" he said to himself
«Мені це вірно!» — сказав він сам собі
"I was determined to be a vagabond"
«Я був сповнений рішучості бути волоцюгою»

"I wanted to live the life of a good-for-nothing"
«Я хотів жити життям нікчеми»
"I used to listen to bad companions"
«Колись я слухав поганих товаришів»
"and that is why I always meet with misfortunes"
"І тому я завжди зустрічаюся з нещастями"
"if only I had been a good little boy"
"Якби я був хорошим маленьким хлопчиком"
"then I would not be in the midst of the field"
"Тоді б я не був посеред поля"
"I wouldn't be here if I had stayed at home"
«Мене б тут не було, якби я залишився вдома»
"I wouldn't be a watch-dog if I had stayed with my papa"
«Я не був би сторожовим псом, якби залишився з татом»
"Oh, if only I could be born again!"
— О, якби ж то я міг народитися знову!
"But now it is too late to change anything"
«Але зараз вже пізно щось змінювати»
"the best thing to do now is having patience!"
«Найкраще, що можна зробити зараз, — це набратися терпіння!»
he was relieved by this little outburst
Він відчув полегшення від цього маленького спалаху
because it had come straight from his heart
Тому що це вийшло прямо з його серця
and he went into the dog-kennel and fell asleep
І ввійшов він у собачу будку, та й заснув

Pinocchio Discovers the Robbers
Піноккіо виявляє розбійників

He had been sleeping heavily for about two hours
Близько двох годин він важко спав
then he was aroused by a strange whispering
Тоді його збудив дивний шепіт
the strange voices were coming from the courtyard
Дивні голоси долинали з двору
he put the point of his nose out of the kennel
Він висунув вістря носа з будки
and he saw four little beasts with dark fur
І він побачив чотирьох маленьких звірів з темним хутром
they looked like cats making a plan
Вони були схожі на котів, які складають план
But they were not cats, they were polecats
Але це були не коти, а тхори
what polecats are are carnivorous little animals
Що таке тхори – хижі маленькі тварини
they are especially greedy for eggs and young chickens
Особливо вони жадібні до яєць і молодим курям
One of the polecats came to the opening of the kennel
Один з тхорів прийшов на відкриття будки
he spoke in a low voice, "Good evening, Melampo"
він промовив тихим голосом: "Добрий вечір, Мелампо"
"My name is not Melampo," answered the puppet
— Мене звуть не Мелампо, — відповіла маріонетка
"Oh! then who are you?" asked the polecat
— Отакої! Тоді хто ти такий?» — запитав тхір
"I am Pinocchio," answered Pinocchio
— Я — Піноккіо, — відповів Піноккіо
"And what are you doing here?"
— А що ти тут робиш?
"I am acting as watch-dog," confirmed Pinocchio
— Я виступаю в ролі сторожового пса, — підтвердив Піноккіо
"Then where is Melampo?" wondered the polecat

«А де ж тоді Меламппо?» — здивувався тхір
"Where is the old dog who lived in this kennel?"
— А де ж той старий пес, що жив у цій будці?
"He died this morning," Pinocchio informed
"Він помер сьогодні вранці", - повідомив Піноккіо
"Is he dead? Poor beast! He was so good"
"Він мертвий? Бідолашний звір! Він був такий хороший"
"but I would say that you were also a good dog"
— Але я б сказала, що ти ще й добрий пес.
"I can see it in your face"
"Я бачу це по твоєму обличчю"
"I beg your pardon, I am not a dog"
"Прошу вибачення, я не собака"
"Not a dog? Then what are you?"
"Чи не собака? Тоді що ти таке?
"I am a puppet," corrected Pinocchio
— Я маріонетка, — поправив Піноккіо
"And you are acting as watch-dog?"
— А ти виконуєш роль сторожового пса?
"now you understand the situation"
"Тепер ви розумієте ситуацію"
"I have been made to be a watch dog as a punishment"
«Мене зробили сторожовим псом як покарання»
"well, then we shall tell you what the deal is"
"Ну, тоді ми вам розповімо, в чому справа"
"the same deal we had with the deceased Melampo"
"Така ж угода у нас була з покійним Мелампо"
"I am sure you will be agree to the deal"
"Я впевнений, що ви погодитеся на угоду"
"What are the conditions of this deal?"
«Які умови цієї угоди?»
"one night a week we will visit the poultry-yard"
«Один вечір на тиждень ми будемо бувати на пташиному дворі»
"and you will allow us to carry off eight chickens"
— А ти дозволиш нам винести вісім курей.
"Of these chickens seven are to be eaten by us"

«З цих курей сім ми маємо з'їсти»
"and we will give one chicken to you"
"А ми тобі одну курку дамо"
"your end of the bargain is very easy"
"Ваша частина угоди дуже проста"
"all you have to do is pretend to be asleep"
«Все, що вам потрібно зробити, це прикинутися, що ви спите»
"and don't get any ideas about barking"
"І не маю жодних ідей про гавкіт"
"you are not to wake the peasant when we come"
«Ти не повинен будити селянина, коли ми прийдемо»
"Did Melampo act in this manner?" asked Pinocchio
«Мелампо вчинив таким чином?» — запитав Піноккіо
"that is the deal we had with Melampo"
"Це угода, яку ми уклали з Мелампо"
"and we were always on the best terms with him
"І ми завжди були з ним у найкращих стосунках
"sleep quietly and let us do our business"
«Спи тихо і дай нам робити свої справи»
"and in the morning you will have a beautiful chicken"
«А вранці у вас буде гарна курка»
"it will be ready plucked for your breakfast tomorrow"
«Завтра він буде готовий до вашого сніданку»
"Have we understood each other clearly?"
— Чи ясно ми зрозуміли один одного?
"Only too clearly!" answered Pinocchio
«Занадто ясно!» — відповів Піноккіо
and he shook his head threateningly
І він погрозливо похитав головою
as if to say: "You shall hear of this shortly!"
ніби кажучи: «Ви скоро про це почуєте!»
the four polecats thought that they had a deal
Чотири тхори думали, що у них є угода
so they continued to the poultry-yard
Так вони пішли до пташиного двору
first they opened the gate with their teeth

Спочатку вони відчинили ворота зубами
and then they slipped in one by one
А потім вони прослизали один за одним
they hadn't been in the chicken-coup for long
Вони недовго перебували в курячому перевороті
but then they heard the gate shut behind them
Але потім вони почули, що за ними зачинилися ворота
It was Pinocchio who had shut the gate
Це Піноккіо зачинив ворота
and Pinocchio took some extra security measures
і Піноккіо вжив деяких додаткових заходів безпеки
he put a large stone against the gate
Він поклав великий камінь до воріт
this way the polecats couldn't get out again
Таким чином, тхори більше не могли вибратися
and then Pinocchio began to bark like a dog
і тут Піноккіо почав гавкати, як собака
and he barked exactly like a watch-dog barks
І гавкав він точнісінько так, як гавкає сторожовий пес
the peasant heard Pinocchio barking
селянин почув гавкіт Піноккіо
he quickly awoke and jumped out of bed
Він швидко прокинувся і схопився з ліжка
with his gun he came to the window
З рушницею він підійшов до вікна
and from the window he called to Pinocchio
і з вікна гукнув Піноккіо
"What is the matter?" he asked the puppet
«У чому ж справа?» — запитав він у маріонетки
"There are robbers!" answered Pinocchio
«Є розбійники!» – відповів Піноккіо
"Where are they?" he wanted to know
«Де вони?» — хотів він знати
"they are in the poultry-yard," confirmed Pinocchio
— Вони на пташиному подвір'ї, — підтвердив Піноккіо
"I will come down directly," said the peasant
— Я зійду прямісінько, — сказав селянин

and he came down in a great hurry
І зійшов він у великому поспіху
it would have taken less time to say "Amen"
знадобилося б менше часу, щоб сказати «Амінь»
He rushed into the poultry-yard
Він кинувся на пташиний двір
and quickly he caught all the polecats
І швидко спіймав усіх тхорів
and then he put the polecats into a sack
А потім поклав тхорів у мішок
he said to them in a tone of great satisfaction:
Він сказав їм тоном великого задоволення:
"At last you have fallen into my hands!"
— Нарешті ти потрапив до моїх рук!
"I could punish you, if I wanted to"
«Я міг би покарати тебе, якби захотів»
"but I am not so cruel," he comforted them
— Але я не такий жорстокий, — заспокоював він їх
"I will content myself in other ways"
«Я буду задовольнятися іншими способами»
"I will carry you in the morning to the innkeeper"
«Я понесу тебе вранці до корчмаря»
"he will skin and cook you like hares"
«Він здере з вас шкуру і зварить, як зайці»
"and you will be served with a sweet sauce"
"І вам подадуть солодкий соус"
"It is an honour that you don't deserve"
«Це честь, якої ти не заслуговуєш»
"you're lucky I am so generous with you"
"тобі пощастило, я такий щедрий з тобою"
He then approached Pinocchio and stroked him
Потім він підійшов до Піноккіо і погладив його
"How did you manage to discover the four thieves?"
— Як вам вдалося виявити чотирьох злодіїв?
"my faithful Melampo never found out anything!"
— Мій вірний Мелампо так і не дізнався нічого!
The puppet could then have told him the whole story

Тоді маріонетка могла б розповісти йому всю історію
he could have told him about the treacherous deal
Він міг розповісти йому про підступну угоду
but he remembered that the dog was dead
Але він згадав, що собака мертва
and the puppet thought to himself:
І лялька подумала:
"of what use it it accusing the dead?"
— Яка користь від того, що вона звинувачує мертвих?
"The dead are no longer with us"
«Мертвих уже немає з нами»
"it is best to leave the dead in peace!"
«Найкраще залишити мертвих у спокої!»
the peasant went on to ask more questions
Селянин продовжував ставити додаткові запитання
"were you sleeping when the thieves came?"
— Ти спав, коли прийшли злодії?
"I was asleep," answered Pinocchio
— Я спав, — відповів Піноккіо
"but the polecats woke me with their chatter"
«Але тхори розбудили мене своєю балаканиною»
"one of the polecats came to the kennel"
«Один із тхорів прийшов до будки»
he tried to make a terrible deal with me
Він намагався укласти зі мною жахливу угоду
"promise not to bark and we'll give you fine chicken"
«Обіцяй не гавкати, а ми дамо тобі гарну курку»
"I was offended by such an underhanded offer"
"Мене образила така підступна пропозиція"
"I can admit that I am a naughty puppet"
"Я можу визнати, що я неслухняна маріонетка"
"but there is one thing I will never be guilty of"
"Але є одна річ, в якій я ніколи не буду винен"
"I will not make terms with dishonest people!"
«Я не буду домовлятися з нечесними людьми!»
"and I will not share their dishonest gains"
"І я не поділюся їхніми нечесними прибутками"

"Well said, my boy!" cried the peasant
«Добре сказано, мій хлопчику!» — вигукнув селянин
and he patted Pinocchio on the shoulder
і поплескав Піноккіо по плечу
"Such sentiments do you great honour, my boy"
"Такі почуття роблять тобі велику честь, мій хлопчику"
"let me show you proof of my gratitude to you"
«Дозвольте мені показати вам доказ моєї вдячності вам»
"I will at once set you at liberty"
«Я негайно випущу тебе на волю»
"and you may return home as you please"
"І ти можеш повертатися додому, як тобі заманеться"
And he removed the dog-collar from Pinocchio
І зняв з Піноккіо собачий нашийник

Pinocchio Flies to the Seashore
Піноккіо летить на берег моря

a dog-collar had hung around Pinocchio's neck
на шиї Піноккіо висів собачий нашийник
but now Pinocchio had his freedom again
але тепер Піноккіо знову отримав свободу
and he wore the humiliating dog-collar no more
І він більше не носив принизливого собачого нашийника
he ran off across the fields
Він побіг по полях
and he kept running until he reached the road
І він біг, поки не вийшов на дорогу
the road that led to the Fairy's house
дорога, що вела до будиночка Феї
in the woods he could see the Big Oak tree
у лісі він побачив Великого Дуба
the Big Oak tree to which he had been hung
Великий дуб, до якого його повісили
Pinocchio looked around in every direction
Піноккіо озирнувся на всі боки

but he couldn't see his sister's house
Але він не міг бачити будинок своєї сестри
the house of the beautiful Child with blue hair
будинок прекрасної Дитини з синім волоссям
Pinocchio was seized with a sad presentiment
Піноккіо охопило сумне передчуття
he began to run with all the strength he had left
Він почав бігти з усіх сил, що в нього залишилося
in a few minutes he reached the field
За кілька хвилин він вийшов на поле
he was where the little house had once stood
Він був там, де колись стояв маленький будиночок
But the little white house was no longer there
Але маленького білого будиночка вже не було
Instead of the house he saw a marble stone
Замість будинку він побачив мармуровий камінь
on the stone were engraved these sad words:
На камені були викарбувані такі сумні слова:
"Here lies the child with the blue hair"
«Тут лежить дитина з синім волоссям»
"she was abandoned by her little brother Pinocchio"
«її покинув молодший брат Піноккіо»
"and from the sorrow she succumbed to death"
"І від смутку вона піддалася смерті"
with difficulty he had read this epitaph
Він насилу прочитав цю епітафію
I leave you to imagine the puppet's feelings
Я залишаю вам уявити почуття маріонетки
He fell with his face on the ground
Він упав обличчям на землю
he covered the tombstone with a thousand kisses
Він покрив надгробок тисячею поцілунків
and he burst into an agony of tears
І він вибухнув муками сліз
He cried for all of that night
Всю ту ніч він плакав
and when morning came he was still crying

А коли настав ранок, він все ще плакав
he cried although he had no tears left
Він плакав, хоча сліз у нього не залишалося
his lamentations were heart-breaking
Його плач розривав серце
and his sobs echoed in the surrounding hills
І його ридання лунали на навколишніх пагорбах
And while he was weeping he said:
І, плачучи, він сказав:
"Oh, little Fairy, why did you die?"
— Ой, маленька Феє, чому ти загинула?
"Why did I not die instead of you?"
— Чому я не помер замість тебе?
"I who am so wicked, whilst you were so good"
«Я, такий нечестивий, а ти був такий добрий»
"And my papa? Where can he be?"
— А мій тато? Де він може бути?»
"Oh, little Fairy, tell me where I can find him"
«О, маленька Фея, скажи мені, де я можу його знайти»
"for I want to remain with him always"
"Бо я хочу бути з ним завжди"
"and I never want to leave him ever again!"
— І я більше ніколи не хочу його покидати!
"tell me that it is not true that you are dead!"
— Скажи мені, що це неправда, що ти мертвий!
"If you really love your little brother, come to life again"
«Якщо ти дійсно любиш свого молодшого брата, оживи знову»
"Does it not grieve you to see me alone in the world?"
— Хіба тобі не сумно бачити мене одного на світі?
"does it not sadden you to see me abandoned by everybody?"
— Хіба вам не сумно бачити, що мене всі покинули?
"If assassins come they will hang me from the tree again"
«Якщо прийдуть вбивці, вони знову повісять мене на дереві»
"and this time I would die indeed"

"І цього разу я справді помру"
"What can I do here alone in the world?"
— Що я можу робити тут один на світі?
"I have lost you and my papa"
"Я втратив тебе і свого тата"
"who will love me and give me food now?"
— Хто мене тепер полюбить і дасть їжу?
"Where shall I go to sleep at night?"
— Де ж я буду спати вночі?
"Who will make me a new jacket?"
— Хто пошиє мені нову куртку?
"Oh, it would be better for me to die also!"
— Ой, краще б і мені було вмерти!
"not to live would be a hundred times better"
«Не жити було б у сто разів краще»
"Yes, I want to die," he concluded
"Так, я хочу померти", - підсумував він
And in his despair he tried to tear his hair
І в розпачі намагався рвати на собі волосся
but his hair was made of wood
Але волосся в нього було зроблене з дерева
so he could not have the satisfaction
Тому він не міг отримати задоволення
Just then a large Pigeon flew over his head
Саме тоді над його головою пролетів великий голуб
the pigeon stopped with distended wings
Голуб зупинився з розправленими крилами
and the pigeon called down from a great height
І гукнув голуб з великої висоти
"Tell me, child, what are you doing there?"
— Скажи мені, дитино, що ти там робиш?
"Don't you see? I am crying!" said Pinocchio
— Хіба ти не бачиш? Я плачу!» – сказав Піноккіо
and he raised his head towards the voice
І він підвів голову до голосу
and he rubbed his eyes with his jacket
І він протер очі своєю курткою

"Tell me," continued the Pigeon

— Розкажи, — продовжував Голуб

"do you happen to know a puppet called Pinocchio?"

— Ви випадково знаєте маріонетку на ім'я Піноккіо?

"Pinocchio? Did you say Pinocchio?" repeated the puppet

"Піноккіо? Ти сказала Піноккіо?» – повторила маріонетка

and he quickly jumped to his feet

І він швидко скочив на ноги

"I am Pinocchio!" he exclaimed with hope

«Я – Піноккіо!» – з надією вигукнув він

At this answer the Pigeon descended rapidly

При такій відповіді голуб стрімко спустився вниз

He was larger than a turkey

Він був більший за індика

"Do you also know Geppetto?" he asked

«Ви теж знаєте Джеппетто?» — запитав він

"Do I know him! He is my poor papa!"

— Чи знаю я його! Він мій бідний тато!»

"Has he perhaps spoken to you of me?"

— Може, він говорив з тобою про мене?

"Will you take me to him?"

— Ти відведеш мене до нього?

"Is he still alive?"

— Він ще живий?

"Answer me, for pity's sake"

«Відповідай мені, заради жалю»

"is he still alive??"

— Він ще живий??

"I left him three days ago on the seashore"

"Я залишив його три дні тому на березі моря"

"What was he doing?" Pinocchio had to know

— Що він робив? Піноккіо мусив знати

"He was building a little boat for himself"

«Він будував собі маленький човен»

"he was going to cross the ocean"

«Він збирався перетнути океан»

"that poor man has been going all round the world"

«Той бідняк ходить по всьому світу»
"he has been looking for you"
"Він шукав тебе"
"but he had no success in finding you"
"Але йому не вдалося вас знайти"
"so now he will go to the distant countries"
"Так тепер він поїде в далекі країни"
"he will search for you in the New World"
«Він шукатиме вас у Новому Світі»
"How far is it from here to the shore?"
— Як далеко звідси до берега?
"More than six hundred miles"
"Більше шестисот миль"
"Six hundred miles?" echoed Pinocchio
«Шістсот миль?» — повторив Піноккіо
"Oh, beautiful Pigeon," pleaded Pinocchio
— О, прекрасний Голуб, — благав Піноккіо
"what a fine thing it would be to have your wings!"
— Як добре було б мати свої крила!
"If you wish to go, I will carry you there"
«Якщо ти хочеш іти, я понесу тебе туди»
"How could you carry me there?"
— Як ти міг мене туди понести?
"I can carry you on my back"
"Я можу носити тебе на спині"
"Do you weigh much?"
— Ти багато важиш?
"I weigh next to nothing"
"Я майже нічого не важу"
"I am as light as a feather"
«Я легкий, як пір'їнка»
Pinocchio didn't hesitate for another moment
Піноккіо не вагався ні на мить
and he jumped at once on the Pigeon's back
І він одразу ж стрибнув на спину Голуба
he put a leg on each side of the pigeon
Він поставив по нозі з кожного боку голуба

just like men do when they're riding horseback
Так само, як це роблять чоловіки, коли їдуть верхи на коні
and Pinocchio exclaimed joyfully:
І Піноккіо радісно вигукнув:
"Gallop, gallop, my little horse"
«Галопом, галопом, моя маленька конячка»
"because I am anxious to arrive quickly!"
— Бо я дуже хочу швидко приїхати!
The Pigeon took flight into the air
Голуб злетів у повітря
and in a few minutes they almost touched the clouds
І за кілька хвилин вони майже торкнулися хмар

now the puppet was at an immense height
Тепер маріонетка була на неосяжній висоті
and he became more and more curious
І він ставав все більш і більш допитливим
so he looked down to the ground
І він подивився на землю
but his head spun round in dizziness
Але голова в нього закрутилася від запаморочення
he became ever so frightened of the height
Він ще більше злякався висоти
and he had to save himself from the danger of falling
І він мусив рятувати себе від небезпеки впасти
and so held tightly to his feathered steed
І так міцно тримався за свого пернатого скакуна
They flew through the skies all of that day
Вони весь цей день літали в небі
Towards evening the Pigeon said:
Ближче до вечора Голуб сказав:
"I am very thirsty from all this flying!"
«Я дуже хочу пити від усього цього польоту!»
"And I am very hungry!" agreed Pinocchio
«А я дуже голодний!» — погодився Піноккіо
"Let us stop at that dovecote for a few minutes"
«Зупинімося на кілька хвилин біля тієї голубника»
"and then we will continue our journey"
"А потім ми продовжимо нашу подорож"
"then we may reach the seashore by dawn tomorrow"
"Тоді завтра до світанку ми можемо дійти до берега"
They went into a deserted dovecote
Вони зайшли в безлюдний голубник
here they found nothing but a basin full of water
Тут вони не знайшли нічого, крім тазика, повного води
and they found a basket full of vetch
І знайшли вони кошик, повний вики
The puppet had never in his life been able to eat vetch
Лялька ніколи в житті не вміла їсти вику
according to him it made him sick

За його словами, від цього йому стало погано
That evening, however, he ate to repletion
Однак того вечора він наїв досхочу
and he nearly emptied the basket of it
І він мало не спорожнив кошик з неї
and then he turned to the Pigeon and said to him:
І тоді він обернувся до Голуба і сказав йому:
"I never could have believed that vetch was so good!"
«Ніколи не могла повірити, що вика така хороша!»
"Be assured, my boy," replied the Pigeon
— Будь певен, мій хлопчику, — відповів Голуб
"when hunger is real even vetch becomes delicious"
«Коли голод справжній, навіть вика стає смачною»
"Hunger knows neither caprice nor greediness"
«Голод не знає ні капризу, ні жадібності»
the two quickly finished their little meal
Вони швидко закінчили свою маленьку трапезу
and they recommenced their journey and flew away
І вони знову почали свою подорож і полетіли
The following morning they reached the seashore
Наступного ранку вони дійшли до берега моря
The Pigeon placed Pinocchio on the ground
Голуб поклав Піноккіо на землю
the pigeon did not wish to be troubled with thanks
Голуб не хотів, щоб його турбували подяки
it was indeed a good action he had done
Це дійсно був хороший вчинок, який він зробив
but he had done it out the goodness of his heart
Але він зробив це з доброти серця свого
and Pinocchio had no time to lose
І Піноккіо не мав часу прогадати
so he flew quickly away and disappeared
Тому він швидко полетів і зник
The shore was crowded with people
Берег був переповнений людьми
the people were looking out to sea
Люди дивилися на море

they shouting and gesticulating at something
вони кричать і жестикулюють на щось
"What has happened?" asked Pinocchio of an old woman
«Що сталося?» — запитав Піноккіо у старої жінки
"there is a poor father who has lost his son"
«Є бідний батько, який втратив сина»
"he has gone out to sea in a little boat"
«Він вийшов у море на маленькому човні»
"he will search for him on the other side of the water"
«Він шукатиме його по той бік води»
"and today the sea is most tempestuous"
«А сьогодні море найбурхливіше»
"and the little boat is in danger of sinking"
«І маленькому човну загрожує небезпека потонути»
"Where is the little boat?" asked Pinocchio
«А де ж той маленький човен?» — запитав Піноккіо
"It is out there in a line with my finger"
"Це там на одній лінії з моїм пальцем"
and she pointed to a little boat
І вона вказала на маленький човен
and the little boat looked like a little nutshell
І маленький човенчик був схожий на маленьку горіхову шкаралупу
a little nutshell with a very little man in it
Трохи горіхової шкаралупи з дуже маленьким чоловічком у ній
Pinocchio fixed his eyes on the little nutshell
Піноккіо не зводив очей з маленької горіхової шкаралупи
after looking attentively he gave a piercing scream:
Уважно придивившись, він пронизливо скрикнув:
"It is my papa! It is my papa!"
— Це мій тато! Це мій тато!»
The boat, meanwhile, was being beaten by the fury of the waves
Човен тим часом билася люттю хвиль
at one moment it disappeared in the trough of the sea
В одну мить воно зникло в кориті морському

and in the next moment the boat came to the surface again
А в наступну мить човен знову вийшов на поверхню
Pinocchio stood on the top of a high rock
Піноккіо стояв на вершині високої скелі
and he kept calling to his father
І він постійно кликав свого батька
and he made every kind of signal to him
І він подавав йому всілякі знамення
he waved his hands, his handkerchief, and his cap
Він махав руками, хустинкою і шапкою
Pinocchio was very far away from him
Піноккіо був дуже далеко від нього
but Geppetto appeared to recognize his son
але Джеппетто, здавалося, впізнав свого сина
and he also took off his cap and waved it
І він також зняв шапку і помахав нею
he tried by gestures to make him understand
Він намагався жестами дати йому зрозуміти
"I would have returned if it were possible"
"Я б повернувся, якби це було можливо"
"but the sea is most tempestuous"
«Але море найбільш бурхливе»
"and my oars won't take me to the shores again"
«І мої весла більше не понесуть мене до берега»
Suddenly a tremendous wave rose out of the sea
Раптом з моря піднялася величезна хвиля
and then the the little nutshell disappeared
І тоді маленька горіхова шкаралупа зникла
They waited, hoping the boat would come again to the surface
Вони чекали, сподіваючись, що човен знову вийде на поверхню
but the little boat was seen no more
Але маленького човна вже не було видно
the fisherman had assembled at the shore
Рибалка зібрався на березі
"Poor man!" they said of him, and murmured a prayer

«Бідний чоловік!» — сказали про нього і пробурмотіли молитву

and then they turned to go home
А потім вони повернулися, щоб іти додому

Just then they heard a desperate cry
І тут вони почули відчайдушний крик

looking back, they saw a little boy
Озирнувшись, вони побачили маленького хлопчика

"I will save my papa," the boy exclaimed
— Я врятую свого тата, — вигукнув хлопчик

and he jumped from a rock into the sea
І він стрибнув зі скелі в море

as you know Pinocchio was made of wood
Як відомо, Піноккіо був зроблений з дерева

so he floated easily on the water
Тому він легко плавав по воді

and he swam as well as a fish
І плив він так само, як риба

At one moment they saw him disappear under the water
В одну мить вони побачили, як він зник під водою

he was carried down by the fury of the waves
Його несла лють хвиль

and in the next moment he reappeared to the surface of the water
А в наступну мить він знову з'явився на поверхню води

he struggled on swimming with a leg or an arm
Йому було важко плавати ногою або рукою

but at last they lost sight of him
Але нарешті вони втратили його з поля зору

and he was seen no more
І його вже не бачили

and they offered another prayer for the puppet
І вони піднесли ще одну молитву за маріонетку

Pinocchio Finds the Fairy Again
Піноккіо знову знаходить фею

Pinocchio wanted to be in time to help his father
Піноккіо хотів встигнути допомогти батькові
so he swam all through the night
Так він плив усю ніч
And what a horrible night it was!
І яка це була жахлива ніч!
The rain came down in torrents
Дощ лив потоками
it hailed and the thunder was frightful
Гукнув і грім був страшний
the flashes of lightning made it as light as day
Спалахи блискавок робили його легким, як день

Towards morning he saw a long strip of land
Ближче до ранку він побачив довгу смугу землі
It was an island in the midst of the sea
Це був острів посеред моря
He tried his utmost to reach the shore
Він з усіх сил намагався дістатися до берега
but his efforts were all in vain
Але всі його зусилля виявилися марними
The waves raced and tumbled over each other
Хвилі мчали і перекидалися одна на одну
and the torrent knocked Pinocchio about
і потік збив Піноккіо з ніг
it was as if he had been a wisp of straw
Він наче був жмутом соломи
At last, fortunately for him, a billow rolled up
Нарешті, на його щастя, підкотилася хвиля
it rose with such fury that he was lifted up
Воно піднялося з такою люттю, що він піднявся вгору
and finally he was thrown on to the sands
І нарешті його кинуло на піски
the little puppet crashed onto the ground
Маленька лялька впала на землю
and all his joints cracked from the impact
І всі його суглоби тріснули від удару
but he comforted himself, saying:
Але він заспокоїв себе, сказавши:
"This time also I have made a wonderful escape!"
— І цього разу я здійснив чудову втечу!
Little by little the sky cleared
Потроху небо прояснилося
the sun shone out in all his splendour
Сонце засяяло у всій своїй пишноті
and the sea became as quiet and smooth as oil
І море стало тихим і гладким, як нафта
The puppet put his clothes in the sun to dry
Лялька поклала свій одяг на сонце для просушування
and he began to look in every direction

І він почав дивитися на всі боки
somewhere on the water there must be a little boat
десь на воді має бути маленький човен
and in the boat he hoped to see a little man
І в човні він сподівався побачити маленького чоловічка
he looked out to sea as far as he could see
Він дивився в море, скільки міг бачити
but all he saw was the sky and the sea
Але все, що він бачив, це небо і море
"If I only knew what this island was called!"
— Якби я тільки знала, як називається цей острів!
"If I only knew whether it was inhabited"
«Якби я тільки знала, чи воно заселене»
"perhaps civilized people do live here"
"Можливо, тут живуть цивілізовані люди"
"people who do not hang boys from trees"
«Люди, які не вішають хлопчиків на дерева»
"but whom can I ask if there is nobody?"
— А кого я можу спитати, якщо нікого немає?
Pinocchio didn't like the idea of being all alone
Піноккіо не подобалася ідея залишитися на самоті
and now he was alone on a great uninhabited country
І тепер він був один на великій безлюдній країні
the idea of it made him melancholy
Думка про це викликала у нього меланхолію
he was just about to to cry
Він саме збирався заплакати
But at that moment he saw a big fish swimming by
Але в цю мить він побачив велику рибу, що пропливала повз
the big fish was only a short distance from the shore
Велика риба була лише на невеликій відстані від берега
the fish was going quietly on its own business
Риба спокійно йшла у своїх справах
and it had its head out of the water
І він висунув голову з води
Not knowing its name, the puppet called to the fish

Не знаючи своєї назви, лялька покликала рибку
he called out in a loud voice to make himself heard:
— гукнув він гучним голосом, щоб його почули:
"Eh, Sir Fish, will you permit me a word with you?"
— Ех, Фіш, чи дозволите ви мені хоч слово з вами?
"Two words, if you like," answered the fish
— Два слова, якщо хочете, — відповіла риба
the fish was in fact not a fish at all
Насправді риба була зовсім не рибою
what the fish was was a Dolphin
що це була риба була Дельфіном
and you couldn't have found a politer dolphin
І ви не могли знайти політерного дельфіна
"Would you be kind enough to tell:"
"Чи були б ви ласкаві розповісти?
"is there are villages in this island?"
— Чи є на цьому острові села?
"and might there be something to eat in these villages?"
— А може, в цих селах є що поїсти?
"and is there any danger in these villages?"
— А чи є небезпека в цих селах?
"might one get eaten in these villages?"
— А може, в цих селах з'їдять?
"there certainly are villages," replied the Dolphin
— Звичайно, є села, — відповів Дельфін
"Indeed, you will find one village quite close by"
«Справді, ви знайдете одне село зовсім поруч»
"And what road must I take to go there?"
— А якою дорогою мені треба йти, щоб туди йти?
"You must take that path to your left"
«Ти мусиш іти цією стежкою ліворуч»
"and then you must follow your nose"
"А потім треба йти за носом"
"Will you tell me another thing?"
— Ти мені ще скажеш?
"You swim about the sea all day and night"
«Ти цілими днями і ночами плаваєш по морю»

"have you by chance met a little boat"
"Ви випадково зустріли маленький човен?"
"a little boat with my papa in it?"
— Маленький човен з моїм татом у ньому?
"And who is your papa?"
— А хто твій тато?
"He is the best papa in the world"
«Він найкращий тато у світі»
"but it would be difficult to find a worse son than I am"
"Але важко було б знайти гіршого сина, ніж я"
The fish regretted to tell him what he feared
Риба з жалем розповіла йому, чого він боїться
"you saw the terrible storm we had last night"
«Ви бачили, яка страшна буря була у нас минулої ночі»
"the little boat must have gone to the bottom"
«Маленький човен, мабуть, пішов на дно»
"And my papa?" asked Pinocchio
«А мій тато?» — запитав Піноккіо
"He must have been swallowed by the terrible Dog-Fish"
«Його, мабуть, проковтнула страшна Риба-Собака»
"of late he has been swimming on our waters"
«Останнім часом він плаває на наших водах»
"and he has been spreading devastation and ruin"
«І він розповсюджує спустошення та руїну»
Pinocchio was already beginning to quake with fear
Піноккіо вже починав тремтіти від страху
"Is this Dog-Fish very big?" asked Pinocchio
«Ця Риба-Собака дуже велика?» — запитав Піноккіо
"oh, very big!" replied the Dolphin
«О, дуже великий!» — відповів Дельфін
"let me tell you about this fish"
"Дозвольте розповісти вам про цю рибу"
"then you can form some idea of his size"
"Тоді ви зможете скласти якесь уявлення про його розмір"
"he is bigger than a five-storied house"
«Він більший за п'ятиповерховий будинок»
"and his mouth is more enormous than you've ever seen"

"І його рот величезніший, ніж ви коли-небудь бачили"
"a railway train could pass down his throat"
«У нього в горлі міг пройти залізничний потяг»
"Mercy upon us!" exclaimed the terrified puppet
«Милість нам!» — вигукнула перелякана маріонетка
and he put on his clothes with the greatest haste
І він одягнувся в одежу свою з найбільшим поспіхом
"Good-bye, Sir Fish, and thank you"
"До побачення, Фіш, і дякую"
"excuse the trouble I have given you"
«Пробач за неприємності, які Я тобі завдав»
"and many thanks for your politeness"
"І велике спасибі за вашу ввічливість"
He then took the path that had been pointed out to him
Тоді він пішов шляхом, який йому вказали
and he began to walk as fast as he could
І він почав іти так швидко, як тільки міг
he walked so fast, indeed, that he was almost running
Він ішов так швидко, що мало не біг
And at the slightest noise he turned to look behind him
І при найменшому шумі він повертався, щоб озирнутися назад
he feared that he might see the terrible Dog-Fish
він боявся, що може побачити страшну Собаку-Рибу
and he imagined a railway train in its mouth
І він уявив собі в роті залізничний потяг
a half-hour walk took him to a little village
Півгодинна прогулянка привела його в маленьке село
the village was The Village of the Industrious Bees
село було Селом працьовитих бджіл
The road was alive with people
Дорога була жива людьми
and they were running here and there
І вони бігали туди-сюди
and they all had to attend to their business
І всі вони повинні були займатися своїми справами
all were at work, all had something to do

Всі були на роботі, всім було чим зайнятися
You could not have found an idler or a vagabond
Ви не могли знайти ні ледаря, ні волоцюги
even if you searched for him with a lighted lamp
Навіть якщо ви шукали його із запаленою лампою
"Ah!" said that lazy Pinocchio at once
— А-а-а, — враз сказав той лінивий Піноккіо
"I see that this village will never suit me!"
— Я бачу, що це село мені ніколи не підійде!
"I wasn't born to work!"
«Я не для того, щоб працювати!»
In the meanwhile he was tormented by hunger
Тим часом його мучив голод
he had eaten nothing for twenty-four hours
Він нічого не їв протягом двадцяти чотирьох годин
he had not even eaten vetch
Він навіть не їв вики
What was poor Pinocchio to do?
Що ж робити бідному Піноккіо?
There were only two ways to obtain food
Існувало всього два способи добування їжі
he could either get food by asking for a little work
Він міг або отримати їжу, попросивши трохи попрацювати
or he could get food by way of begging
Або він міг добувати їжу шляхом жебрацтва
someone might be kind enough to throw him a nickel
Хтось, можливо, буде досить люб'язним, щоб кинути йому п'ятак
or they might give him a mouthful of bread
Або дадуть йому повний рот хліба
generally Pinocchio was ashamed to beg
взагалі Піноккіо соромився просити милостиню
his father had always preached him to be industrious
Батько завжди проповідував йому працьовитість
he taught him no one had a right to beg
Він навчив його, що ніхто не має права просити

милостиню

except the aged and the infirm
крім старих і немічних
The really poor in this world deserve compassion
Справжні бідні в цьому світі заслуговують на співчуття
the really poor in this world require assistance
Справжні бідні в цьому світі потребують допомоги
only those who are aged or sick
тільки ті, хто у віці або хворі
those who are no longer able to earn their own bread
ті, хто вже не в змозі заробляти собі на хліб
It is the duty of everyone else to work
Працювати – обов'язок усіх інших
and if they don't labour, so much the worse for them
І якщо вони не працюють, тим гірше для них
let them suffer from their hunger
Нехай вони страждають від свого голоду
At that moment a man came down the road
У цей момент по дорозі спускався чоловік
he was tired and panting for breath
Він був втомлений і задихався
He was dragging two carts full of charcoal
Він тягнув два вози, повні деревного вугілля
Pinocchio judged by his face that he was a kind man
По обличчю Піноккіо судив про те, що він добра людина
so Pinocchio approached the charcoal man
І Піноккіо підійшов до вугільника
he cast down his eyes with shame
Він опустив очі від сорому
and he said to him in a low voice:
І він сказав йому тихим голосом:
"Would you have the charity to give me a nickel?"
— Чи вистачило б у вас милосердя дати мені п'ятак?
"because, as you can see, I am dying of hunger"
«Тому що, як бачите, я вмираю з голоду»
"You shall have not only a nickel," said the man
— У тебе буде не тільки п'ятак, — сказав чоловік

"I will give you a dime"
"Я дам тобі копійку"
"but for the dime you must do some work"
"Але за копійки треба попрацювати"
"help me to drag home these two carts of charcoal"
«Допоможіть мені відтягнути додому ці два вози з деревним вугіллям»
"I am surprised at you!" answered the puppet
«Я дивуюся тобі!» — відповіла маріонетка
and there was a tone of offense in his voice
І в його голосі пролунав відтінок образи
"Let me tell you something about myself"
"Дозвольте мені розповісти вам дещо про себе"
"I am not accustomed to do the work of a donkey"
«Я не звик виконувати роботу осла»
"I have never drawn a cart!"
— Я ніколи не тягнув воза!
"So much the better for you," answered the man
— Тим краще для тебе, — відповів чоловік
"my boy, I see how you are dying of hunger"
«Хлопчику мій, я бачу, як ти вмираєш з голоду»
"eat two fine slices of your pride"
«З'їж дві добрі скибочки своєї гордості»
"and be careful not to get indigestion"
"І будьте обережні, щоб не отримати розлад шлунка"
A few minutes afterwards a mason passed by
Через кілька хвилин повз проходив муляр
he was carrying a basket of mortar
Він ніс кошик з мінометом
"Would you have the charity to give me a nickel?"
— Чи вистачило б у вас милосердя дати мені п'ятак?
"me, a poor boy who is yawning for want of food"
«Я, бідний хлопчик, який позіхає від нестачі їжі»
"Willingly," answered the man
— Охоче, — відповів чоловік
"Come with me and carry the mortar"
«Ходімо зі мною і несіть ступу»

"and instead of a nickel I will give you a dime"
"А замість п'ятака я дам тобі копійку"
"But the mortar is heavy," objected Pinocchio
— Але ж ступа важка, — заперечив Піноккіо
"and I don't want to tire myself"
"І я не хочу втомлювати себе"
"I see you you don't want to tire yourself"
"Я бачу тебе, ти не хочеш втомлюватися"
"then, my boy, go amuse yourself with yawning"
— Тоді, мій хлопчику, йди розважайся позіханням.
In less than half an hour twenty other people went by
Менш ніж за півгодини повз пройшло ще двадцять людей
and Pinocchio asked charity of them all
І Піноккіо попросив милосердя у них усіх
but they all gave him the same answer
Але всі вони дали йому однакову відповідь
"Are you not ashamed to beg, young boy?"
— Чи не соромно тобі просити милостиню, хлопче?
"Instead of idling about, look for a little work"
«Замість того, щоб байдикувати, пошукайте трохи роботи»
"you have to learn to earn your bread"
«Треба вчитися заробляти собі на хліб»
finally a nice little woman walked by
Нарешті повз пройшла миловидна маленька жінка
she was carrying two cans of water
Вона несла дві банки з водою
Pinocchio asked her for charity too
Піноккіо попросив і її про милосердя
"Will you let me drink a little of your water?"
— Чи даси мені випити трохи твоєї води?
"because I am burning with thirst"
«Бо я палаю спрагою»
the little woman was happy to help
Маленька жінка з радістю допомогла
"Drink, my boy, if you wish it!"
— Пий, мій хлопчику, якщо хочеш!

and she set down the two cans
І вона поставила дві банки
Pinocchio drank like a fish
Піноккіо пив, як риба
and as he dried his mouth he mumbled:
І, витираючи рота, пробурмотів:
"I have quenched my thirst"
«Я втамував спрагу свою»
"If I could only appease my hunger!"
— Якби я тільки міг угамувати свій голод!
The good woman heard Pinocchio's pleas
Добра жінка почула благання Піноккіо
and she was only too willing to oblige
І вона була дуже готова взяти на себе зобов'язання
"help me to carry home these cans of water"
«Допоможіть мені віднести додому ці банки з водою»
"and I will give you a fine piece of bread"
"І я дам тобі шматок хліба доброго"
Pinocchio looked at the cans of water
Піноккіо подивився на банки з водою
and he answered neither yes nor no
І він не відповів ні так, ні ні ні
and the good woman added more to the offer
І добра жінка додала до пропозиції ще більше
"As well as bread you shall have cauliflower"
«Як хліб у вас буде цвітна капуста»
Pinocchio gave another look at the can
Піноккіо ще раз глянув на бляшанку
and he answered neither yes nor no
І він не відповів ні так, ні ні ні
"And after the cauliflower there will be more"
"А після цвітної капусти буде більше"
"I will give you a beautiful syrup bonbon"
«Я подарую тобі красивий сиропний бонбон»
The temptation of this last dainty was great
Спокуса цієї останньої ласощі була велика
finally Pinocchio could resist no longer

нарешті Піноккіо не міг більше чинити опір
with an air of decision he said:
З рішучістю він сказав:
"I must have patience!"
— Мені треба набратися терпіння!
"I will carry the water to your house"
«Я понесу воду до твого дому»
The water was too heavy for Pinocchio
Вода була занадто важкою для Піноккіо
he could not carry it with his hands
Він не міг нести його руками
so he had to carry it on his head
Тому йому доводилося нести його на голові
Pinocchio did not enjoy doing the work
Піноккіо не отримував задоволення від виконання роботи
but soon they reached the house
Але незабаром вони дійшли до будинку
and the good little woman offered Pinocchio a seat
і добра маленька жінка запропонувала Піноккіо сісти
the table had already been laid
Стіл вже був накритий
and she placed before him the bread
І вона поклала перед ним хліб
and then he got the cauliflower and the bonbon
А потім він дістав цвітну капусту та бонбон
Pinocchio did not eat his food, he devoured it
Піноккіо не їв своєї їжі, він пожирав її
His stomach was like an empty apartment
Його живіт був схожий на порожню квартиру
an apartment that had been left uninhabited for months
квартира, яка місяцями залишалася без житла
but now his ravenous hunger was somewhat appeased
Але тепер його ненажерливий голод був трохи заспокоєний
he raised his head to thank his benefactress
Він підняв голову, щоб подякувати своїй благодійниці
then he took a better look at her

Потім він краще придивився до неї
he gave a prolonged "Oh!" of astonishment
він довго «О!» від подиву
and he continued staring at her with wide open eyes
І він продовжував дивитися на неї широко відкритими очима
his fork was in the air
Його виделка висіла в повітрі
and his mouth was full of cauliflower
І рот у нього був повний цвітної капусти
it was as if he had been bewitched
Він наче був зачарований
the good woman was quite amused
Добра жінка була неабияк розвеселена
"What has surprised you so much?"
— Що вас так здивувало?
"It is..." answered the puppet
«Це...» — відповіла маріонетка
"it's just that you are like..."
— Просто ти такий...
"it's just that you remind me of someone"
"Просто ти мені когось нагадуєш"
"yes, yes, yes, the same voice"
"Так, так, так, той самий голос"
"and you have the same eyes and hair"
"І у вас такі ж очі і волосся"
"yes, yes, yes. you also have blue hair"
— Так, так, так. У тебе ще й синє волосся"
"Oh, little Fairy! tell me that it is you!"
— Ох, маленька Фея! Скажи мені, що це ти!»
"Do not make me cry anymore!"
— Не змушуй мене більше плакати!
"If only you knew how much I've cried"
«Якби ти знала, як я плакала»
"and I have suffered so much"
"І я стільки страждав"
And Pinocchio threw himself at her feet

- 176 -

І Піноккіо кинувся їй до ніг
and he embraced the knees of the mysterious little woman
І він обійняв коліна таємничої маленької жінки
and he began to cry bitterly
І він почав гірко плакати

Pinocchio Promises the Fairy he'll be a Good Boy Again
Піноккіо обіцяє феї, що він знову буде хорошим хлопчиком

At first the good little woman played innocent
Спочатку добра маленька жінка грала невинну
she said she was not the little Fairy with blue hair
вона сказала, що вона не маленька Фея з блакитним волоссям
but Pinocchio could not be tricked
але Піноккіо не можна було обдурити
she had continued the comedy long enough
Вона продовжувала комедію досить довго
and so she ended by making herself known
І так вона закінчила, давши про себе знати
"You naughty little rogue, Pinocchio"
"Ти, неслухняний маленький пройдисвіт, Піноккіо"
"how did you discover who I was?"
— Як ти дізнався, хто я такий?
"It was my great affection for you that told me"
«Це була моя велика прихильність до тебе, яка мені сказала»
"Do you remember when you left me?"
— Пам'ятаєш, коли ти мене покинув?
"I was still a child back then"
«Я тоді ще був дитиною»
"and now I have become a woman"
"А тепер я стала жінкою"
"a woman almost old enough to be your mamma"
"Жінка майже достатньо дорослa, щоб бути твоєю мамою"
"I am delighted at that"
"Я в захваті від цього"
"I will not call you little sister anymore"
«Я більше не буду називати тебе молодшою сестрою»
"from now I will call you mamma"
"Відтепер я буду називати тебе мамою"
"all the other boys have a mamma"

"У всіх інших хлопчиків є мама"
"and I have always wished to also have a mamma"
"І я завжди хотіла мати маму"
"But how did you manage to grow so fast?"
— Але як тобі вдалося так швидко вирости?
"That is a secret," said the fairy
— Це таємниця, — сказала фея
Pinocchio wanted to know, "teach me your secret"
Піноккіо хотів знати: «Відкрий мені свою таємницю»
"because I would also like to grow"
"Тому що я б теж хотів рости"
"Don't you see how small I am?"
— Хіба ти не бачиш, який я маленький?
"I always remain no bigger than a ninepin"
«Я завжди залишаюся не більшим за дев'ятку»
"But you cannot grow," replied the Fairy
— Але ж ти не можеш рости, — відповіла Фея
"Why can't I grow?" asked Pinocchio
«Чому я не можу рости?» — запитав Піноккіо
"Because puppets never grow"
«Тому що маріонетки ніколи не ростуть»
"when they are born they are puppets"
«Коли вони народжуються, вони стають маріонетками»
"and they live their lives as puppets"
«І вони живуть своїм життям як маріонетки»
"and when they die they die as puppets"
«А коли вони вмирають, вони вмирають як маріонетки»
Pinocchio game himself a slap
Гра в Піноккіо сам ляпас
"Oh, I am sick of being a puppet!"
— Ой, набридло мені бути маріонеткою!
"It is time that I became a man"
«Настав час, коли я став чоловіком»
"And you will become a man," promised the fairy
— І ти станеш чоловіком, — пообіцяла фея
"but you must know how to deserve it"
"Але ви повинні знати, як це заслужити"

"Is this true?" asked Pinocchio
«Це правда?» — запитав Піноккіо
"And what can I do to deserve to be a man?"
"І що я можу зробити, щоб заслужити бути чоловіком?"
"it is a very easy thing to deserve to be a man"
«Дуже легко заслужити бути чоловіком»
"all you have to do is learn to be a good boy"
«Все, що тобі потрібно зробити, це навчитися бути хорошим хлопчиком»
"And you think I am not a good boy?"
— І ти думаєш, що я не дуже добрий хлопець?
"You are quite the opposite of a good boy"
«Ти повна протилежність хорошому хлопчику»
"Good boys are obedient, and you..."
«Добрі хлопці слухняні, а ви...»
"And I never obey," confessed Pinocchio
— А я ніколи не слухаюся, — зізнався Піноккіо
"Good boys like to learn and to work, and you..."
«Хороші хлопці люблять вчитися і працювати, а ви...»
"And I instead lead an idle, vagabond life"
«А я замість цього веду бездіяльне, бродяче життя»
"Good boys always speak the truth"
«Хороші хлопці завжди говорять правду»
"And I always tell lies," admitted Pinocchio
— А я завжди кажу неправду, — зізнався Піноккіо
"Good boys go willingly to school"
«Хороші хлопчики охоче йдуть до школи»
"And school gives me pain all over the body"
«А школа дає мені біль у всьому тілі»
"But from today I will change my life"
"Але з сьогоднішнього дня я зміню своє життя"
"Do you promise me?" asked the Fairy
«Ти мені обіцяєш?» — запитала Фея
"I promise that I will become a good little boy"
«Я обіцяю, що стану хорошим хлопчиком»
"and I promise be the consolation of my papa"
"І я обіцяю бути втіхою мого тата"

"Where is my poor papa at this moment?"
— А де ж зараз мій бідолашний тато?
but the fairy didn't know where his papa was
Але фея не знала, де його тато
"Shall I ever have the happiness of seeing him again?"
— Чи матиму я коли-небудь щастя побачити його знову?
"will I ever kiss him again?"
— Чи буду я ще коли-небудь його цілувати?
"I think so; indeed, I am sure of it"
"Я думаю, що так; дійсно, я в цьому впевнений"
At this answer Pinocchio was delighted
При такій відповіді Піноккіо був у захваті
he took the Fairy's hands
він узяв Фею за руки
and he began to kiss her hands with great fervour
І він почав цілувати її руки з великим запалом
he seemed beside himself with joy
Він здавався не в тонусі від радості
Then Pinocchio raised his face
Тоді Піноккіо підняв обличчя
and he looked at her lovingly
І він подивився на неї з любов'ю
"Tell me, little mamma:"
— Скажи мені, мамо!
"then it was not true that you were dead?"
— Тоді це було неправдою, що ти мертвий?
"It seems not," said the Fairy, smiling
— Здається, що ні, — сказала Фея, усміхаючись
"If you only knew the sorrow I felt"
«Якби ти тільки знав, який смуток я відчував»
"you can't imagined the tightening of my throat"
"Ви не уявляєте, як стискає моє горло"
"reading what was on that stone almost broke my heart"
«Читання того, що було на тому камені, мало не розбило моє серце»
"I know what it did to you"
«Я знаю, що це з тобою зробило»

"and that is why I have forgiven you"
"І саме тому Я простив тебе"
"I saw it from the sincerity of your grief"
«Я бачив це від щирості твого горя»
"I saw that you have a good heart"
«Я побачила, що в тебе добре серце»
"boys with good hearts are not lost"
«Хлопці з добрим серцем не губляться»
"there is always something to hope for"
«Завжди є на що сподіватися»
"even if they are scamps"
"Навіть якщо це розбійники"
"and even if they have got bad habits"
"І навіть якщо у них є шкідливі звички"
"there is always hope they change their ways"
«Завжди є надія, що вони змінять свій шлях»
"That is why I came to look for you here"
"Тому я прийшов шукати вас тут"
"I will be your mamma"
"Я буду твоєю мамою"
"Oh, how delightful!" shouted Pinocchio
«О, як чудово!» — вигукнув Піноккіо
and the little puppet jumped for joy
І маленька лялька стрибала від радості
"You must obey me, Pinocchio"
«Ти мусиш мене слухатися, Піноккіо»
"and you must do everything that I bid you"
"І ти мусиш зробити все, що я тобі наказую"
"I will willingly obey you"
«Я охоче послухаюся тебе»
"and I will do as I'm told!"
— І я зроблю так, як мені скажуть!
"Tomorrow you will begin to go to school"
"Завтра ти почнеш ходити до школи"
Pinocchio became at once a little less joyful
Піноккіо відразу став трохи менш радісним
"Then you must choose a trade to follow"

"Тоді ви повинні вибрати угоду, за якою будете слідувати"
"you most choose a job according to your wishes"
"Ви самі обираєте роботу відповідно до своїх побажань"
Pinocchio became very grave at this
Піноккіо став дуже серйозним при цьому
the Fairy asked him in an angry voice:
— сердитим голосом запитала його Фея:
"What are you muttering between your teeth?"
— Що ти бурмочеш між зубами?
"I was saying..." moaned the puppet in a low voice
— Я казав... — тихим голосом простогнала маріонетка
"it seems to me too late for me to go to school now"
«Мені здається, що вже пізно йти до школи»
"No, sir, it is not too late for you to go to school"
— Ні,, вам ще не пізно йти до школи.
"Keep it in mind that it is never too late"
«Майте на увазі, що ніколи не пізно»
"we can always learn and instruct ourselves"
«Ми завжди можемо вчитися і навчати себе»
"But I do not wish to follow a trade"
«Але я не хочу йти за торгівлею»
"Why do you not wish to follow an trade?"
— Чому ти не хочеш іти за торгівлею?
"Because it tires me to work"
«Тому що це втомлює мене до роботи»
"My boy," said the Fairy lovingly
— Хлопчику мій, — з любов'ю сказала Фея
"there are two kinds of people who talk like that"
«Є два типи людей, які так розмовляють»
"there are those that are in prison"
«Є ті, що сидять у в'язниці»
"and there are those that are in hospital"
"А є й ті, що перебувають у лікарні"
"Let me tell you one thing, Pinocchio;"
— Дозвольте мені сказати вам одну річ, Піноккіо.
"every man, rich or poor, is obliged work"
«Кожна людина, багата чи бідна, зобов'язана працювати»

"he has to occupy himself with something"
"Він повинен себе чимось зайняти"
"Woe to those who lead slothful lives"
«Горе тим, хто веде ліниве життя»
"Sloth is a dreadful illness"
«Лінощі – страшна хвороба»
"it must be cured at once, in childhood"
«Його треба вилікувати відразу, ще в дитинстві»
"because it can never be cured once you are old"
«Тому що його ніколи не можна вилікувати, коли ти стаєш старим»
Pinocchio was touched by these words
Піноккіо був зворушений цими словами
lifting his head quickly, he said to the Fairy:
швидко піднявши голову, він сказав Феї:

"I will study and I will work"
«Я буду вчитися і буду працювати»
"I will do all that you tell me"
"Я зроблю все, що ти мені скажеш"
"for indeed I have become weary of being a puppet"
"Бо я справді втомився бути маріонеткою"
"and I wish at any price to become a boy"
"І я бажаю за всяку ціну стати хлопчиком"
"You promised me that I can become a boy, did you not?"
— Ти ж обіцяв мені, що я зможу стати хлопчиком, чи не так?
"I did promise you that you can become a boy"
«Я обіцяв тобі, що ти можеш стати хлопчиком»
"and whether you become a boy now depends upon yourself"
"А чи станеш ти тепер хлопчиком, залежить від тебе самого"

The Terrible Dog-Fish
Страшна собака-риба

The following day Pinocchio went to school
Наступного дня Піноккіо пішов до школи
you can imagine the delight of all the little rogues
Ви можете уявити собі захват всіх маленьких пройдисвітів
a puppet had walked into their school!
До їхньої школи зайшла лялька!
They set up a roar of laughter that never ended
Вони підняли гуркіт сміху, який ніколи не закінчувався
They played all sorts of tricks on him
Вони грали з ним усілякими жартами
One boy carried off his cap
Один хлопчик зняв шапку
another boy pulled Pinocchio's jacket over him
інший хлопчик натягнув на нього куртку Піноккіо

one tried to give him a pair of inky mustachios
Один намагався подарувати йому пару чорнильних вусів
another boy attempted to tie strings to his feet and hands
Інший хлопчик намагався прив'язати мотузки до його ніг і рук
and then he tried to make him dance
А потім намагався змусити його танцювати
For a short time Pinocchio pretended not to care
Якийсь час Піноккіо вдавав, що йому все одно
and he got on as well with school as he could
І він так добре вчився в школі, як тільки міг
but at last he lost all his patience
Але нарешті він утратив увесь терпець
he turned to those who were teasing him most
Він звернувся до тих, хто дражнив його найбільше
"Beware, boys!" he warned them
«Обережно, хлопці!» — попередив він їх
"I have not come here to be your buffoon"
"Я прийшов сюди не для того, щоб бути твоїм скоморохом"
"I respect others," he said
"Я поважаю інших", — сказав він
"and I intend to be respected"
"І я маю намір бути шанованим"
"Well said, boaster!" howled the young rascals
«Добре сказано, хвалько!» — завивали молоді пройдисвіти
"You have spoken like a book!"
— Ти говорив, як книжка!
and they convulsed with mad laughter
І вони здригнулися від шаленого сміху
there was one boy more impertinent than the others
Був один хлопець зухваліший за інших
he tried to seize the puppet by the end of his nose
Він намагався схопити маріонетку за кінчик носа
But he could not do so quickly enough
Але він не зміг зробити це досить швидко
Pinocchio stuck his leg out from under the table

Піноккіо висунув ногу з-під столу
and he gave him a great kick on his shins
І він сильно вдарив його по гомілках
the boy roared in pain
Хлопчик заревів від болю
"Oh, what hard feet you have!"
— Ой, які в тебе тверді ноги!
and he rubbed the bruise the puppet had given him
І він потер синець, який йому дала лялька
"And what elbows you have!" said another
«А які в тебе лікті!» — сказав інший
"they are even harder than his feet!"
— Вони навіть твердіші за його ноги!
this boy had also played rude tricks on him
Цей хлопець також грубо пожартував над ним
and he had received a blow in the stomach
І він отримав удар у живіт
But, nevertheless, the kick and the blow acquired sympathy
Але, тим не менш, удар ногою і ударом придбали симпатію
and Pinocchio earned the esteem of the boys
і Піноккіо заслужив повагу хлопчаків
They soon all made friends with him
Незабаром вони всі подружилися з ним
and soon they liked him heartily
І скоро він їм дуже сподобався
And even the master praised him
І навіть майстер його похвалив
because Pinocchio was attentive in class
тому що Піноккіо був уважний на уроках
he was a studious and intelligent student
Він був старанним і розумним учнем
and he was always the first to come to school
І він завжди першим приходив до школи
and he was always the last to leave when school was over
І він завжди йшов останнім, коли закінчувалася школа
But he had one fault; he made too many friends

Але в нього була одна вада; У нього з'явилося занадто багато друзів
and amongst his friends were several rascals
А серед його друзів було кілька пройдисвітів
these boys were well known for their dislike of study
Ці хлопчики були добре відомі своєю нелюбов'ю до навчання
and they especially loved to cause mischief
А особливо вони любили заподіяти лихо
The master warned him about them every day
Майстер попереджав його про них щодня
even the good Fairy never failed to tell him:
навіть добра Фея ніколи не переставала говорити йому:
"Take care, Pinocchio, with your friends!"
— Бережи себе, Піноккіо, зі своїми друзями!
"Those bad school-fellows of yours are trouble"
«Ті твої погані шкільні товариші – біда»
"they will make you lose your love of study"
«Вони змусять вас втратити любов до навчання»
"they may even bring upon you some great misfortune"
«Вони можуть навіть накликати на вас якесь велике нещастя»
"There is no fear of that!" answered the puppet
«Цього не бійся!» — відповіла маріонетка
and he shrugged his shoulders and touched his forehead
І він знизав плечима і торкнувся чола свого
"There is so much sense here!"
«Тут стільки сенсу!»

one fine day Pinocchio was on his way to school
В один прекрасний день Піноккіо йшов до школи
and he met several of his usual companions
І він зустрів кількох своїх звичайних супутників
coming up to him, they asked:
Підійшовши до нього, вони запитали:
"Have you heard the great news?"
— Ви почули чудову новину?
"No, I have not heard the great news"
«Ні, я не чув великої новини»
"In the sea near here a Dog-Fish has appeared"
«У морі неподалік тут з'явилася Собака-Риба»
"he is as big as a mountain"
«Він великий, як гора»
"Is it true?" asked Pinocchio
«Це правда?» — запитав Піноккіо
"Can it be the same Dog-Fish?"
— Чи може це бути той самий Пес-Риба?

"**The Dog-Fish that was there when my papa drowned**"
«Собака-Риба, яка була там, коли мій тато потонув»
"**We are going to the shore to see him**"
"Ми йдемо на берег до нього"
"**Will you come with us?**"
— Ти підеш з нами?
"**No; I am going to school**"
— Ні. Я йду до школи"
"**of what great importance is school?**"
— Яке велике значення має школа?
"**We can go to school tomorrow**"
"Завтра ми можемо йти до школи"
"**one lesson more or less doesn't matter**"
«Один урок більш-менш не має значення»
"**we shall always remain the same donkeys**"
«Ми завжди будемо такими ж віслюками»
"**But what will the master say?**"
— А що скаже пан?
"**The master may say what he likes**"
«Господар може говорити, що йому подобається»
"**He is paid to grumble all day**"
«Йому платять за те, щоб він бурчав цілий день»
"**And what will my mamma say?**"
— А що скаже моя мама?
"**Mammas know nothing," answered the bad little boys**
— Мами нічого не знають, — відповіли погані хлопчаки
"**Do you know what I will do?" said Pinocchio**
«Ти знаєш, що я зроблю?» — сказав Піноккіо
"**I have reasons for wishing to see the Dog-Fish**"
"У мене є причини для бажання побачити Собаку-Рибу"
"**but I will go and see him when school is over**"
"Але я піду до нього, коли закінчиться школа"
"**Poor donkey!" exclaimed one of the boys**
«Бідний осел!» — вигукнув один з хлопчаків
"**Do you suppose a fish of that size will wait your convenience?**"
— Гадаєте, риба такого розміру чекатиме на вашу

зручність?
"when he is tired of being here he will go another place"
"Коли йому набридне бути тут, він піде в інше місце"
"and then it will be too late"
"А потім буде вже пізно"
the Puppet had to think about this
Маріонетка мусила подумати над цим
"How long does it take to get to the shore?"
— Скільки часу потрібно, щоб дістатися до берега?
"We can be there and back in an hour"
"Ми можемо бути там і назад за годину"
"Then off we go!" shouted Pinocchio
«Тоді ми поїхали!» — крикнув Піноккіо
"and he who runs fastest is the best!"
— А хто біжить найшвидше, той найкращий!
and the boys rushed off across the fields
І хлопці помчали по полях
and Pinocchio was always the first
а Піноккіо завжди був першим
he seemed to have wings on his feet
У нього наче були крила на ногах
From time to time he turned to jeer at his companions
Час від часу він починав глузувати зі своїх товаришів
they were some distance behind
Вони були на деякій відстані позаду
he saw them panting for breath
Він бачив, як вони задихалися
and they were covered with dust
І вони були вкриті пилом
and their tongues were hanging out of their mouths
І їхні язики стирчали з їхніх уст
and Pinocchio laughed heartily at the sight
І Піноккіо від душі засміявся, побачивши це
The unfortunate boy did not know what was to come
Нещасний хлопчик не знав, що буде далі
the terrors and horrible disasters that were coming!
Жахіття і жахливі катастрофи, які насувалися!

Pinocchio is Arrested by the Gendarmes
Піноккіо заарештований жандармами

Pinocchio arrived at the shore
Піноккіо прибув до берега
and he looked out to sea
І він дивився на море
but he saw no Dog-Fish
але він не бачив Собаки-Риби
The sea was as smooth as a great crystal mirror
Море було гладеньке, як велике кришталеве дзеркало
"Where is the Dog-Fish?" he asked
«А де ж Собака-Риба?» — спитав він
and he turned to his companions
І він обернувся до своїх товаришів
all the boys laughed together
Всі хлопці дружно сміялися
"He must have gone to have his breakfast"
"Він, мабуть, пішов снідати"
"Or he has thrown himself on to his bed"
"Або він кинувся на своє ліжко"
"yes, he's having a little nap"
"Так, він трохи дрімає"
and they laughed even louder
І вони засміялися ще голосніше
their answers seemed particularly absurd
Особливо абсурдними здавалися їхні відповіді
and their laughter was very silly
І сміх у них був дуже безглуздий
Pinocchio looked around at his friends
Піноккіо озирнувся на своїх друзів
his companions seemed to be making a fool of him
Його товариші, здавалося, робили з нього дурня
they had induced him to believe a tale
Вони змусили його повірити в казку
but there was no truth to the tale
Але в цій казці не було правди

Pinocchio did not take the joke well
Піноккіо погано сприйняв жарт
and he spoke angrily with the boys
І він гнівно говорив з хлопцями
"And now??" he shouted
«А тепер??» — крикнув він
"you told me a story of the Dog-Fish"
"Ви розповіли мені історію про Собаку-Рибу"
"but what fun did you find in deceiving me?"
— Але яку радість ти знайшов у тому, що обманював мене?
"Oh, it was great fun!" answered the little rascals
«О, це було дуже весело!» — відповіли маленькі пройдисвіти
"And in what did this fun consist of?"
— А в чому полягала ця забава?
"we made you miss a day of school"
«Ми змусили вас пропустити день у школі»
"and we persuaded you to come with us"
«І ми вмовили вас іти з нами»
"Are you not ashamed of your conduct?"
— Тобі не соромно за свою поведінку?
"you are always so punctual to school"
«Ти завжди такий пунктуальний до школи»
"and you are always so diligent in class"
«А ти завжди такий старанний на уроці»
"Are you not ashamed of studying so hard?"
— Тобі не соромно за те, що ти так старанно вчишся?
"so what if I study hard?"
— А що, якщо я старанно вчуся?
"what concern is it of yours?"
— Яка це твоя справа?
"It concerns us excessively"
"Нас це дуже турбує"
"because it makes us appear in a bad light"
«Тому що це змушує нас виглядати в поганому світлі»
"Why does it make you appear in a bad light?"

«Чому це змушує вас виглядати в поганому світлі?»
"there are those of us who have no wish to study"
«Є такі з нас, хто не має бажання вчитися»
"we have no desire to learn anything"
«У нас немає бажання чогось вчитися»
"good boys make us seem worse by comparison"
«Хороші хлопці змушують нас здаватися гіршими в порівнянні»
"And that is too bad for you"
"І це дуже погано для вас"
"We, too, have our pride!"
— У нас теж є своя гордість!
"Then what must I do to please you?"
— Що ж я маю зробити, щоб догодити тобі?
"You must follow our example"
«Ви повинні наслідувати наш приклад»
"you must hate school like us"
«Ви, мабуть, ненавидите школу, як ми»
"you must rebel in the lessons"
«Ти мусиш бунтувати на уроках»
"and you must disobey the master"
«І ти мусиш не послухатися пана»
"those are our three greatest enemies"
«Це наші три найбільші вороги»
"And if I wish to continue my studies?"
— А якщо я хочу продовжити навчання?
"In that case we will have nothing more to do with you"
«У такому разі ми більше не будемо мати з вами нічого спільного»
"and at the first opportunity we will make you pay for it"
"І за першої ж можливості ми змусимо вас за це заплатити"
"Really," said the puppet, shaking his head
— Справді, — сказала маріонетка, хитаючи головою
"you make me inclined to laugh"
«Ти змушуєш мене сміятися»
"Eh, Pinocchio," shouted the biggest of the boys

— Ех, Піноккіо, — крикнув найбільший з хлопців
and he confronted Pinocchio directly
і він зіткнувся з Піноккіо прямо
"None of your superiority works here"
"Жодна ваша перевага тут не працює"
"don't come here to crow over us"
«Не приходьте сюди плакати над нами»
"if you are not afraid of us, we are not afraid of you"
«Якщо ви не боїтеся нас, ми не боїмося вас»
"Remember that you are one against seven"
«Пам'ятай, що ти один проти семи»
"Seven, like the seven deadly sins," said Pinocchio
— Сім, як і сім смертних гріхів, — сказав Піноккіо
and he shouted with laughter
І він крикнув від сміху
"Listen to him! He has insulted us all!"
— Послухайте його! Він образив нас усіх!»
"He called us the seven deadly sins!"
«Він назвав нас сімома смертними гріхами!»
"Take that to begin with," said one of the boys
— Візьми це для початку, — сказав один із хлопців
"and keep it for your supper tonight"
"І збережіть його на вечерю сьогодні ввечері"
And, so saying, he punched him on the head
І, сказавши це, вдарив його кулаком по голові
But it was a give and take
Але це була гра «давай і бери»
because the puppet immediately returned the blow
Тому що маріонетка відразу ж відповіла ударом
this was no big surprise
І це не було великим сюрпризом
and the fight quickly got desperate
І боротьба швидко зайшла в відчай
it is true that Pinocchio was alone
це правда, що Піноккіо був один
but he defended himself like a hero
Але він захищався, як герой

He used his feet, which were of the hardest wood
Він використовував свої ноги, які були з найтвердіших порід дерева
and he kept his enemies at a respectful distance
І він тримав своїх ворогів на шанобливій відстані
Wherever his feet touched they left a bruise
Скрізь, де його ноги торкалися, вони залишали синці
The boys became furious with him
Хлопці розлютилися на нього
hand to hand they couldn't match the puppet
З рук в руку вони не могли зрівнятися з маріонеткою
so they took other weapons into their hands
Тож вони взяли до рук іншу зброю
the boys loosened their satchels
Хлопці розв'язали ранці
and they threw their school-books at him
І вони кидали в нього свої шкільні підручники
grammars, dictionaries, and spelling-books
граматики, словники та книги з правопису
geography books and other scholastic works
Книги з географії та інші схоластичні праці
But Pinocchio was quick to react
Але Піноккіо швидко зреагував
and he had sharp eyes for these things
І він мав гострі очі на ці речі
he always managed to duck in time
Йому завжди вдавалося вчасно пригнутися
so the books passed over his head
І книги промайнули у нього над головою

and instead the books fell into the sea
І замість цього книги впали в море
Imagine the astonishment of the fish!
Уявіть собі здивування риби!
they thought the books were something to eat
Вони думали, що книжки – це щось їсти
and they all arrived in large shoals of fish
І всі вони прилетіли великими косяками риби
but they tasted a couple of the pages
Але вони скуштували пару сторінок
and they quickly spat the paper out again
І вони швиденько знову виплюнули папір
and the fish made wry faces
А риба робила криві пики
"this isn't food for us at all"
"Це зовсім не їжа для нас"
"we are accustomed to something much better!"
«Ми звикли до чогось набагато кращого!»

The battle meantime had become fiercer than ever
Тим часом битва стала запеклішою, ніж будь-коли
a big crab had come out of the water
Великий краб виліз з води
and he had climbed slowly up on the shore
І він повільно виліз на берег
he called out in a hoarse voice
— вигукнув він хрипким голосом
it sounded like a trumpet with a bad cold
Він звучав, як сурма при сильній застуді
"enough of your fighting, you young ruffians"
"Досить вашої боротьби, ви, юні хулігани"
"because you are nothing other than ruffians!"
— Бо ви не що інше, як хулігани!
"These fights between boys seldom finish well"
«Ці поєдинки між хлопцями рідко закінчуються добре»
"Some disaster is sure to happen!"
«Якесь лихо обов'язково станеться!»
but the poor crab should have saved himself the trouble
Але бідолашний краб повинен був врятувати себе від неприємностей
He might as well have preached to the wind
З таким же успіхом він міг би проповідувати вітру
Even that young rascal, Pinocchio, turned around
Навіть той молодий пройдисвіт Піноккіо обернувся
he looked at him mockingly and said rudely:
Він глузливо подивився на нього і грубо сказав:
"Hold your tongue, you tiresome crab!"
— Тримай язика за зубами, стомлюючий краб!
"You had better suck some liquorice lozenges"
«Тобі краще посмоктати льодяники з лакриці»
"cure that cold in your throat"
«Вилікуй цю застуду в горлі»
Just then the boys had no more books
Саме тоді у хлопців вже не було книжок
at least, they had no books of their own
По крайней мере, власних книг у них не було

they spied at a little distance Pinocchio's bag
вони підгледіли на невеликій відстані сумку Піноккіо
and they took possession of his things
І вони заволоділи його речами
Amongst his books there was one bound in card
Серед його книг була одна, переплетена в картку
It was a Treatise on Arithmetic
Це був «Трактат з арифметики»
One of the boys seized this volume
Один із хлопців вилучив цей том
and he aimed the book at Pinocchio's head
і він направив книгу в голову Піноккіо
he threw it at him with all his strength
Він кинув її в нього з усієї сили
but the book did not hit the puppet
Але книга не зачепила маріонетку
instead the book hit a companion on the head
Замість цього книга вдарила товариша по голові
the boy turned as white as a sheet
Хлопчик став білим, як простирадло
"Oh, mother! help, I am dying!"
— Ой, мамо! допоможіть, я вмираю!»
and he fell his whole length on the sand
І він упав на весь свій зріст на пісок
the boys must have thought he was dead
Хлопці, мабуть, думали, що він помер
and they ran off as fast as their legs could run
І вони тікали так швидко, як тільки могли бігти їхні ноги
in a few minutes they were out of sight
За кілька хвилин вони зникли з поля зору
But Pinocchio remained with the boy
Але Піноккіо залишився з хлопчиком
although he would have rather ran off too
Хоча він волів би теж втекти
because his fear was also great
Бо й страх у нього був великий
nevertheless, he ran over to the sea

Проте він побіг до моря
and he soaked his handkerchief in the water
І він змочив хустку свою у воді
he ran back to his poor school-fellow
Він побіг назад до свого бідолашного шкільного товариша
and he began to bathe his forehead
І він почав обмивати своє чоло
he cried bitterly in despair
Він гірко плакав у розпачі
and he kept calling him by name
І він постійно кликав його на ім'я
and he said many things to him:
І він багато йому сказав:
"Eugene! my poor Eugene!"
— Євгене! мій бідний Євген!»
"Open your eyes and look at me!"
— Розплющ очі і подивись на мене!
"Why do you not answer?"
— Чому ти не відповідаєш?
"I did not do it to you"
"Я не з тобою цього зробив"
"it was not I that hurt you so!"
— Не я тебе так образив!
"believe me, it was not me!"
— Повірте, це був не я!
"Open your eyes, Eugene"
«Розплющ очі, Євгене»
"If you keep your eyes shut I shall die, too"
«Якщо ти будеш заплющувати очі, я теж помру»
"Oh! what shall I do?"
— Отакої! Що мені робити?»
"how shall I ever return home?"
— Як же я повернуся додому?
"How can I ever have the courage to go back to my good mamma?"
"Як я можу мати сміливість повернутися до своєї доброї мами?"

"What will become of me?"
— Що зі мною станеться?
"Where can I fly to?"
«Куди я можу полетіти?»
"had I only gone to school!"
— Якби я тільки до школи ходив!
"Why did I listen to my companions?"
— Чому я послухав своїх товаришів?
"they have been my ruin"
«Вони були моєю руїною»
"The master said it to me"
"Це мені сказав господар"
"and my mamma repeated it often"
"І моя мама часто це повторювала"
'Beware of bad companions!'
«Остерігайтеся поганих товаришів!»
"Oh, dear! what will become of me?"
— Ой, дорогенька! Що станеться зі мною?»
And Pinocchio began to cry and sob
І Піноккіо почав плакати і ридати
and he struck his head with his fists
І він вдарив себе кулаками по голові
Suddenly he heard the sound of footsteps
Раптом він почув звук кроків
He turned and saw two soldiers
Він обернувся і побачив двох солдатів
"What are you doing there?"
— Що ти там робиш?
"why are you lying on the ground?"
— Чого ти лежиш на землі?
"I am helping my school-fellow"
"Я допомагаю своєму шкільному товаришу"
"Has he been hurt?"
— Він постраждав?
"It seems he has been hurt"
"Здається, він постраждав"
"Hurt indeed!" said one of them

«Справді боляче!» — сказав один із них
and he stooped down to examine Eugene closely
і він нахилився, щоб уважно розглянути Євгена
"This boy has been wounded on the head"
"Цей хлопчик отримав поранення в голову"
"Who wounded him?" they asked Pinocchio
«Хто його поранив?» — запитали у Піноккіо
"Not I," stammered the puppet breathlessly
— Не я, — заїкнулася маріонетка, затамувавши подих
"If it was not you, who then did it?"
— Якщо це був не ти, то хто тоді це зробив?
"Not I," repeated Pinocchio
— Не я, — повторив Піноккіо
"And with what was he wounded?"
— А чим він був поранений?
"he was hurt with this book"
"Йому було боляче від цієї книги"
And the puppet picked up from the ground his book
І лялька підняла з землі свою книжку
the Treatise on Arithmetic
«Трактат з арифметики»
and he showed the book to the soldier
І він показав книгу солдату
"And to whom does this belong?"
— А кому це належить?
"It belongs to me," answered Pinocchio, honestly
— Вона належить мені, — чесно відповів Піноккіо
"That is enough, nothing more is wanted"
"Цього досить, більше нічого не потрібно"
"Get up and come with us at once"
«Вставай і йди з нами негайно»
"But I..." Pinocchio tried to object
— А я... — спробував заперечити Піноккіо
"Come along with us!" they insisted
«Ходімо з нами!» — наполягали вони
"But I am innocent" he pleaded
"Але я невинний", — благав він

but they didn't listen. "Come along with us!"
Але вони не послухали. — Ходімо з нами!
Before they left, the soldiers called a passing fishermen
Перед тим, як піти, солдати викликали рибалку, що проходив повз
"We give you this wounded boy"
"Ми даємо вам цього пораненого хлопчика"
"we leave him in your care"
"Ми залишаємо його під вашою опікою"
"Carry him to your house and nurse him"
«Несіть його до себе додому і доглядайте за ним»
"Tomorrow we will come and see him"
"Завтра ми приїдемо до нього"
They then turned to Pinocchio
Тоді вони звернулися до Піноккіо
"Forward! and walk quickly"
"Вперед! і швидко ходити"
"or it will be the worse for you"
"Або буде гірше для тебе"
Pinocchio did not need to be told twice
Піноккіо не треба було розповідати двічі
the puppet set out along the road leading to the village
Лялька вирушила вздовж дороги, що вела до села
But the poor little Devil hardly knew where he was
Але бідолашний маленький Диявол ледве знав, де він
He thought he must be dreaming
Він подумав, що він, мабуть, мріє
and what a dreadful dream it was!
І який це був страшний сон!
He saw double and his legs shook
Він побачив двійника, і його ноги затремтіли
his tongue clung to the roof of his mouth
Його язик вчепився в піднебіння рота
and he could not utter a word
І він не міг вимовити ні слова
And yet, in the midst of his stupefaction and apathy
І все ж, серед його заціпеніння і апатії

his heart was pierced by a cruel thorn
Його серце було пронизане жорстокою колючкою
he knew where he had to walk past
Він знав, де йому треба пройти повз
under the windows of the good Fairy's house
під вікнами будиночка доброї Феї
and she was going see him with the soldiers
І вона йшла до нього з воїнами
He would rather have died
Він волів би померти
soon they reached the village
Невдовзі вони дійшли до села
a gust of wind blew Pinocchio's cap off his head
порив вітру зірвав з голови шапку Піноккіо
"Will you permit me?" said the puppet to the soldiers
«Ви мені дозволите?» — сказала маріонетка солдатам
"can I go and get my cap?"
— Можна я піду й візьму свою кепку?
"Go, then; but be quick about it"
— Тоді йди; Але не поспішайте"
The puppet went and picked up his cap
Лялька пішла і підняла шапку
but he didn't put the cap on his head
Але шапку на голову він не надів
he put the cap between his teeth
Він засунув ковпачок між зубами
and began to run as fast as he could
і почав бігти щодуху
he was running back towards the seashore!
Він біг назад до берега моря!
The soldiers thought it would be difficult to overtake him
Солдати думали, що його буде важко обігнати
so they sent after him a large mastiff
І послали за ним великого мастифа
he had won the first prizes at all the dog races
Він зайняв перші призові місця на всіх собачих перегонах
Pinocchio ran, but the dog ran faster

Піноккіо побіг, але пес побіг швидше
The people came to their windows
Люди підходили до своїх вікон
and they crowded into the street
І вони юрмилися на вулиці
they wanted to see the end of the desperate race
Вони хотіли побачити кінець відчайдушної гонки

Pinocchio Runs the Danger of being Fried in a Pan like a Fish

Піноккіо ризикує бути смаженим на сковороді, як риба

the race was not going well for the puppet
Перегони складалися не дуже вдало для маріонетки
and Pinocchio thought he had lost
і Піноккіо подумав, що програв
Alidoro, the mastiff, had run swiftly
Мастиф Алідоро швидко побіг
and he had nearly caught up with him
І він майже наздогнав його
the dreadful beast was very close behind him
Страшний звір був зовсім позаду нього
he could hear the panting of the dog
Він чув задишку собаки
there was not a hand's breadth between them
Між ними не було ні долоні
he could even feel the dog's hot breath
Він навіть відчував гаряче дихання собаки
Fortunately the shore was close
На щастя, берег був близько
and the sea was but a few steps off
А до моря було всього кілька кроків
soon they reached the sands of the beach
Незабаром вони дійшли до пісків пляжу
they got there almost at the same time
Вони потрапили туди майже одночасно

but the puppet made a wonderful leap
Але лялька зробила чудовий стрибок
a frog could have done no better
Жаба не могла зробити нічого кращого
and he plunged into the water
І він пірнув у воду
Alidoro, on the contrary, wished to stop himself
Алідоро, навпаки, хотів зупинити себе
but he was carried away by the impetus of the race
Але його захопив поштовх бігу
he also went into the sea
Він також увійшов у море
The unfortunate dog could not swim
Нещасний пес не вмів плавати
but he made great efforts to keep himself afloat
Але він докладав великих зусиль, щоб утриматися на плаву
and he swam as well as he could with his paws
І він плив лапами, як тільки міг
but the more he struggled the farther he sank
Але чим більше він боровся, тим далі занурювався
and soon his head was under the water
І незабаром його голова опинилася під водою
his head rose above the water for a moment
Його голова на мить піднялася над водою
and his eyes were rolling with terror
І очі його закочувалися від жаху
and the poor dog barked out:
І бідолашний пес гавкнув:
"I am drowning! I am drowning!"
"Я потопаю! Я потопаю!»
"Drown!" shouted Pinocchio from a distance
«Потонути!» — крикнув здалеку Піноккіо
he knew that he was in no more danger
Він знав, що йому більше нічого не загрожує
"Help me, dear Pinocchio!"
— Допоможи мені, любий Піноккіо!

"Save me from death!"
«Врятуй мене від смерті!»
in reality Pinocchio had an excellent heart
насправді Піноккіо мав чудове серце
he heard the agonizing cry from the dog
Він почув болісний крик собаки
and the puppet was moved with compassion
І лялька була зворушена співчуттям
he turned to the dog, and said:
Він обернувся до собаки і сказав:
"I will save you," said Pinocchio
— Я врятую тебе, — сказав Піноккіо
"but do you promise to give me no further annoyance?"
— Але ти обіцяєш більше не дратувати мене?
"I promise! I promise!" barked the dog
"Обіцяю! Обіцяю!» — гавкнув пес
"Be quick, for pity's sake"
«Будь швидким, заради жалю»
"if you delay another half-minute I shall be dead"
«Якщо ти затримаєшся ще на півхвилини, я буду мертвий»
Pinocchio hesitated for a moment
Піноккіо якусь мить завагався
but then he remembered what his father had often told him
Але потім він згадав про те, що йому часто говорив батько
"a good action is never lost"
«Добра дія ніколи не втрачається»
he quickly swam over to Alidoro
він швидко поплив до Алідоро
and took hold of his tail with both hands
і обома руками вхопився за хвіст
soon they were on dry land again
Незабаром вони знову опинилися на суші
and Alidoro was safe and sound
і Алідоро був цілим і неушкодженим
The poor dog could not stand
Бідолашний пес терпіти не міг

He had drunk a lot of salt water
Він випив багато солоної води
and now he was like a balloon
І тепер він був як повітряна куля
The puppet, however, didn't entirely trust him
Маріонетка, однак, не зовсім довіряла йому
he thought it more prudent to jump again into the water
Він вважав, що розсудливіше знову стрибнути у воду
he swam a little distance into the water
Він поплив трохи далеко у воду
and he called out to his friend he had rescued
І він гукнув до свого друга, якого врятував
"Good-bye, Alidoro; a good journey to you"
"До побачення, Алідоро; Гарної дороги до тебе"
"and take my compliments to all at home"
"І принесіть мої компліменти всім вдома"
"Good-bye, Pinocchio," answered the dog
— До побачення, Піноккіо, — відповів пес
"a thousand thanks for having saved my life"
«Тисяча подяк за те, що врятував моє життя»
"You have done me a great service"
«Ви зробили мені велику послугу»
"and in this world what is given is returned"
"І в цьому світі що дано, те повертається"
"If an occasion offers I shall not forget it"
«Якщо випаде нагода, я її не забуду»
Pinocchio swam along the shore
Піноккіо поплив уздовж берега
At last he thought he had reached a safe place
Нарешті він подумав, що дістався безпечного місця
so he gave a look along the shore
І він глянув уздовж берега
he saw amongst the rocks a kind of cave
Він побачив серед скель якусь печеру
from the cave there was a cloud of smoke
З печери йшла хмара диму
"In that cave there must be a fire"

«У тій печері мусить бути вогонь»
"So much the better," thought Pinocchio
«Тим краще», — подумав Піноккіо
"I will go and dry and warm myself"
"Я піду і висушу, і зігріюся"
"and then?" Pinocchio wondered
— А потім? — здивувався Піноккіо
"and then we shall see," he concluded
"А потім подивимося", - підсумував він
Having taken the resolution he swam landwards
Прийнявши резолюцію, він поплив на сушу
he was was about to climb up the rocks
Він збирався вилізти на скелі
but he felt something under the water
Але він відчув щось під водою
whatever it was rose higher and higher
Що б це не було, піднімалося все вище і вище
and it carried him into the air
І це піднесло його в повітря
He tried to escape from it
Він намагався втекти від неї
but it was too late to get away
Але було вже пізно тікати
he was extremely surprised when he saw what it was
Він був надзвичайно здивований, коли побачив, що це таке
he found himself enclosed in a great net
Він виявився замкненим у велику сітку
he was with a swarm of fish of every size and shape
Він був з роєм риб різного розміру і форми
they were flapping and struggling around
Вони махали руками і боролися
like a swarm of despairing souls
як рій зневірених душ
At the same moment a fisherman came out of the cave
У ту ж мить з печери вийшов рибалка
the fisherman was horribly ugly
Рибалка був жахливо негарний

and he looked like a sea monster
І він був схожий на морське чудовисько
his head was not covered in hair
Його голова не була вкрита волоссям
instead he had a thick bush of green grass
Натомість у нього був густий кущ зеленої трави
his skin was green and his eyes were green
Шкіра в нього була зелена, а очі зелені
and his long beard came down to the ground
І його довга борода спустилася на землю
and of course his beard was also green
І, звичайно ж, борода у нього теж була зелена
He had the appearance of an immense lizard
Він мав вигляд величезної ящірки
a lizard standing on its hind-paws
ящірка, що стоїть на задніх лапах

the fisherman pulled his net out of the sea
Рибалка витягнув свою сітку з моря
"Thank Heaven!" he exclaimed greatly satisfied
«Слава Богу!» — вигукнув він дуже задоволено
"Again today I shall have a splendid feast of fish!"
— Знову сьогодні я влаштую пишний бенкет з риби!
Pinocchio thought to himself for a moment
Піноккіо на мить подумав про себе
"What a mercy that I am not a fish!"
— Яке милосердя, що я не риба!
and he regained a little courage
І він знову набрався трохи сміливості
The netful of fish was carried into the cave
Сітку з рибою занесли в печеру
and the cave was dark and smoky
А в печері було темно і задимлено
In the middle of the cave was a large frying-pan
Посеред печери стояла велика сковорідка
and the frying-pan was full of oil
А сковорода була повна олії
there was a suffocating smell of mushrooms
Стояв задушливий запах грибів
but the fisherman was very excited
Але рибалка був дуже схвильований
"Now we will see what fish we have taken!"
— Зараз подивимося, яку рибу ми взяли!
and he put into the net an enormous hand
І він вклав у сітку величезну руку
his hand had the proportions of a baker's shovel
Його рука мала пропорції як лопата пекаря
and he pulled out a handful of fish
І він витяг жменю риби
"These fish are good!" he said
«Ці риби добрі!» — сказав він
and he smelled the fish complacently
І він самовдоволено понюхав рибу

And then he threw the fish into a pan without water
А потім кинув рибу в каструлю без води
He repeated the same operation many times
Він повторював одну і ту ж операцію багато разів
and as he drew out the fish his mouth watered
І коли він витяг рибу, у нього сльозилися вуста
and the Fisherman chuckled to himself
і Рибалка посміхнувся сам до себе
"What exquisite sardines I've caught!"
— Які вишукані сардини я спіймав!
"These mackerel are going to be delicious!"
«Ця скумбрія буде смачною!»
"And these crabs will be excellent!"
— А ці краби будуть чудові!
"What dear little anchovies they are!"
— Які ж це любі маленькі анчоуси!
The last to remain in the fisher's net was Pinocchio
Останнім у сітці рибалки залишився Піноккіо
his big green eyes opened with astonishment
Його великі зелені очі розплющилися від подиву
"What species of fish is this??"
"Що це за вид риб такий??"
"Fish of this kind I don't remember to have eaten"
"Я не пам'ятаю, щоб таку рибу їв"
And he looked at him again attentively
І він знову уважно подивився на нього
and he examined him well all over
І він добре оглянув його всюди
"I know: he must be a craw-fish"
"Я знаю: він, мабуть, рак"
Pinocchio was mortified at being mistaken for a craw-fish
Піноккіо був засмучений тим, що його прийняли за рака
"Do you take me for a craw-fish?"
— Ти мене береш за раків?
"that's no way to treat your guests!"
— Так не можна пригощати гостей!
"Let me tell you that I am a puppet"

«Дозвольте мені сказати вам, що я маріонетка»
"A puppet?" replied the fisherman
«Маріонетка?» — відповів рибалка
"then I must tell you the truth"
"Тоді я повинен сказати вам правду"
"a puppet is quite a new fish to me"
«Маріонетка – це зовсім нова риба для мене»
"but that is even better!"
— Але це ще краще!
"I shall eat you with greater pleasure"
«Я з'їм тебе з більшим задоволенням»
"you can eat me all you want"
"Ти можеш їсти мене скільки хочеш"
"but will you understand that I am not a fish?"
— Але чи зрозумієш ти, що я не риба?
"Do you not hear that I talk?"
— Хіба ти не чуєш, що я говорю?
"can you not see that I reason as you do?"
— Хіба ти не бачиш, що я міркую так, як ти?
"That is quite true," said the fisherman
— Це правда, — сказав рибалка
"you are indeed a fish with the talent of talking"
«Ти справді риба з талантом говорити»
"and you are a fish that can reason as I do"
«А ти – риба, яка може міркувати так само, як я»
"I must treat you with appropriate attention"
«Я повинен ставитися до вас з належною увагою»
"And what would this attention be?"
— А що б це була за увага?
"let me give you a token of my friendship"
«Дозвольте мені подарувати вам знак моєї дружби»
"and let me show my particular regard"
"І дозвольте мені виявити свою особливу повагу"
"I will let you choose how you would like to be cooked"
«Я дозволю тобі вибрати, як ти хочеш, щоб тебе готували»
"Would you like to be fried in the frying-pan?
"Чи хотіли б ви, щоб вас смажили на сковороді?

"or would you prefer to be stewed with tomato sauce?"
— А може, ви віддаєте перевагу тушкуванню з томатним соусом?
"let me tell you the truth," answered Pinocchio
— Дозвольте мені сказати вам правду, — відповів Піноккіо
"if I had to choose, I would like to be set free"
«Якби мені довелося вибирати, я хотів би бути звільненим»
"You are joking!" laughed the fisherman
«Ти жартуєш!» — засміявся рибалка
"why would I lose the opportunity to taste such a rare fish?"
«Чому я втрачаю можливість скуштувати таку рідкісну рибу?»
"I can assure you puppet fish are rare here"
"Можу вас запевнити, що лялькові риби тут рідкість"
"one does not catch a puppet fish every day"
«Не щодня ловлять лялькову рибу»
"Let me make the choice for you"
"Дозвольте мені зробити вибір за вас"
"you will be with the other fish"
"Ти будеш з іншими рибами"
"I will fry you in the frying-pan"
"Я буду смажити тебе на сковороді"
"and you will be quite satisfied"
"І ви будете цілком задоволені"
"It is always consolation to be fried in company"
«Завжди втіха бути смаженим у компанії»
At this speech the unhappy Pinocchio began to cry
При цій промові нещасний Піноккіо почав плакати
he screamed and implored for mercy
Він кричав і благав про пощаду
"How much better it would have been if I had gone to school!"
— Наскільки краще було б, якби я пішов до школи!
"I shouldn't have listened to my companions"
«Я не повинен був слухати своїх товаришів»
"and now I am paying for it"

"І тепер я за це розплачуюся"
And he wriggled like an eel
І він звивався, як вугор
and he made indescribable efforts to slip out
І він докладав невимовних зусиль, щоб вислизнути
but he was tight in clutches of the green fisherman
Але він був тугий в лапах зеленого рибалки
and all of Pinocchio's efforts were useless
і всі зусилля Піноккіо виявилися марними
the fisherman took a long strip of rush
Рибалка взяв довгу смугу поспіху
and he bound the puppets hands and feet
І він зв'язав лялькам руки і ноги
Poor Pinocchio was tied up like a sausage
Бідолашний Піноккіо був зав'язаний, як ковбаса
and he threw him into the pan with the other fish
І він кинув його на сковороду разом з іншими рибами
He then fetched a wooden bowl full of flour
Потім він приніс дерев'яну миску, наповнену борошном
and one by one he began to flour each fish
І одну за одною почав борошнити кожну рибину
soon all the little fish were ready
Незабаром всі рибки були готові
and he threw them into the frying-pan
І він кинув їх на сковорідку
The first to dance in the boiling oil were the poor whitings
Першими в киплячій олії танцювали бідні путасу
the crabs were next to follow the dance
Наступними за танцем йшли краби
and then the sardines came too
А потім з'явилися і сардини
and finally the anchovies were thrown in
І нарешті анчоуси кинули
at last it had come to Pinocchio's turn
нарешті дійшла черга до Піноккіо
he saw the horrible death waiting for him
Він бачив, яка жахлива смерть чекає на нього

and you can imagine how frightened he was
І ви можете уявити, як він злякався
he trembled violently and with great effort
Він тремтів несамовито і з великими зусиллями
and he had neither voice nor breath left for further entreaties
І в нього не залишилося ні голосу, ні подиху для подальших благань
But the poor boy implored with his eyes!
— благав бідний хлопчик очима!
The green fisherman, however, didn't care the least
Зелений рибалка, однак, анітрохи не переймався
and he plunged him five or six times in the flour
І він п'ять чи шість разів занурив його в борошно
finally he was white from head to foot
Нарешті він став білим з голови до ніг
and he looked like a puppet made of plaster
І він був схожий на маріонетку з гіпсу

Pinocchio Returns to the Fairy's House
Піноккіо повертається в будинок феї

Pinocchio was dangling over the frying pan
Піноккіо бовтався над сковородою
the fisherman was just about to throw him in
Рибалка саме збирався його кинути
but then a large dog entered the cave
Але тут в печеру зайшов великий пес
the dog had smelled the savoury odour of fried fish
Собака відчув пікантний запах смаженої риби
and he had been enticed into the cave
І він був заманений до печери
"Get out!" shouted the fisherman
«Забирайся геть!» — крикнув рибалка
he was holding the floured puppet in one hand
В одній руці він тримав присипану борошном ляльку
and he threatened the dog with the other hand

А другою рукою погрожував собаці
But the poor dog was as hungry as a wolf
Але бідний пес був голодний, як вовк
and he whined and wagged his tail
А він скиглив і виляв хвостом
if he could have talked he would have said:
Якби він міг говорити, то сказав би:
"Give me some fish and I will leave you in peace"
«Дай мені трохи риби, і я залишу тебе в спокої»
"Get out, I tell you!" repeated the fisherman
— Забирайся геть, кажу тобі, — повторив рибалка
and he stretched out his leg to give him a kick
І він витягнув ногу, щоб дати йому стусана
But the dog would not stand trifling
Але собака не терпіла б дрібниць
he was too hungry to be denied the food
Він був занадто голодний, щоб йому відмовили в їжі
he started growling at the fisherman
Він почав гарчати на рибалку
and he showed his terrible teeth
І він показав свої страшні зуби
At that moment a little feeble voice called out
У цю мить — гукнув ледь чутний голос
"Save me, Alidoro, please!"
— Врятуй мене, Алідоро, будь ласка!
"If you do not save me I shall be fried!"
— Якщо ти мене не врятуєш, я буду засмажчений!
The dog recognized Pinocchio's voice
Пес упізнав голос Піноккіо
all he saw was the floured bundle in the fisherman's hand
Все, що він побачив, це присипаний борошном згорток у руці рибалки
that must be where the voice had come from
Мабуть, саме звідти лунав голос
So what do you think he did?
Як ви думаєте, що він зробив?
Alidoro sprung up to the fisherman

Алідоро підскочив до рибалки
and he seized the bundle in his mouth
І він схопив клунок у свій рот
he held the bundle gently in his teeth
Він ніжно тримав згорток у зубах
and he rushed out of the cave again
І він знову вибіг з печери
and then he was gone like a flash of lightning
А потім він зник, як спалах блискавки
The fisherman was furious
Рибалка був розлючений
the rare puppet fish had been snatched from him
У нього вихопили рідкісну ляькову рибу
and he ran after the dog
І він побіг за собакою
he tried to get his fish back
Він намагався повернути свою рибу
but the fisherman did not run far
Але рибалка далеко не побіг
because he had been taken by a fit of coughing
Тому що його охопив напад кашлю

Alidoro ran almost to the village
Алідоро побіг майже до села
when he got to the path he stopped
Коли він вийшов на стежку, то зупинився
he put his friend Pinocchio gently on the ground
він обережно поклав свого друга Піноккіо на землю
"How much I have to thank you for!" said the puppet
«За що я маю тобі подякувати!» — сказала маріонетка
"There is no necessity," replied the dog
— Не треба, — відповів пес
"You saved me and I have now returned it"
«Ти мене врятував, а тепер я його повернув»
"You know that we must all help each other in this world"
«Ти знаєш, що ми всі повинні допомагати один одному в цьому світі»
Pinocchio was happy to have saved Alidoro
Піноккіо був щасливий, що врятував Алідоро
"But how did you get into the cave?"
— А як же ти потрапив у печеру?
"I was lying on the shore more dead than alive"
«Я лежав на березі більше мертвий, ніж живий»
"then the wind brought to me the smell of fried fish"
«Потім вітер приніс мені запах смаженої риби»
"The smell excited my appetite"
«Запах збудив апетит»
"and I followed my nose"
"І я пішла за своїм носом"
"If I had arrived a second later..."
— Якби я приїхав на секунду пізніше...
"Do not mention it!" sighed Pinocchio
«Не згадуйте про це!» – зітхнув Піноккіо
he was still trembling with fright
Він все ще тремтів від переляку
"I would be a fried puppet by now"
"Я вже був би смаженою маріонеткою"
"It makes me shudder just to think of it!"

«Я здригаюся від однієї думки про це!»
Alidoro laughed a little at the idea
Алідоро трохи посміявся над цією ідеєю
but he extended his right paw to the puppet
Але він простягнув праву лапу до маріонетки
Pinocchio shook his paw heartily
Піноккіо від душі потиснув лапою
and then they went their separate ways
А потім їхні шляхи розійшлися
The dog took the road home
Пес вирушив дорогою додому
and Pinocchio went to a cottage not far off
А Піноккіо пішов у хатину неподалік
there was a little old man warming himself in the sun
Там сидів маленький дідок, що грівся на сонечку
Pinocchio spoke to the little old man
— звернувся Піноккіо до маленького дідка
"Tell me, good man," he started
— Скажи мені, чоловіче добрий, — почав він
"do you know anything of a poor boy called Eugene?"
— Чи знаєте ви що-небудь про бідного хлопця на ім'я Женька?
"he was wounded in the head"
"Його поранили в голову"
"The boy was brought by some fishermen to this cottage"
"Хлопчика привели на цю дачу якісь рибалки"
"and now I do not know what happened to him"
"А тепер я не знаю, що з ним сталося"
"And now he is dead!" interrupted Pinocchio with great sorrow
«А тепер він мертвий!» — з великою скорботою перебив його Піноккіо
"No, he is alive," interrupted the fisherman
— Ні, він живий, — перебив його рибалка
"and he has been returned to his home"
"І він повернувся до свого дому"
"Is it true?" cried the puppet

«Це правда?» — вигукнула маріонетка
and Pinocchio danced with delight
А Піноккіо танцював від захвату
"Then the wound was not serious?"
— Тоді рана була несерйозна?
the little old man answered Pinocchio
— відповів маленький дідок Піноккіо
"It might have been very serious"
"Можливо, це було дуже серйозно"
"it could even have been fatal"
"Це могло бути навіть смертельно"
"they threw a thick book at his head"
«Йому в голову кинули товсту книгу»
"And who threw it at him?"
— А хто в нього кинув?
"One of his school-fellows, by the name of Pinocchio"
"Один з його шкільних товаришів, на ім'я Піноккіо"
"And who is this Pinocchio?" asked the puppet
«А хто цей Піноккіо?» – запитала маріонетка
and he pretended his ignorance as best he could
І він прикидався своїм невіглаством, як міг
"They say that he is a bad boy"
"Кажуть, що він поганий хлопчик"
"a vagabond, a regular good-for-nothing"
«Волоцюга, звичайний нікчема»
"Calumnies! all calumnies!"
"Наклепи! Всі наклепи!»
"Do you know this Pinocchio?"
— Ти знаєш цього Піноккіо?
"By sight!" answered the puppet
«На око!» — відповіла маріонетка
"And what is your opinion of him?" asked the little man
«А що ти про нього думаєш?» — запитав маленький чоловічок
"He seems to me to be a very good boy"
"Мені здається, він дуже хороший хлопчик"
"he is anxious to learn," added Pinocchio

— Він прагне вчитися, — додав Піноккіо

"and he is obedient and affectionate to his father and family"

«І він слухняний і ласкавий до свого батька і до сім'ї»

the puppet fired off a bunch of lies

Маріонетка випустила купу брехні

but then he remembered to touch his nose

Але потім він не забув доторкнутися до носа

his nose seemed to have grown by more than a hand

Його ніс, здавалося, виріс більше, ніж на руку

Very much alarmed he began to cry:

Дуже стривожений, він почав плакати:

"Don't believe me, good man"

"Не вір мені, добрий чоловіче"

"what I said were all lies"

"Те, що я сказав, було брехнею"

"I know Pinocchio very well"

"Я дуже добре знаю Піноккіо"

"and I can assure you that he is a very bad boy"

"І я можу вас запевнити, що він дуже поганий хлопчик"

"he is disobedient and idle"

«Він неслухняний і ледачий»

"instead of going to school, he runs off with his companions"

«Замість того, щоб іти до школи, він тікає зі своїми товаришами»

He had hardly finished speaking when his nose became shorter

Не встиг він закінчити говорити, як його ніс став коротшим

and finally his nose returned to the old size

І нарешті його ніс повернувся до колишніх розмірів

the little old man noticed the boys' colour

Маленький дідок помітив колір хлопців

"And why are you all covered with white?"

— А чого ви всі вкриті білим?

"I will tell you why," said Pinocchio

— Я скажу тобі чому, — сказав Піноккіо

"Without observing it I rubbed myself against a wall"
«Сам того не помічаючи, я потерся об стіну»
"little did I know that the wall had been freshly whitewashed"
«Я не знав, що стіна була свіжо побілена»
he was ashamed to confess the truth
Йому було соромно зізнатися в правді
in fact he had been floured like a fish
насправді він був присипаний борошном, як риба
"And what have you done with your jacket?"
— А що ти зробив зі своєю курткою?
"where are your trousers, and your cap?"
— А де ж твої штани і твоя кепка?
"I met some robbers on my journey"
«На своєму шляху я зустрів розбійників»
"and they took all my things from me"
«І вони забрали від мене всі мої речі»
"Good old man, I have a favour to ask"
«Добрий старий, я маю ласку попросити»
"could you perhaps give me some clothes to return home in?"
— Чи не могли б ви дати мені якийсь одяг, щоб я повернувся додому?
"My boy, I would like to help you"
"Мій хлопчику, я хотів би тобі допомогти"
"but I have nothing but a little sack"
"Але в мене немає нічого, крім маленького мішка"
"it is but a sack in which I keep beans"
«Це лише мішок, в якому я зберігаю боби»
"but if you have need of it, take it"
«Але якщо вам це потрібно, беріть»
Pinocchio did not wait to be asked twice
Піноккіо не дочекався, коли його попросять двічі
He took the sack at once
Він одразу взяв мішок
and he borrowed a pair of scissors
І він позичив ножиці

and he cut a hole at the end of the sack
І він зробив дірку на кінці мішка
at each side, he cut out small holes for his arms
З кожного боку він вирізав маленькі отвори для рук
and he put the sack on like a shirt
І він одягнув мішок, як сорочку
And with his new clothing he set off for the village
І в новому одязі він вирушив у село
But as he went he did not feel at all comfortable
Але коли він ішов, то відчував себе зовсім не комфортно
for each step forward he took another step backwards
За кожен крок вперед він робив ще один крок назад
"How shall I ever present myself to my good little Fairy?"
— Як же я з'явлюся перед своєю доброю маленькою Феєю?
"What will she say when she sees me?"
— Що вона скаже, коли побачить мене?
"Will she forgive me this second escapade?"
— Чи пробачить вона мені цю другу ескападу?
"Oh, I am sure that she will not forgive me!"
— О, я впевнений, що вона мені цього не пробачить!
"And it serves me right, because I am a rascal"
"І це мені вірно, тому що я негідник"
"I am always promising to correct myself"
«Я завжди обіцяю виправитися»
"but I never keep my word!"
— Але я ніколи не дотримуюся свого слова!
When he reached the village it was night
Коли він дійшов до села, була ніч
and it had gotten very dark
І вже дуже стемніло
A storm had come in from the shore
З берега налетів шторм
and the rain was coming down in torrents
І дощ лив потоками
he went straight to the Fairy's house
він попрямував прямо до будиночка Феї
he was resolved to knock at the door

Він вирішив постукати у двері
But when he was there his courage failed him
Але коли він був там, його відвага підвела
instead of knocking he ran away some twenty paces
Замість того, щоб постукати, він втік кроків на двадцять
He returned to the door a second time
Він повернувся до дверей вдруге
and he held the door knocker in his hand
І він тримав у руці стукільник у двері
trembling, he gave a little knock at the door
Тремтячи, він трохи постукав у двері
He waited and waited for his mother to open the door
Він чекав і чекав, коли мама відчинить двері
Pinocchio must have waited no less than half an hour
Піноккіо, мабуть, чекав не менше півгодини
At last a window on the top floor was opened
Нарешті відчинилося вікно на верхньому поверсі
the house was four stories high
Будинок був чотириповерховий
and Pinocchio saw a big Snail
і Піноккіо побачив великого Равлика
it had a lighted candle on her head to look out
На голові у неї була запалена свічка, щоб визирати назовні
"Who is there at this hour?"
— Хто там у цю годину?
"Is the Fairy at home?" asked the puppet
«Фея вдома?» — запитала лялька
"The Fairy is asleep," answered the snail
— Фея спить, — відповів равлик
"and she must not be awakened"
"І її не можна будити"
"but who are you?" asked the Snail
«А хто ж ти такий?» — запитав Равлик
"It is I," answered Pinocchio
— Це я, — відповів Піноккіо
"Who is I?" asked the Snail
«Хто я?» — запитав Равлик

"It is I, Pinocchio," answered Pinocchio

— Це я, Піноккіо, — відповів Піноккіо

"And who is Pinocchio?" asked the Snail

«А хто такий Піноккіо?» — запитав Равлик

"The puppet who lives in the Fairy's house"

«Лялька, яка живе в будинку Феї»

"Ah, I understand!" said the Snail

— А, розумію, — сказав Равлик

"Wait for me there"

"Чекай мене там"

"I will come down and open the door"

«Я зійду і відкрию двері»

"Be quick, for pity's sake"

«Будь швидким, заради жалю»

"because I am dying of cold"

«Тому що я вмираю від холоду»

"My boy, I am a snail"

"Мій хлопчику, я - равлик"

"and snails are never in a hurry"

«А равлики ніколи нікуди не поспішають»

An hour passed, and then two

Минула година, а потім дві

and the door was still not opened

А двері все одно не відчинили

Pinocchio was wet through and through

Піноккіо був мокрий наскрізь

and he was trembling from cold and fear

І він тремтів від холоду і страху

at last he had the courage to knock again

Нарешті йому вистачило сміливості постукати знову

this time he knocked louder than before

Цього разу він постукав голосніше, ніж раніше

At this second knock a window on the lower story opened

У цей секундний стукіт вікно на нижньому поверсі відчинилося

and the same Snail appeared at the window

і той самий Равлик з'явився у вікні

"Beautiful little Snail," cried Pinocchio
— Прекрасна маленька Равлик, — вигукнув Піноккіо
"I have been waiting for two hours!"
— Я чекав дві години!
"two hours on such a night seems longer than two years"
«Дві години в таку ніч здається довшим за два роки»
"Be quick, for pity's sake"
«Будь швидким, заради жалю»
"My boy," answered the calm little animal
— Мій хлопчику, — відповіло спокійне маленьке звірятко
"you know that I am a snail"
"Ти знаєш, що я - равлик"
"and snails are never in a hurry"
«А равлики ніколи нікуди не поспішають»
And the window was shut again
І вікно знову було зачинене
Shortly afterwards midnight struck
Невдовзі після цього настала північ
then one o'clock, then two o'clock
То одна година, то друга година
and the door still remained unopened
А двері все ще залишалися невідчиненими
Pinocchio finally lost all patience
Піноккіо остаточно втратив будь-який терпець
he seized the door knocker in a rage
Він у люті схопив стукіна у двері
he intended bang the door as hard as he could
Він мав намір грюкнути дверима так сильно, як тільки міг
a blow that would resound through the house
Удар, який лунав би по всьому будинку
the door knocker was made from iron
Дверний молоток був виготовлений із заліза
but suddenly it turned into an eel
Але раптом він перетворився на вугра
and the eel slipped out of Pinocchio's hand
і вугор вислизнув з рук Піноккіо
down the street was a stream of water

Вниз по вулиці протікав струмінь води
and the eel disappeared down the stream
І вугор зник за течією
Pinocchio was blinded with rage
Піноккіо був засліплений люттю
"Ah! so that's the way it is?"
— Ах! Так воно і є?
"then I will kick with all my might"
"Тоді я буду бити ногами з усієї сили"
Pinocchio took a little run up to the door
Піноккіо трохи підбіг до дверей
and he kicked the door with all his might
І він щосили вибив двері
it was indeed a mighty strong kick
Це дійсно був могутній сильний удар
and his foot went through the door
І його нога увійшла в двері
Pinocchio tried to pull his foot out
Піноккіо спробував витягнути ногу
but then he realized his predicament
Але потім він зрозумів своє скрутне становище
it was as if his foot had been nailed down
Наче його ногу прибили цвяхами
Think of poor Pinocchio's situation!
Подумайте про ситуацію бідолашного Піноккіо!
He had to spend the rest of the night on one foot
Решту ночі йому довелося провести на одній нозі
and the other foot was in the air
а друга нога була в повітрі
after many hours daybreak finally came
Через багато годин нарешті настав світанок
and at last the door was opened
І нарешті двері відчинилися
it had only taken the Snail nine hours
Равлику знадобилося лише дев'ять годин
he had come all the way from the fourth story
Він пройшов весь шлях з четвертого поверху

- 228 -

It is evident that her exertions must have been great
Очевидно, що її зусилля мали бути великими
but she was equally confused by Pinocchio
але її так само збентежив Піноккіо
"What are you doing with your foot in the door?"
— Що ти робиш ногою в двері?
"It was an accident," answered the puppet
— Це був нещасний випадок, — відповіла маріонетка
"oh beautiful snail, please help me"
"О, прекрасна равлик, будь ласка, допоможи мені"
"try and get my foot out the door"
«Спробуй висунути ногу за двері»
"My boy, that is the work of a carpenter"
«Хлопчику мій, це робота столяра»
"and I have never been a carpenter"
"А я ніколи не був теслею"
"in that case please get the Fairy for me!"
— У такому разі, будь ласка, візьми для мене Фею!
"The Fairy is still asleep"
"Фея ще спить"
"and she must not be awakened"
"І її не можна будити"
"But what can I do with me foot stuck in the door?"
— Але що я можу зробити зі своєю ногою, що застрягла в дверях?
"there are many ants in this area"
"У цій місцевості багато мурах"
"Amuse yourself by counting all the little ants"
«Розважся, рахуючи всіх маленьких мурашок»
"Bring me at least something to eat"
«Принесіть мені хоч щось поїсти»
"because I am quite exhausted and hungry"
"Тому що я досить виснажений і голодний"
"At once," said the Snail
— Одразу, — сказав Равлик
it was in fact almost as fast as she had said
Насправді це було майже так швидко, як вона сказала

after three hours she returned to Pinocchio
через три години вона повернулася до Піноккіо
and on her head was a silver tray
А на голові в неї була срібна таця
The tray contained a loaf of bread
На таці лежала буханка хліба
and there was a roast chicken
І була запечена курка
and there were four ripe apricots
А стиглих абрикосів було чотири
"Here is the breakfast that the Fairy has sent you"
«Ось сніданок, який тобі прислала Фея»
these were all things Pinocchio liked to eat
це все те, що любив їсти Піноккіо
The puppet felt very much comforted at the sight
Лялька відчула велику втіху, побачивши
But then he began to eat the food
Але потім він почав їсти їжу
and he was most disgusted by the taste
І найбільше йому було огидно від смаку
he discovered that the bread was plaster
Він виявив, що хліб був гіпсовим
the chicken was made of cardboard
Курча був зроблений з картону
and the four apricots were alabaster
А чотири абрикоси були алебастровими
Poor Pinocchio wanted to cry
Бідному Піноккіо хотілося плакати
In his desperation he tried to throw away the tray
У розпачі він намагався викинути тацю
perhaps it was because of his grief
Можливо, це сталося через його горе
or it could have been that he was exhausted
А могло бути, що він був виснажений
and the little puppet fainted from the effort
І маленька маріонетка знепритомніла від цього зусилля
eventually he regained consciousness

Врешті-решт він прийшов до тями
and he found that he was lying on a sofa
І виявив, що лежить на дивані
and the good Fairy was beside him
А поруч з ним була добра Фея
"I will pardon you once more," the Fairy said
– Я ще раз пробачу тобі, – сказала Фея
"but woe to you if you behave badly a third time!"
— Але горе тобі, якщо ти втретє поведеш себе погано!
Pinocchio promised and swore that he would study
Піноккіо пообіцяв і поклявся, що буде вчитися
and he swore he would always conduct himself well
І він поклявся, що завжди буде вести себе добре
And he kept his word for the remainder of the year
І він дотримувався свого слова до кінця року
Pinocchio got very good grades at school
Піноккіо отримував дуже хороші оцінки в школі
and he had the honour of being the best student
І йому випала честь бути найкращим учнем
his behaviour in general was very praiseworthy
Його поведінка в цілому заслуговувала на похвалу
and the Fairy was very much pleased with him
і Фея була ним дуже задоволена
"Tomorrow your wish shall be gratified"
"Завтра твоє бажання буде виконано"
"what wish was that?" asked Pinocchio
«Що це за бажання було?» — запитав Піноккіо
"Tomorrow you shall cease to be a wooden puppet"
«Завтра ти перестанеш бути дерев'яною маріонеткою»
"and you shall finally become a boy"
"І ти нарешті станеш хлопчиком"
you could not have imagined Pinocchio's joy
ви не могли уявити собі радість Піноккіо
and Pinocchio was allowed to have a party
і Піноккіо дозволили влаштувати вечірку
All his school-fellows were to be invited
Мали бути запрошені всі його шкільні товариші

there would be a grand breakfast at the Fairy's house
був би грандіозний сніданок у будиночку Феї
together they would celebrate the great event
Разом вони святкуватимуть велику подію
The Fairy had prepared two hundred cups of coffee and milk
Фея приготувала двісті чашок кави з молоком
and four hundred rolls of bread were cut
І порізали чотириста булок хліба
and all the bread was buttered on each side
І весь хліб був змащений маслом з обох боків
The day promised to be most happy and delightful
День обіцяв бути найщасливішим і найприємнішим
but...
Але...
Unfortunately in the lives of puppets there is always a "but" that spoils everything
На жаль, в житті маріонеток завжди є «але», яке все псує

The Land of the Boobie Birds
Країна птахів-олуш

Of course Pinocchio asked the Fairy's permission
Звичайно ж, Піноккіо попросив дозволу у Феї
"may I go round the town to give out the invitations?"
— А можна я пройдуся по місту, щоб роздати запрошення?
and the Fairy said to him:
І Фея сказала йому:
"Go, if you like, you have my permission"
"Ідіть, якщо хочете, у вас є мій дозвіл"
"invite your companions for the breakfast tomorrow"
«Запросіть своїх товаришів на сніданок завтра»
"but remember to return home before dark"
"Але не забудьте повернутися додому до настання темряви"

"Have you understood?" she checked
«Ти зрозумів?» — перевірила вона
"I promise to be back in an hour"
"Обіцяю повернутися за годину"
"Take care, Pinocchio!" she cautioned him
«Бережи себе, Піноккіо!» — попередила вона його
"Boys are always very ready to promise"
«Хлопчики завжди дуже готові обіцяти»
"but generally boys struggle to keep their word"
«Але загалом хлопчикам важко тримати своє слово»
"But I am not like other boys"
"Але я не такий, як інші хлопці"
"When I say a thing, I do it"
«Коли я щось кажу, я це роблю»
"We shall see if you will keep your promise"
«Подивимося, чи дотримаєшся ти своєї обіцянки»
"If you are disobedient, so much the worse for you"
«Якщо ти неслухняний, тим гірше для тебе»
"Why would it be so much the worse for me?"
«Чому це може бути набагато гірше для мене?»
"there are boys who do not listen to the advice"
«Є хлопчики, які не прислухаються до порад»
"advice from people who know more than them"
«Поради від людей, які знають більше за них»
"and they always meet with some misfortune or other"
"І вони завжди зустрічаються з тим чи іншим нещастям"
"I have experienced that," said Pinocchio
— Я пережив це, — сказав Піноккіо
"but I shall never make that mistake again"
"Але я ніколи більше не зроблю цієї помилки"
"We shall see if that is true"
«Подивимося, чи це правда»
and the puppet took leave of his good Fairy
І лялька покинула свою добру Фею
the good Fairy was now like a mamma to him
добра Фея тепер була для нього як мама
and he went out of the house singing and dancing

І вийшов він з хати, співаючи та танцюючи
In less than an hour all his friends were invited
Не минуло й години, як запросили всіх його друзів
Some accepted at once heartily
Дехто прийняв одразу від щирого серця
others at first required some convincing
Інші спочатку вимагали певної переконливості
but then they heard that there would be coffee
Але потім почули, що буде кава
and the bread was going to be buttered on both sides
І хліб збирався змастити маслом з обох сторін
"We will come also, to do you a pleasure"
«І ми прийдемо, щоб зробити вам задоволення»

Now I must tell you that Pinocchio had many friends
Тепер я повинен сказати вам, що у Піноккіо було багато друзів
and there were many boys he went to school with
І було багато хлопців, з якими він ходив до школи
but there was one boy he especially liked
Але був один хлопчик, який йому особливо подобався
This boy's name was Romeo
Цього хлопчика звали Ромео
but he always went by his nickname
Але він завжди мав своє прізвисько
all the boys called him Candle-wick
всі хлопчаки називали його Свічник-гніт
because he was so thin, straight and bright
Тому що він був такий худий, прямий і яскравий
like the new wick of a little nightlight
як новий гніт маленького нічника
Candle-wick was the laziest of the boys
Свічник-гніт був найлінивішим з хлопців
and he was naughtier than the other boys too
І він теж був неслухнянішим за інших хлопців
but Pinocchio was devoted to him
але Піноккіо був відданий йому
he had gone to Candle-wick's house before the others
він пішов до будинку Свічник-гніта раніше за інших
but he had not found him
Але він не знайшов його
He returned a second time, but Candle-wick was not there
Він повернувся вдруге, але Свічник-Гніта там не було
He went a third time, but it was in vain
Він пішов втретє, але даремно
Where could he search for him?
Де він міг його шукати?
He looked here, there, and everywhere
Він дивився сюди, туди, скрізь
and at last he found his friend Candle-wick
і нарешті він знайшов свого друга Свічника-гніт

he was hiding on the porch of a peasant's cottage
Він переховувався на ґанку селянської хати
"What are you doing there?" asked Pinocchio
«Що ти там робиш?» — запитав Піноккіо
"I am waiting for midnight"
"Я чекаю півночі"
"I am going to run away"
"Я збираюся втекти"
"And where are you going?"
— А куди ти йдеш?
"I am going to live in another country"
"Я збираюся жити в іншій країні"
"the most delightful country in the world"
"Найчудовіша країна у світі"
"a real land of sweetmeats!"
«Справжня країна солодощів!»
"And what is it called?"
— А як воно називається?
"It is called the Land of Boobies"
«Її називають Країною олуш»
"Why do you not come, too?"
— А чому й ти не приходиш?
"I? No, even if I wanted to!"
— Я? Ні, навіть якби я цього хотів!»
"You are wrong, Pinocchio"
"Ти помиляєшся, Піноккіо"
"If you do not come you will repent it"
"Якщо ви не прийдете, ви покаєтеся"
"Where could you find a better country for boys?"
— А де можна знайти кращу країну для хлопців?
"There are no schools there"
"Там немає шкіл"
"there are no masters there"
"Там немає майстрів"
"and there are no books there"
"А книжок там немає"
"In that delightful land nobody ever studies"

«У тій чудовій країні ніхто ніколи не вчиться»
"On Saturday there is never school"
"У суботу немає школи"
"every week consists of six Saturdays"
«кожен тиждень складається з шести суботи»
"and the remainder of the week are Sundays"
"А решта тижня – це неділі"
"think of all the time there is to play"
«Подумайте про весь час, який є для гри»
"the autumn holidays begin on the first of January"
«Осінні канікули починаються першого січня»
"and they finish on the last day of December"
"А закінчують вони в останній день грудня"
"That is the country for me!"
— Це для мене країна!
"That is what all civilized countries should be like!"
«Саме такими мають бути всі цивілізовані країни!»
"But how are the days spent in the Land of Boobies?"
— А як минають дні, проведені в Країні Олуш?
"The days are spent in play and amusement"
«Дні проходять у грі та розвагах»
"you enjoy yourself from morning till night"
«Ти насолоджуєшся з ранку до ночі»
"and when night comes you go to bed"
«А коли настає ніч, ти лягаєш спати»
"and then you recommence the fun the next day"
"А потім ви знову починаєте веселощі на наступний день"
"What do you think of it?"
— Що ти про це думаєш?
"Hum!" said Pinocchio thoughtfully
«Гм!» — задумливо сказав Піноккіо
and he shook his head slightly
І він злегка похитав головою
the gesture did seem to say something
Цей жест, здавалося, щось говорив
"That is a life that I also would willingly lead"
"Це життя, яке я також охоче вів би"

but he had not accepted the invitation yet
Але він ще не прийняв запрошення
"Well, will you go with me?"
— Ну що, підеш зі мною?
"Yes or no? Resolve quickly"
"Так чи ні? Швидко вирішуйте"
"No, no, no, and no again"
"Ні, ні, ні і ще раз ні"
"I promised my good Fairy to be good boy"
«Я обіцяв своїй добрій Феї бути хорошим хлопчиком»
"and I will keep my word"
"І я дотримаюся свого слова"
"the sun will soon be setting"
«Скоро сонце зайде»
"so I must leave you and run away"
"Тому я мушу покинути тебе і втекти"
"Good-bye, and a pleasant journey to you"
"До побачення, і приємної вам подорожі"
"Where are you rushing off to in such a hurry?"
— Куди ти так поспішаєш поспішати?
"I am going home," said Pinocchio
— Я йду додому, — сказав Піноккіо
"My good Fairy wishes me to be back before dark"
«Моя добра фея бажає мені повернутися до настання темряви»
"Wait another two minutes"
"Зачекайте ще дві хвилини"
"It will make me too late"
"Мені буде пізно"
"Only two minutes," Candle-wick pleaded
— Лише дві хвилини, — благав Свічник-гніт
"And if the Fairy scolds me?"
— А якщо Фея мене лає?
"Let her scold you," he suggested
— Хай вона тебе лає, — запропонував він
Candle-wick was quite a persuasive rascal
Свічник-гніт був досить переконливим пройдисвітом

- 238 -

"When she has scolded well she will hold her tongue"
«Коли вона добре полаяла, вона буде тримати язика за зубами»
"And what are you going to do?"
— А що ти будеш робити?
"Are you going alone or with companions?"
— Ти йдеш сам чи з товаришами?
"oh don't worry about that Pinocchio"
"Ой, не хвилюйся за того Піноккіо"
"I will not be alone in the Land of Boobies"
«Я не буду самотній у Країні Олуш»
"there will be more than a hundred boys"
"Хлопців буде більше ста"
"And do you make the journey on foot?"
— А ви подорожуєте пішки?
"A coach will pass by shortly"
"Скоро повз пройде тренер"
"the carriage will take me to that happy country"
«Карета відвезе мене в ту щасливу країну»
"What would I not give for the coach to pass by now!"
— Чого б я не дав за тепер, щоб тренер проходив повз!
"Why do you want the coach to come by so badly?"
— Чому ти хочеш, щоб тренер так погано прийшов?
"so that I can see you all go together"
"Щоб я міг бачити, як ви всі йдете разом"
"Stay here a little longer, Pinocchio"
«Побудь тут ще трохи, Піноккіо»
"stay a little longer and you will see us"
"Затримайтеся ще трохи, і ви нас побачите"
"No, no, I must go home"
"Ні, ні, я мушу йти додому"
"just wait another two minutes"
"Просто зачекайте ще дві хвилини"
"I have already delayed too long"
"Я вже занадто довго зволікав"
"The Fairy will be anxious about me"
«Фея буде хвилюватися за мене»

"Is she afraid that the bats will eat you?"
— Вона боїться, що кажани тебе з'їдять?
Pinocchio had grown a little curious
Піноккіо трохи зацікавився
"are you certain that there are no schools?"
— Ти впевнений, що шкіл немає?
"there is not even the shadow of a school"
«Немає навіть тіні школи»
"And are there no masters either?"
— А панів теж нема?
"the Land of the Boobies is free of masters"
«Країна олуш вільна від панів»
"And no one is ever made to study?"
— І нікого ніколи не змушують вчитися?
"Never, never, and never again!"
«Ніколи, ніколи і ніколи знову!»
Pinocchio's mouth watered at the idea
У Піноккіо сльозилися від цієї думки
"What a delightful country!" said Pinocchio
«Яка чудова країна!» — сказав Піноккіо
"I have never been there," said Candle-wick
— Я там ніколи не був, — сказав Свічник-гніт
"but I can imagine it perfectly well"
"але я чудово це уявляю"
"Why will you not come also?"
— Чому й ти не прийдеш?
"It is useless to tempt me"
«Марно мене спокушати»
"I made a promise to my good Fairy"
«Я дав обіцянку своїй добрій Феї»
"I will become a sensible boy"
«Я стану розсудливим хлопчиком»
"and I will not break my word"
"І я не порушу свого слова"
"Good-bye, then," said Candle-wick
— Тоді до побачення, — сказав Свічник-гніт
"give my compliments to all the boys at school"

«Робіть компліменти всім хлопцям у школі»
"Good-bye, Candle-wick; a pleasant journey to you"
— До побачення, Свічко-Гніте; Приємної вам подорожі"
"amuse yourself in this pleasant land"
«Розважайтеся в цьому приємному краї»
"and think sometimes of your friends"
"І думай іноді про своїх друзів"
Thus saying, the puppet made two steps to go
Сказавши це, маріонетка зробила два кроки, щоб іти
but then he stopped halfway in his track
Але потім він зупинився на півдорозі на своєму шляху
and, turning to his friend, he inquired:
І, обернувшись до свого друга, запитав:
"But are you quite certain about all this?"
— Але чи ви цілком впевнені в усьому цьому?
"in that country all the weeks consist of six Saturdays?"
— У тій країні всі тижні складаються з шести суботи?
"and the rest of the week consists of Sundays?"
— А решта тижня складається з неділі?
"all the weekdays most certainly consist of six Saturdays"
«Всі будні дні напевно складаються з шести суботи»
"and the rest of the days are indeed Sundays"
"А решта днів справді є неділями"
"and are you quite sure about the holidays?"
— А ви цілком впевнені щодо свят?
"the holidays definitely begin on the first of January?"
"Канікули точно починаються першого січня?"
"and you're sure the holidays finish on the last day of December?"
— А ти впевнений, що канікули закінчуються в останній день грудня?
"I am assuredly certain that this is how it is"
"Я впевнений, що так воно і є"
"What a delightful country!" repeated Pinocchio
«Яка чудова країна!» — повторив Піноккіо
and he was enchanted by all that he had heard
І він був зачарований усім, що чув

this time Pinocchio spoke more resolute
цього разу Піноккіо говорив рішучіше
"This time really good-bye"
"Цього разу справді до побачення"
"I wish you pleasant journey and life"
«Бажаю приємної подорожі та життя»
"Good-bye, my friend," bowed Candle-wick
— До побачення, друже мій, — вклонився Свічник-Гніт
"When do you start?" inquired Pinocchio
«Коли ти починаєш?» — поцікавився Піноккіо
"I will be leaving very soon"
"Я дуже скоро поїду"
"What a pity that you must leave so soon!"
— Як шкода, що ти мусиш так швидко піти!
"I would almost be tempted to wait"
«Мені майже довелося б чекати»
"And the Fairy?" asked Candle-wick
«А Фея?» — запитав Свічник-Гніт
"It is already late," confirmed Pinocchio
— Уже пізно, — підтвердив Піноккіо
"I can return home an hour sooner"
«Я можу повернутися додому на годину раніше»
"or I can return home an hour later"
"або я можу повернутися додому на годину пізніше"
"really it will be all the same"
"Дійсно все буде однаково"
"but what if the Fairy scolds you?"
— А раптом Фея насварить тебе?
"I must have patience!"
— Мені треба набратися терпіння!
"I will let her scold me"
"Я дозволю їй лаяти мене"
"When she has scolded well she will hold her tongue"
«Коли вона добре полаяла, вона буде тримати язика за зубами»
In the meantime night had come on
А тим часом настала ніч

and by now it had gotten quite dark
І вже зовсім стемніло
Suddenly they saw in the distance a small light moving
Раптом вони побачили вдалині маленький вогник, що рухався

they heard a noise of talking
Вони почули гомін розмови
and there was the sound of a trumpet
І почувся звук сурми
but the sound was still small and feeble
Але звук все одно був слабким і слабким
so the sound still resembled the hum of a mosquito
Так що звук все одно нагадував гул комара
"Here it is!" shouted Candle-wick, jumping to his feet
«Ось воно!» — крикнув Свічник, схоплюючись на ноги
"What is it?" asked Pinocchio in a whisper

«Що це таке?» — пошепки запитав Піноккіо
"It is the carriage coming to take me"
«Це карета їде за мною»
"so will you come, yes or no?"
— То ти прийдеш, так чи ні?
"But is it really true?" asked the puppet
«Але чи так це насправді?» — запитала маріонетка
"in that country boys are never obliged to study?"
— У тій сільській місцевості хлопців ніколи не зобов'язують вчитися?
"Never, never, and never again!"
«Ніколи, ніколи і ніколи знову!»
"What a delightful country!"
— Яка чудова країна!

Pinocchio Enjoys Six Months of Happiness
Піноккіо насолоджується півріччям щастя

At last the wagon finally arrived
Нарешті фургон прибув
and it arrived without making the slightest noise
І прилетів він, не видаючи ні найменшого шуму
because its wheels were bound with flax and rags
Бо його колеса були пов'язані льоном і ганчір'ям
It was drawn by twelve pairs of donkeys
Його запрягали дванадцять пар ослів
all the donkeys were the same size
Всі віслюки були однакового розміру
but each donkey was a different colour
Але кожен осел був різного кольору
Some of the donkeys were gray
Деякі з ослів були сірі
and some of the donkeys were white
А деякі з осликів були білі
and some donkeys were brindled like pepper and salt
А деякі осли були тигрові, як перець і сіль

and other donkeys had large stripes of yellow and blue
а в інших ослів були великі смуги жовтого і синього кольорів

But there was something most extraordinary about them
Але було в них щось надзвичайне

they were not shod like other beasts of burden
Вони не були взуті, як інші в'ючні тварини

on their feet the donkeys had men's boots
На ногах у віслюків були чоловічі чоботи

"And the coachman?" you may ask
«А кучер?» — запитаєте ви

Picture to yourself a little man broader than long
Уявіть собі маленького чоловічка ширше, ніж довге

flabby and greasy like a lump of butter
в'ялий і жирний, як грудка вершкового масла

with a small round face like an orange
з маленьким круглим, як у апельсина, личком

a little mouth that was always laughing
маленький рот, який завжди сміявся

and a soft, caressing voice of a cat
і м'який, ласкавий голос кішки

All the boys fought for their place in the coach
Усі хлопці боролися за своє місце у тренерському складі

they all wanted to be conducted to the Land of Boobies
всі вони хотіли, щоб їх провели в Країну Олуш

The carriage was, in fact, quite full of boys
Карета була, власне, досить повна хлопчаків

and all the boys were between eight and fourteen years
А всім хлопцям було від восьми до чотирнадцяти років

the boys were heaped one upon another
Хлопців навалили один на одного

just like herrings are squeezed into a barrel
Так само, як оселедці видавлюються в бочку

They were uncomfortable and packed closely together
Вони почувалися незручно і тісно прибилися один до одного

and they could hardly breathe

І вони ледве дихали
but not one of the boys thought of grumbling
Але нікому з хлопчаків і на думку не спадало бурчати
they were consoled by the promises of their destination
Вони були потішені обіцянками пункту призначення
a place with no books, no schools, and no masters
Місце, де немає ні книжок, ні шкіл, ні майстрів
it made them so happy and resigned
Це зробило їх такими щасливими і вони пішли у відставку
and they felt neither fatigue nor inconvenience
І вони не відчували ні втоми, ні незручностей
neither hunger, nor thirst, nor want of sleep
Ні голоду, ні спраги, ні нестачі сну
soon the wagon had reached them
Незабаром віз доїхав до них
the little man turned straight to Candle-wick
маленький чоловічок обернувся просто до Свічника-Гніту
he had a thousand smirks and grimaces
У нього була тисяча посмішок і гримас
"Tell me, my fine boy;"
— Розкажи мені, мій добрий хлопчику!
"would you also like to go to the fortunate country?"
— Чи хотіли б ви теж поїхати в цю щасливу країну?
"I certainly wish to go"
"Я, звичайно, хочу йти"
"But I must warn you, my dear child"
"Але я мушу попередити тебе, моя люба дитино"
"there is not a place left in the wagon"
"У вагоні не залишилося місця"
"You can see for yourself that it is quite full"
"Ви самі бачите, що він досить заповнений"
"No matter," replied Candle-wick
— Байдуже, — відповів Свічник-Гніт
"I do not need to sit in the wagon"
"Мені не потрібно сидіти у вагоні"
"I will sit on the arch of the wheel"
"Я сяду на арку колеса"

And with a leap he sat above the wheel
І стрибком сів вище керма
"And you, my love!" said the little man
«А ти, моя любов!» — сказав маленький чоловічок
and he turned in a flattering manner to Pinocchio
і він улесливо обернувся до Піноккіо
"what do you intend to do?"
— Що ти збираєшся робити?
"Are you coming with us?
"Ви йдете з нами?
or are you going to remain behind?"
— Чи ти збираєшся залишитися?
"I will remain behind," answered Pinocchio
— Я залишуся, — відповів Піноккіо
"I am going home," he answered proudly
— Я йду додому, — з гордістю відповів він
"I intend to study, as all well conducted boys do"
«Я маю намір вчитися, як і всі добре проведені хлопці»
"Much good may it do you!"
— Багато добра хай це тобі принесе!
"Pinocchio!" called out Candle-wick
«Піноккіо!» — вигукнув Свічник-Гніт
"come with us and we shall have such fun"
"Ходімо з нами, і нам буде так весело"
"No, no, and no again!" answered Pinocchio
«Ні, ні, і ще раз ні!» — відповів Піноккіо
a chorus of hundred voices shouted from the the coach
— вигукнув хор із ста голосів із вагона
"Come with us and we shall have so much fun"
"Ходімо з нами, і нам буде так весело"
but the puppet was not at all sure
Але маріонетка була зовсім не впевнена
"if I come with you, what will my good Fairy say?"
— Якщо я піду з тобою, що скаже моя добра Фея?
and he was beginning to yield
І він починав поступатися
"Do not trouble your head with melancholy thoughts"

«Не турбуй голову меланхолійними думками»
"consider only how delightful it will be"
«Подумай тільки про те, як приємно це буде»
"we are going to the Land of the Boobies"
"ми йдемо в Країну Олуш"
"all day we shall be at liberty to run riot"
«Цілий день ми будемо вільні, щоб бунтувати»
Pinocchio did not answer, but he sighed
Піноккіо нічого не відповів, але зітхнув
he sighed again, and then sighed for the third time
Він знову зітхнув, а потім зітхнув втретє
finally Pinocchio made up his mind
нарешті Піноккіо зважився
"Make a little room for me"
«Зроби для мене маленьке місце»
"because I would like to come, too"
"Тому що я теж хотів би приїхати"
"The places are all full," replied the little man
— Місця всі повні, — відповів чоловічок
"but, let me show you how welcome you are"
"Але дозвольте мені показати вам, наскільки ви бажані"
"I will let you have my seat on the box"
«Я дам тобі своє місце на ложі»
"And where will you sit?"
— А де ти будеш сидіти?
"Oh, I will go on foot"
"Ой, піду я пішки"
"No, indeed, I could not allow that"
"Ні, справді, я не міг цього допустити"
"I would rather mount one of these donkeys"
"Краще б я осідлав одного з цих віслюків"
so Pinocchio went up the the first donkey
Так Піноккіо піднявся на першого ослика
and he attempted to mount the animal
І він спробував сісти на тварину
but the little donkey turned on him
Але маленький ослик обернувся на нього

and the donkey gave him a great blow in the stomach
І осел завдав йому великого удару в живіт
and it rolled him over with his legs in the air
І це перекинуло його ногами в повітря
all the boys had been watching this
Всі хлопці спостерігали за цим
so you can imagine the laughter from the wagon
Тож можна уявити собі сміх з вагона
But the little man did not laugh
Але маленький чоловічок не засміявся
He approached the rebellious donkey
Він підійшов до непокірного осла
and at first he pretended to kiss him
І спочатку вдавав, що цілує його
but then he bit off half of his ear
Але потім він відкусив собі половину вуха
Pinocchio in the meantime had gotten up from the ground
Піноккіо тим часом підвівся з землі
he was still very cross with the animal
Він все ще був дуже схрещений з твариною
but with a spring he jumped onto him
Але з пружиною стрибнув на нього
and he seated himself on the poor animal's back
І він сів на спину бідолашного звіра
And he sprang so well that the boys stopped laughing
І він так добре підскочив, що хлопці перестали сміятися
and they began to shout: "Hurrah, Pinocchio!"
І вони почали кричати: «Ура, Піноккіо!»
and they clapped their hands and applauded him
І вони заплескали в долоні і аплодували йому
soon the donkeys were galloping down the track
Незабаром осли вже скакали по доріжці
and the wagon was rattling over the stones
А віз гуркотів по камінню
but the puppet thought that he heard a low voice
Але ляльці здалося, що він почув низький голос
"Poor fool! you should have followed your own way"

— Бідний дурень! Ти повинен був іти своїм шляхом"
"but but you will repent having come!"
— Але ж ти покаєшся, прийшовши!
Pinocchio was a little frightened by what he had heard
Піноккіо трохи злякався почутого
he looked from side to side to see what it was
Він дивився з боку в бік, щоб побачити, що це таке
he tried to see where these words could have come from
Він намагався зрозуміти, звідки могли взятися ці слова
but regardless of of where he looked he saw nobody
Але куди б він не дивився, нікого не бачив
The donkeys galloped and the wagon rattled
Осли скакали, а віз загуркотів
and all the while the boys inside slept
І весь цей час хлопці всередині спали
Candle-wick snored like a dormouse
Гніт свічки хропів, як соні
and the little man seated himself on the box
І маленький чоловічок сів на ящик
and he sang songs between his teeth
І він співав пісні між зубами
"**During the night all sleep**"
"Вночі всі сплять"
"**But I sleep never**"
"Але я ніколи не сплю"
soon they had gone another mile
Невдовзі вони пройшли ще одну милю
Pinocchio heard the same little low voice again
Піноккіо знову почув той самий тихий низький голос
"**Bear it in mind, simpleton!**"
— Май на увазі, простачко!
"**there are boys who refuse to study**"
«Є хлопці, які відмовляються вчитися»
"**they turn their backs upon books**"
«Вони повертаються спиною до книжок»
"**they think they're too good to go to school**
"Вони думають, що вони занадто хороші, щоб ходити до

школи

"and they don't obey their masters"
«І вони не слухаються своїх господарів»

"they pass their time in play and amusement"
«Вони проводять свій час у грі та розвагах»

"but sooner or later they come to a bad end"
"Але рано чи пізно вони приходять погано"

"I know it from my experience"
"Я знаю це зі свого досвіду"

"and I can tell you how it always ends"
"І я можу розповісти, як це завжди закінчується"

"A day will come when you will weep"
«Настане день, коли ти будеш плакати»

"you will weep just as I am weeping now"
«Ти будеш плакати так само, як я плачу тепер»

"but then it will be too late!"
— Але тоді буде вже пізно!

the words had been whispered very softly
Слова прошепотіли дуже тихо

but Pinocchio could be sure of what he had heard
але Піноккіо міг бути впевнений у тому, що почув

the puppet was more frightened than ever
Маріонетка злякалася як ніколи

he sprang down from the back of his donkey
Він вискочив зі спини свого осла

and he went and took hold of the donkey's mouth
І він пішов, і схопив ослячого за пащу

you can imagine Pinocchio's surprise at what he saw
ви можете уявити собі здивування Піноккіо від побаченого

the donkey was crying just like a boy!
Осел плакав, як хлопчик!

"Eh! Sir Coachman," cried Pinocchio
— Еге ж! Кучер, — вигукнув Піноккіо

"here is an extraordinary thing!"
— Ось така надзвичайна річ!

"This donkey is crying"
«Цей осел плаче»

"Let him cry," said the coachman
— Хай плаче, — сказав кучер
"he will laugh when he is a bridegroom"
«Він буде сміятися, коли буде нареченим»
"But have you by chance taught him to talk?"
— Але ж ви випадково навчили його говорити?
"No; but he spent three years with learned dogs"
— Ні. Але три роки він провів з ученими собаками»
"and he learned to mutter a few words"
"І він навчився бурмотіти кілька слів"
"Poor beast!" added the coachman
«Бідолашний звір!» — додав кучер
"but don't you worry," said the little man
— Але не хвилюйся, — сказав маленький чоловічок
"don't let us waste time in seeing a donkey cry"
«Не дай нам гаяти часу, бачачи, як плаче осел»
"Mount him and let us go on"
"Сідайте на нього і ходімо далі"
"the night is cold and the road is long"
«Ніч холодна, а дорога довга»
Pinocchio obeyed without another word
Піноккіо послухався без зайвих слів

In the morning about daybreak they arrived
Вранці, близько світанку, вони приїхали
they were now safely in the Land of Boobie Birds
тепер вони були в безпеці в Країні Олуш Птахів
It was a country unlike any other country in the world
Це була країна, не схожа на жодну іншу країну світу
The population was composed entirely of boys
Населення повністю складалося з хлопчиків
The oldest of the boys were fourteen
Найстаршому з хлопчиків було чотирнадцять років
and the youngest were scarcely eight years old
А наймолодшим ледве виповнилося вісім років
In the streets there was great merriment
На вулицях панували великі веселощі
the sight of it was enough to turn anybody's head
Одного його вигляду було досить, щоб закрутити голову будь-кому
There were troops of boys everywhere
Скрізь стояли загони хлопчаків
Some were playing with nuts they had found
Дехто грався зі знайденими горіхами
some were playing games with battledores
Дехто грав у ігри з батлдорами
lots of boys were playing football
Багато хлопців грали у футбол
Some rode velocipedes, others wooden horses
Одні їздили на велосіпедах, інші на дерев'яних конях
A party of boys were playing hide and seek
Ватага хлопчаків грала в хованки
a few boys were chasing each other
Кілька хлопців ганялися один за одним
Some were reciting and singing songs
Дехто декламував і співав пісні
others were just leaping into the air
Інші просто підстрибували в повітря
Some amused themselves with walking on their hands
Деякі розважалися ходьбою на руках

others were trundling hoops along the road
Інші топтали обручі вздовж дороги
and some were strutting about dressed as generals
А дехто нишпорив у костюмі генералів
they were wearing helmets made from leaves
Вони були одягнені в шоломи, зроблені з листя
and they were commanding a squadron of cardboard soldiers
І вони командували ескадроном картонних солдатиків
Some were laughing and some shouting
Хтось сміявся, хтось кричав
and some were calling out silly things
А дехто вигукував дурниці
others clapped their hands, or whistled
Інші плескали в долоні або свистіли
some clucked like a hen who has just laid an egg
Деякі кудкудакали, як курка, яка щойно знесла яйце
In every square, canvas theatres had been erected
На кожній площі були зведені полотняні театри
and they were crowded with boys all day long
І цілими днями вони були переповнені хлопцями
On the walls of the houses there were inscriptions
На стінах будинків були написи
"Long live the playthings"
"Хай живуть забавки"
"we will have no more schools"
"У нас більше не буде шкіл"
"down the toilet with arithmetic"
«В унітаз з арифметикою»
and similar other fine sentiments were written
і подібні інші прекрасні почуття були написані
of course all the slogans were in bad spelling
Звичайно, всі гасла були з поганим написанням
Pinocchio, Candle-wick and the other boys went to the town
Піноккіо, Свічник-гніт та інші хлопчаки пішли до міста
they were in the thick of the tumult
Вони були в гущі метушні

and I need not tell you how fun it was
і я не повинен розповідати вам, як це було весело
within minutes they acquainted themselves with everybody
За кілька хвилин вони познайомилися з усіма
Where could happier or more contented boys be found?
Де можна знайти більш щасливих і задоволених хлопчиків?
the hours, days and weeks passed like lightning
Години, дні і тижні пролітали, як блискавка
time flies when you're having fun
Час летить, коли ти розважаєшся
"Oh, what a delightful life!" said Pinocchio
«О, яке чудове життя!» — сказав Піноккіо
"See, then, was I not right?" replied Candle-wick
"Бачиш, хіба я не правий?" — відповів Свічник-Гніт
"And to think that you did not want to come!"
— І подумати, що ти не хотів прийти!
"imagine you had returned home to your Fairy"
«Уяви, що ти повернувся додому до своєї Феї»
"you wanted to lose your time in studying!"
«Ти хотів втратити час на навчання!»
"now you are free from the bother of books"
«Тепер ви вільні від книжкового клопоту»
"you must acknowledge that you owe it to me"
«Ти мусиш визнати, що зобов'язаний мені»
"only friends know how to render such great services"
«Тільки друзі вміють надавати такі чудові послуги»
"It is true, Candle-wick!" confirmed Pinocchio
«Це правда, Свічник!» — підтвердив Піноккіо
"If I am now a happy boy, it is all your doing"
«Якщо я тепер щасливий хлопчик, то це все твоє діло»
"But do you know what the master used to say?"
— А чи знаєте ви, що казав пан?
"Do not associate with that rascal Candle-wick"
«Не спілкуйся з тим пройдисвітом Свічником»
"because he is a bad companion for you"
"Тому що він для вас поганий товариш"

"and he will only lead you into mischief!"
— І він тільки приведе тебе до лиха!
"Poor master!" replied the other, shaking his head
«Бідний господар!» — відповів другий, хитаючи головою
"I know only too well that he disliked me"
«Я дуже добре знаю, що він мене не любив»
"and he amused himself by making my life hard"
«І він розважав себе, ускладнюючи моє життя»
"but I am generous, and I forgive him!"
— Але я щедрий і прощаю йому!
"you are a noble soul!" said Pinocchio
«Ти – благородна душа!» – сказав Піноккіо
and he embraced his friend affectionately
І він ніжно обійняв свого друга
and he kissed him between the eyes
І він поцілував його між очі
This delightful life had gone on for five months
Це чудове життя тривало п'ять місяців
The days had been entirely spent in play and amusement
Дні були повністю проведені в іграх і розвагах
not a thought was spent on books or school
Ні думки не було витрачено на книжки чи школу
but one morning Pinocchio awoke to a most disagreeable surprise
але одного ранку Піноккіо прокинувся від найнеприємнішого сюрпризу
what he saw put him into a very bad humour
Те, що він побачив, викликало в нього дуже поганий настрій

Pinocchio Turns into a Donkey
Піноккіо перетворюється на осла

when he Pinocchio awoke he scratched his head
Прокинувшись, Піноккіо почухав потилицю
when scratching his head he discovered something...
Почухавши потилицю, він щось виявив...
his ears had grown more than a hand!
Вуха в нього виросли більше, ніж рука!
You can imagine his surprise
Ви можете уявити його здивування
because he had always had very small ears
Тому що у нього завжди були дуже маленькі вуха
He went at once in search of a mirror
Він відразу ж вирушив на пошуки дзеркала
he had to have a better look at himself
Він мусив краще придивитися до себе
but he was not able to find any kind of mirror
Але він не зміг знайти жодного дзеркала
so he filled the basin with water
І він наповнив умивальницю водою
and he saw a reflection he never wished to see
І він побачив відображення, якого ніколи не хотів бачити
a magnificent pair of donkey's ears embellished his head!
Розкішна пара ослячих вух прикрашала його голову!
think of poor Pinocchio's sorrow, shame and despair!
подумайте про горе, сором і розпач бідного Піноккіо!
He began to cry and roar
Він почав плакати і ревіти
and he beat his head against the wall
І він бився головою об стіну
but the more he cried the longer his ears grew
Але чим більше він плакав, тим довше у нього росли вуха
and his ears grew, and grew, and grew
І вуха його росли, і росли, і росли
and his ears became hairy towards the points
І вуха його стали волохатими до вістря

a little Marmot heard Pinocchio's loud cries
маленький бабак почув гучні крики Піноккіо
Seeing the puppet in such grief she asked earnestly:
Побачивши ляльку в такому горі, вона серйозно запитала:
"What has happened to you, my dear fellow-lodger?"
— Що з тобою сталося, мій любий товаришу по квартирі?
"I am ill, my dear little Marmot"
"Я хворий, мій любий маленький бабак"
"very ill, and my illness frightens me"
«Дуже хворий, і моя хвороба мене лякає»
"Do you understand counting a pulse?"
— Ти розумієш, що рахувати пульс?
"A little," sobbed Pinocchio
— Трохи, — схлипнув Піноккіо
"Then feel and see if by chance I have got fever"
"Потім помацайте і подивіться, чи не піднялася у мене випадково температура"
The little Marmot raised her right fore-paw
Маленький бабак підняв праву передню лапу
and the little Marmot felt Pinocchio's pulse
і маленький бабак відчув пульс Піноккіо
and she said to him, sighing:
І сказала вона йому, зітхнувши:
"My friend, it grieves me very much"
"Друже мій, мене це дуже засмучує"
"but I am obliged to give you bad news!"
— Але я зобов'язаний повідомити вам погані новини!
"What is it?" asked Pinocchio
«Що це таке?» — запитав Піноккіо
"You have got a very bad fever!"
— У вас дуже сильна гарячка!
"What fever is it?"
— Що це за лихоманка?
"you have a case of donkey fever"
"У вас випадок ослячої лихоманки"
"That is a fever that I do not understand"
"Це лихоманка, якої я не розумію"

but he understood it only too well
Але він розумів це дуже добре
"Then I will explain it to you," said the Marmot
— Тоді я поясню це тобі, — сказав бабак
"soon you will no longer be a puppet"
"Скоро ти перестанеш бути маріонеткою"
"it won't take longer than two or three hours"
«Це займе не більше двох-трьох годин»
"nor will you be a boy either"
— І ти не будеш хлопчиком.
"Then what shall I be?"
— А що ж я маю бути?
"you will well and truly be a little donkey"
«Ти будеш маленьким віслюком»
"a donkey like those that draw the carts"
«Осел, як ті, що тягнуть вози»
"a donkey that carries cabbages to market"
«Осел, який несе капусту на базар»
"Oh, how unfortunate I am!" cried Pinocchio
«Ой, який же я нещасний!» — вигукнув Піноккіо
and he seized his two ears with his hands
І він схопив руками за обидва свої вуха
and he pulled and tore at his ears furiously
І він люто смикав і рвав вуха
he pulled as if they had been someone else's ears
Він смикнув так, наче це були чужі вуха
"My dear boy," said the Marmot
— Любий мій хлопчику, — сказав бабак
and she did her best to console him
І вона робила все можливе, щоб втішити його
"you can do nothing about it"
"З цим нічого не поробиш"
"It is your destiny to become a donkey"
«Твоя доля — стати віслюком»
"It is written in the decrees of wisdom"
"Це написано в постановах мудрості"
"it happens to all boys who are lazy"

"Таке трапляється з усіма хлопцями, які ліниві"
"it happens to the boys that dislike books"
«Таке трапляється з хлопцями, які не люблять книжок»
"it happens to the boys that don't go to schools"
«Таке трапляється з хлопцями, які не ходять до школи»
"and it happens to boys who disobey their masters"
«І таке трапляється з хлопцями, які не слухаються своїх господарів»
"all boys who pass their time in amusement"
«Всі хлопці, які проводять свій час у розвагах»
"all the boys who play games all day"
"Всі хлопчики, які цілими днями грають в ігри"
"boys who distract themselves with diversions"
«Хлопчики, які відволікаються на диверсії»
"the same fate awaits all those boys"
«Така ж доля чекає на всіх тих хлопців»
"sooner or later they become little donkeys"
«Рано чи пізно вони стають маленькими віслюками»
"But is it really so?" asked the puppet, sobbing
«Але чи так це насправді?» — запитала маріонетка, схлипуючи
"It is indeed only too true!"
— Це справді правда!
"And tears are now useless"
«І сльози тепер ні до чого»
"You should have thought of it sooner!"
— Треба було подумати про це раніше!
"But it was not my fault; believe me, little Marmot"
"Але це не була моя провина; повір мені, маленький бабак"
"the fault was all Candle-wick's!"
— У всьому винен Свічник-Гніт!
"And who is this Candle-wick?"
— А хто ж цей Свічник?
"Candle-wick is one of my school-fellows"
«Свічник-гніт – один з моїх шкільних товаришів»
"I wanted to return home and be obedient"

- 260 -

«Я хотів повернутися додому і бути слухняним»
"I wished to study and be a good boy"
«Я хотів вчитися і бути хорошим хлопчиком»
"but Candle-wick convinced me otherwise"
"Але Candle-Wick переконав мене в протилежному"
'Why should you bother yourself by studying?'
«Чому ти маєш обтяжувати себе навчанням?»
'Why should you go to school?'
«Чому ти маєш іти до школи?»
'Come with us instead to the Land of Boobies Birds'
«Ходімо з нами в Країну Олуш Птахів»
'there we shall none of us have to learn'
«Там нікому з нас не доведеться вчитися»
'we will amuse ourselves from morning to night'
«Ми будемо розважатися з ранку до ночі»
'and we shall always be merry'
«І ми завжди будемо веселими»
"that friend of yours was false"
«Той твій друг був неправдивим»
"why did you follow his advice?"
— Чому ти послухався його поради?
"Because, my dear little Marmot, I am a puppet"
«Тому що, мій любий маленький Бабак, я маріонетка»
"I have no sense and no heart"
«У мене немає ні розуму, ні серця»
"if I had had a heart I would never have left"
«Якби у мене було серце, я б ніколи не пішов»
"I left my good Fairy who loved me like a mamma"
«Я покинула свою добру Фею, яка любила мене, як маму»
"the good Fairy who had done so much for me!"
— Добра Фея, яка стільки для мене зробила!
"And I was going to be a puppet no longer"
«І я більше не збирався бути маріонеткою»
"I would by this time have become a little boy"
«Я б до цього часу став маленьким хлопчиком»
"and I would be like the other boys"
"І я був би таким, як інші хлопці"

"But if I meet Candle-wick, woe to him!"
— Але якщо я зустріну Свічника, то горе йому!
"He shall hear what I think of him!"
— Він почує, що я про нього думаю!
And he turned to go out
І він обернувся, щоб вийти
But then he remembered he had donkey's ears
Але потім він згадав, що у нього ослячі вуха
of course he was ashamed to show his ears in public
Звичайно, він соромився показувати свої вуха на публіці
so what do you think he did?
Як ви думаєте, що він зробив?
He took a big cotton hat
Він узяв велику бавовняну шапку
and he put the cotton hat on his head
І він одягнув на голову бавовняну шапку
and he pulled the hat well down over his nose
І він добре натягнув капелюха на ніс
He then set out in search of Candle-wick
Тоді він вирушив на пошуки Свічкового гніту
He looked for him in the streets
Він шукав його на вулицях
and he looked for him in the little theatres
І він шукав його в маленьких театрах
he looked in every possible place
Він шукав у всіх можливих місцях
but he could not find him wherever he looked
Але він не міг знайти його, куди б не глянув
He inquired for him of everybody he met
Він розпитував про нього у всіх, кого зустрічав
but no one seemed to have seen him
Але його начебто ніхто не бачив
He then went to seek him at his house
Тоді він пішов шукати його до свого дому
and, having reached the door, he knocked
І, дійшовши до дверей, постукав
"Who is there?" asked Candle-wick from within

«Хто там?» — спитав Свічник-гніт зсередини
"It is I!" answered the puppet
«Це я!» — відповіла маріонетка
"Wait a moment and I will let you in"
«Зачекайте хвилинку, і я вас впущу»
After half an hour the door was opened
Через півгодини двері відчинили
now you can imagine Pinocchio's feeling at what he saw
тепер ви можете уявити, що відчував Піноккіо від побаченого
his friend also had a big cotton hat on his head
На голові у його друга також була велика бавовняна шапка
At the sight of the cap Pinocchio felt almost consoled
Побачивши ковпачок, Піноккіо відчув себе майже заспокоєним
and Pinocchio thought to himself:
І Піноккіо подумав про себе:
"Has my friend got the same illness that I have?"
«У мого друга така ж хвороба, як у мене?»
"Is he also suffering from donkey fever?"
— Він теж хворіє на ослячу лихоманку?
but at first Pinocchio pretended not to have noticed
але спочатку Піноккіо зробив вигляд, що не помітив
he just casually asked him a question, smiling:
Він лише недбало поставив йому запитання, посміхаючись:
"How are you, my dear Candle-wick?"
— Як ся маєш, мій любий Свічнику?
"as well as a mouse in a Parmesan cheese"
"а також миша в сирі пармезан"
"Are you saying that seriously?"
— Ти кажеш це серйозно?
"Why should I tell you a lie?"
— Чому я маю казати тобі неправду?
"but why, then, do you wear a cotton hat?"
— Але чому ж тоді ти носиш бавовняну шапку?
"is covers up all of your ears"

"Це закриває всі ваші вуха"
"The doctor ordered me to wear it"
«Лікар наказав мені його носити»
"because I have hurt this knee"
"Тому що я пошкодив це коліно"
"And you, dear puppet," asked Candle-wick
— А ти, люба маріонетко, — спитав Свічник-Гніт
"why have you pulled that cotton hat passed your nose?"
— Чому ти смикнув за ту бавовняну шапку, що пройшла повз ніс?
"The doctor prescribed it because I have grazed my foot"
"Лікар призначив його, тому що я зачепив ногу"
"Oh, poor Pinocchio!" - "Oh, poor Candle-wick!"
«О, бідний Піноккіо!» - «Ох, бідний Свічник!»
After these words a long silence followed
Після цих слів настала довга мовчанка
the two friends did nothing but look mockingly at each other
Двоє друзів тільки й робили, що глузливо дивилися один на одного
At last the puppet said in a soft voice to his companion:
Нарешті лялька сказала своєму товаришеві м'яким голосом:
"Satisfy my curiosity, my dear Candle-wick"
«Задовольни мою цікавість, мій любий Свічнику»
"have you ever suffered from disease of the ears?"
— Ви коли-небудь страждали від хвороб вух?
"I have never suffered from disease of the ears!"
«Я ніколи не страждав від хвороби вух!»
"And you, Pinocchio?" asked Candle-wick
«А ти, Піноккіо?» — запитав Свічник-Гніт
"have you ever suffered from disease of the ears?"
— Ви коли-небудь страждали від хвороб вух?
"I have never suffered from that disease either"
«Я теж ніколи не страждав на цю хворобу»
"Only since this morning one of my ears aches"
"Тільки з сьогоднішнього ранку у мене болить одне вухо"

"my ear is also paining me"
"У мене теж вухо болить"
"And which of your ears hurts you?"
— А в яких вухах у вас болить?
"Both of my ears happen to hurt"
"У мене болять обидва вуха"
"And what about you?"
— А що з тобою?
"Both of my ears happen to hurt too"
"У мене теж болять обидва вуха"
Can we have got the same illness?"
Чи можемо ми мати таку саму хворобу?»
"I fear we might have caught a fever"
«Я боюся, що ми могли підхопити лихоманку»
"Will you do me a kindness, Candle-wick?"
— Чи зробиш ти мені добро, Свічнику?
"Willingly! With all my heart"
— Охоче! Від щирого серця"
"Will you let me see your ears?"
— Ти даси мені побачити твої вуха?
"Why would I deny your request?"
— Чому я маю відмовити тобі в проханні?
"But first, my dear Pinocchio, I should like to see yours"
— Але спочатку, мій любий Піноккіо, я хотів би побачити вашого.
"No: you must do so first"
"Ні: спочатку це треба зробити"
"No, dear. First you and then I!"
— Ні, дороженький. Спочатку ти, а потім я!»
"Well," said the puppet
— Ну, — сказала маріонетка
"let us come to an agreement like good friends"
«Давайте домовимося, як добрі друзі»
"Let me hear what this agreement is"
"Дозвольте мені почути, що це за угода"
"We will both take off our hats at the same moment"
«Ми обоє знімемо капелюха в одну мить»

"Do you agree to do it?"
— Ти згоден це зробити?
"I agree, and you have my word"
"Я згоден, і ви маєте моє слово"
And Pinocchio began to count in a loud voice:
І Піноккіо почав рахувати гучним голосом:
"One, two, three!" he counted
«Раз, два, три!» — рахував він
At "Three!" the two boys took off their hats
На «Трьох!» двоє хлопців зняли капелюхи
and they threw their hats into the air
І вони підкинули свої шапки в повітря
and you should have seen the scene that followed
І ви повинні були бачити подальшу сцену
it would seem incredible if it were not true
Здавалося б, неймовірно, якби це було не так
they saw they were both struck by the same misfortune
Вони побачили, що їх обох вразило одне й те саме нещастя
but they felt neither mortification nor grief
Але вони не відчували ні пригніченості, ні горя
instead they began to prick their ungainly ears
замість цього вони почали колоти свої незграбні вуха
and they began to make a thousand antics
І вони почали робити тисячу витівок
they ended by going into bursts of laughter
Вони закінчилися вибухами сміху
And they laughed, and laughed, and laughed
І сміялися, і сміялися, і сміялися
until they had to hold themselves together
Поки їм не довелося триматися разом

But in the midst of their merriment something happened
Але серед їхніх веселощів щось сталося
Candle-wick suddenly stopped laughing and joking
Свічка-гніт раптом перестав сміятися і жартувати
he staggered around and changed colour
Він похитнувся і змінив колір
"Help, help, Pinocchio!" he cried
«Допоможи, допоможи, Піноккіо!» — кричав він
"What is the matter with you?"
— Що з тобою?
"Alas, I cannot any longer stand upright"
«На жаль, я більше не можу стояти прямо»
"Neither can I," exclaimed Pinocchio
— Я теж не можу, — вигукнув Піноккіо
and he began to totter and cry
І він почав тремтіти та плакати
And whilst they were talking, they both doubled up
І поки вони розмовляли, вони обоє подвоїлися
and they began to run round the room on their hands and feet

І вони почали бігати по кімнаті на руках і ногах
And as they ran, their hands became hoofs
І коли вони бігли, їхні руки ставали копитами
their faces lengthened into muzzles
їхні обличчя витягнулися в морди
and their backs became covered with a light gray hairs
А спини в них покрилися легкою сивиною
and their hair was sprinkled with black
І волосся в них було посипане чорним
But do you know what was the worst moment?
Але чи знаєте ви, яким був найгірший момент?
one moment was worse than all the others
Одна мить була гіршою за всі інші
both of the boys grew donkey tails
В обох хлопчиків виросли ослячі хвости
the boys were vanquished by shame and sorrow
Хлопців перемогли сором і смуток
and they wept and lamented their fate
І вони плакали та оплакували свою долю
Oh, if they had but been wiser!
О, якби вони були тільки мудрішими!
but they couldn't lament their fate
Але вони не могли оплакувати свою долю
because they could only bray like asses
Тому що вони могли тільки брехати, як віслюки
and they brayed loudly in chorus: "Hee-haw!"
І вони голосно зареготали хором: «Хі-хау!»
Whilst this was going on someone knocked at the door
Поки це тривало, хтось постукав у двері
and there was a voice on the outside that said:
А знадвору почувся голос, який сказав:
"Open the door! I am the little man"
"Відчиніть двері! Я – маленька людина"
"I am the coachman who brought you to this country"
«Я той кучер, який привів вас у цю країну»
"Open at once, or it will be the worse for you!"
«Відкрий одразу, а то тобі буде гірше!»

- 268 -

Pinocchio gets Trained for the Circus
Піноккіо готується до цирку

the door wouldn't open at his command
Двері не відчинялися за його командою
so the little man gave the door a violent kick
Тож маленький чоловічок сильно стукнув дверима
and the coachman burst into the room
І кучер увірвався до кімнати
he spoke with his usual little laugh:
Він говорив зі своїм звичайним легким сміхом:
"Well done, boys! You brayed well"
— Молодці, хлопці! Ти добре набрав"
"and I recognized you by your voices"
"І я впізнав вас за вашими голосами"
"That is why I am here"
"Ось чому я тут"
the two little donkeys were quite stupefied
Двоє маленьких осликів були зовсім заціпенілі
they stood with their heads down
Вони стояли, опустивши голови
they had their ears lowered
У них були опущені вуха
and they had their tails between their legs
І хвости в них були між ногами
At first the little man stroked and caressed them
Спочатку маленький чоловічок гладив і пестив їх
then he took out a currycomb
Потім він вийняв гребінець каррі
and he currycombed the donkeys well
І він добре прочесав ослів
by this process he had polished them
Цим процесом він відшліфував їх
and the two donkeys shone like two mirrors
І два осли сяяли, як два дзеркала
he put a halter around their necks
Він накинув їм на шию недоуздок

and he led them to the market-place
І він повів їх на базарну площу

he was in hopes of selling them
Він сподівався їх продати
he thought he could get a good profit
Він думав, що зможе отримати непоганий прибуток
And indeed there were buyers for the donkeys
І справді, на осликів знайшлися покупці
Candle-wick was bought by a peasant
Свічку-гніт купив селянин
his donkey had died the previous day
Його осел помер напередодні.
Pinocchio was sold to the director of a company
Піноккіо продали директору компанії
they were a company of buffoons and tight-rope dancers
Це була компанія скоморохів і танцюристів на канаті
he bought him so that he might teach him to dance

Він купив його, щоб навчити його танцювати
he could dance with the other circus animals
Він міг танцювати з іншими цирковими тваринами
And now, my little readers, you understand
А тепер, мої маленькі читачі, ви розумієте
the little man was just a businessman
Маленький чоловічок був просто бізнесменом
and it was a profitable business that he led
І це був прибутковий бізнес, який він вів
The wicked little monster with a face of milk and honey
Зле маленьке чудовисько з обличчям з молока і меду
he made frequent journeys round the world
Він часто подорожував по всьому світу
he promised and flattered wherever he went
Він обіцяв і лестив, куди б він не йшов
and he collected all the idle boys
І він зібрав усіх нероб хлопчаків
and there were many idle boys to collect
І було багато ледарських хлопчаків, яких треба було збирати
all the boys who had taken a dislike to books
Всі хлопці, які відчували неприязнь до книг
and all the boys who weren't fond of school
І всі хлопці, які не любили школу
each time his wagon filled up with these boys
Щоразу його віз наповнювався цими хлопцями
and he took them all to the Land of Boobie Birds
І він повів їх усіх у Країну Птахів-Олуш
here they passed their time playing games
Тут вони проводили свій час за іграми
and there was uproar and much amusement
І зчинився галас і багато веселощів
but the same fate awaited all the deluded boys
Але така ж доля чекала всіх обдурених хлопчаків
too much play and no study turned them into donkeys
Занадто багато ігор і відсутність навчання перетворили їх на віслюків

then he took possession of them with great delight
Тоді він заволодів ними з великою радістю
and he carried them off to the fairs and markets
І він відносив їх на ярмарки та ринки
And in this way he made heaps of money
І таким чином нажив купи грошей
What became of Candle-wick I do not know
Що сталося зі Свічником, я не знаю
but I do know what happened to poor Pinocchio
але я знаю, що сталося з бідним Піноккіо
from the very first day he endured a very hard life
З самого першого дня він витримав дуже важке життя
Pinocchio was put into his stall
Піноккіо посадили в його стійло
and his master filled the manger with straw
А пан його наповнив ясла соломою
but Pinocchio didn't like eating straw at all
але Піноккіо зовсім не любив їсти солому
and the little donkey spat the straw out again
І маленька осличка знову виплюнула соломинку
Then his master, grumbling, filled the manger with hay
Тоді його господар, бурчачи, наповнив ясла сіном
but hay did not please Pinocchio either
але і сіно не сподобалося Піноккіо
"Ah!" exclaimed his master in a passion
«Ах!» — пристрасно вигукнув його господар
"Does not hay please you either?"
— Хіба й сіно тобі не до вподоби?
"Leave it to me, my fine donkey"
«Облиш це мені, мій добрий осел»
"I see you are full of caprices"
"Я бачу, що ви повні капризів"
"but worry not, I will find a way to cure you!"
— Але не хвилюйся, я знайду спосіб вилікувати тебе!
And he struck the donkey's legs with his whip
І він вдарив ослицю по ногах своїм батогом
Pinocchio began to cry and bray with pain

Піноккіо почав плакати і реготати від болю
"Hee-haw! I cannot digest straw!"
— Хі-хі! Я не можу перетравити солому!»
"Then eat hay!" said his master
— Тоді їж сіно, — сказав його господар
he understood perfectly the asinine dialect
Він досконало розумів асинський діалект
"Hee-haw! hay gives me a pain in my stomach"
— Хі-хі! Від сіна у мене болить живіт"
"I see how it is little donkey"
"Я бачу, як це маленька осличка"
"you would like to be fed with capons in jelly"
«Ти б хотів, щоб тебе годували каплунами в желе»
and he got more and more angry
І він дедалі більше сердився
and he whipped poor Pinocchio again
і він знову відшмагав бідолашного Піноккіо
the second time Pinocchio held his tongue
вдруге Піноккіо тримав язика за зубами
and he learned to say nothing more
І він навчився більше нічого не говорити
The stable was then shut
Після цього стайню зачинили
and Pinocchio was left alone
І Піноккіо залишився сам
He had not eaten for many hours
Він не їв багато годин
and he began to yawn from hunger
І він почав позіхати з голоду
his yawns seemed as wide as an oven
Його позіхання здавалися широкими, як піч
but he found nothing else to eat
Але він не знайшов більше нічого їсти,
so he resigned himself to his fate
Тому він змирився зі своєю долею
and gave in and chewed a little hay
І піддалися, і пожували трохи сіна

he chewed the hay well, because it was dry
Він добре пережовував сіно, бо воно було сухим
and he shut his eyes and swallowed it
І він заплющив очі і ковтнув її
"This hay is not bad," he said to himself
— Це сіно непогане, — сказав він сам до себе
"but better would have been if I had studied!"
— Але краще було б, якби я вчився!
"Instead of hay I could now be eating bread"
«Замість сіна я міг би тепер їсти хліб»
"and perhaps I would have been eating fine sausages"
"А може, я б їв добрі сосиски"
"But I must have patience!"
— Але мені треба набратися терпіння!
The next morning he woke up again
Наступного ранку він знову прокинувся
he looked in the manger for a little more hay
Він заглянув у ясла за ще трохи сіна
but there was no more hay to be found
Але сіна вже не було
for he had eaten all the hay during the night
Бо він з'їв увесь сіно за ніч
Then he took a mouthful of chopped straw
Тоді він узяв повний рот подрібненої соломи
but he had to acknowledge the horrible taste
Але він мусив визнати жахливий смак
it tasted not in the least like macaroni or pie
На смак він анітрохи не нагадував макарони чи пиріг
"I hope other naughty boys learn from my lesson"
«Сподіваюся, інші неслухняні хлопчики навчаться з мого уроку»
"But I must have patience!"
— Але мені треба набратися терпіння!
and the little donkey kept chewing the straw
А маленька осличка продовжувала жувати соломинку
"Patience indeed!" shouted his master
«Терпець!» — крикнув його господар

he had come at that moment into the stable
Він зайшов у цю мить до стайні
"but don't get too comfortable, my little donkey"
— Але не влаштовуйся надто зручно, мій маленький віслючко.
"I didn't buy you to give you food and drink"
«Я купив тебе не для того, щоб давати тобі їжу та питво»
"I bought you to make you work"
«Я купив тебе, щоб ти працював»
"I bought you so that you earn me money"
«Я купив тебе для того, щоб ти заробив мені гроші»
"Up you get, then, at once!"
— Отже, відразу ж піднімешся!
"you must come with me into the circus"
"Ти мусиш іти зі мною в цирк"
"there I will teach you to jump through hoops"
"Там я навчу тебе стрибати через обручі"
"you will learn to stand upright on your hind legs"
«Ти навчишся стояти прямо на задніх лапах»
"and you will learn to dance waltzes and polkas"
«А ти навчишся танцювати вальси і польки»
Poor Pinocchio had to learn all these fine things
Бідолашному Піноккіо довелося навчитися всім цим тонким речам
and I can't say it was easy to learn
і я не можу сказати, що це було легко вивчити
it took him three months to learn the tricks
Йому знадобилося три місяці, щоб навчитися трюкам
he got many a whipping that nearly took off his skin
Він отримав багато ударів батогом, які ледь не здерли з нього шкіру
At last his master made the announcement
Нарешті його господар оголосив про це
many coloured placards stuck on the street corners
На кутках вулиць було розклеєно багато кольорових плакатів
"Great Full Dress Representation"

"Чудове представлення повного одягу"
"TONIGHT will Take Place the Usual Feats and Surprises"
«СЬОГОДНІ ВВЕЧЕРІ відбудуться звичайні подвиги та сюрпризи»
"Performances Executed by All the Artists and horses"
«Вистави у виконанні всіх артистів і коней»
"and moreover; The Famous LITTLE DONKEY PINOCCHIO"
"І більше того; Знаменитий МАЛЕНЬКИЙ ОСЛИК ПІНОККІО»
"THE STAR OF THE DANCE"
"ЗІРКА ТАНЦЮ"
"the theatre will be brilliantly illuminated"
«Театр буде яскраво освітлений»
you can imagine how crammed the theatre was
Можете собі уявити, наскільки переповнений був театр
The circus was full of children of all ages
У цирку було повно дітей різного віку
all came to see the famous little donkey Pinocchio dance
всі прийшли подивитися на танець знаменитого маленького ослика Піноккіо
the first part of the performance was over
Перша частина перформансу закінчилася
the director of the company presented himself to the public
Директор компанії представив себе публіці
he was dressed in a black coat and white breeches
Він був одягнений у чорне пальто та білі бриджі
and big leather boots that came above his knees
і великі шкіряні чоботи, що спускалися вище колін
he made a profound bow to the crowd
Він глибоко вклонився натовпу
he began with much solemnity a ridiculous speech:
Він почав з великою урочистістю безглузду промову:
"Respectable public, ladies and gentlemen!"
— Шановна публіка, пані та панове!
"it is with great honour and pleasure"
«Це з великою честю і задоволенням»

"I stand here before this distinguished audience"
«Я стою тут перед цією шановною публікою»
"and I present to you the celebrated little donkey"
"І я представляю вам славетного маленького ослика"
"the little donkey who has already had the honour"
«Маленька осличка, яка вже мала честь»
"the honour of dancing in the presence of His Majesty"
"честь танцювати в присутності Його Величності"
"And, thanking you, I beg of you to help us"
«І, дякуючи Вам, благаю Вас допомогти нам»
"help us with your inspiring presence"
"Допоможіть нам своєю надихаючою присутністю"
"and please, esteemed audience, be indulgent to us"
"І, будь ласка, шановна публіка, будьте поблажливі до нас"
This speech was received with much laughter and applause
Ця промова була сприйнята з великим сміхом і оплесками
but the applause soon was even louder than before
Але невдовзі оплески стали ще гучнішими, ніж раніше
the little donkey Pinocchio made his appearance
з'явився маленький ослик Піноккіо
and he stood in the middle of the circus
І він стояв посеред цирку
He was decked out for the occasion
Він був прикрашений з цієї нагоди
He had a new bridle of polished leather
У нього була нова вуздечка з полірованої шкіри
and he was wearing brass buckles and studs
А на ньому були мідяні пряжки та шпильки
and he had two white camellias in his ears
І в його вухах було дві білі камелії
His mane was divided and curled
Його грива була розділена і закручена
and each curl was tied with bows of coloured ribbon
І кожен локон перев'язувався бантиками з кольорової стрічки
He had a girth of gold and silver round his body
Навколо його тіла був обхват із золота і срібла

his tail was plaited with amaranth and blue velvet ribbons
Його хвіст був заплетений амарантом і блакитними оксамитовими стрічками
He was, in fact, a little donkey to fall in love with!
Насправді він був маленьким віслюком, в якого можна було закохатися!
The director added these few words:
Директор додав ці кілька слів:
"My respectable auditors!"
— Шановні мої ревізори!
"I am not here to tell you falsehoods"
«Я тут не для того, щоб говорити вам неправду»
"there were great difficulties I had to overcome"
«Мені довелося подолати великі труднощі»
"I understood and subjugated this mammifer"
"Я зрозумів і підпорядкував собі цього ссавця"
"he was grazing at liberty amongst the mountains"
«Він пасся на волі серед гір»
"he lived in the plains of the torrid zone"
«Він жив на рівнинах Посушливої зони»
"I beg you will observe the wild rolling of his eyes"
«Благаю тебе, поспостерігай за диким закочуванням його очей»
"Every means had been tried in vain to tame him"
«Даремно намагалися приборкати його»
"I have accustomed him to the life of domestic quadrupeds"
«Я призвичаїв його до життя домашніх чотириногих»
"and I spared him the convincing argument of the whip"
"І я позбавив його переконливого аргументу батога"
"But all my goodness only increased his viciousness"
"Але все моє добро тільки посилило його порочність"
"However, I discovered in his cranium a bony cartilage"
"Однак я виявив у його черепній коробці кістковий хрящ"
"I had him inspected by the Faculty of Medicine of Paris"
«Я проінспектував його на медичному факультеті Парижа»
"I spared no cost for my little donkey's treatment"

«Я не шкодував коштів на лікування мого маленького ослика»
"in him the doctors found the regenerating cortex of dance"
"У ньому лікарі знайшли регенеруючу кору танцю"
"For this reason I have not only taught him to dance"
«З цієї причини я не тільки навчила його танцювати»
"but I also taught him to jump through hoops"
"Але я також навчив його стрибати через обручі"
"Admire him, and then pass your opinion on him!"
«Милуйся ним, а потім висловлюй свою думку про нього!»
"But before taking my leave of you, permit me this;"
— Але перш ніж піти від тебе, дозволь мені це.
"ladies and gentlemen, esteemed members of the crowd"
"Шановні пані та панове, шановні члени натовпу"
"I invite you to tomorrow's daily performance"
«Запрошую на завтрашній щоденний виступ»
Here the director made another profound bow
Тут режисер зробив ще один глибокий уклін
and, then turning to Pinocchio, he said:
і, повернувшись до Піноккіо, сказав:
"Courage, Pinocchio! But before you begin:"
— Мужність, Піноккіо! Але перш ніж ви почнете:
"bow to this distinguished audience"
«Уклін цій шановній публіці»
Pinocchio obeyed his master's commands
Піноккіо підкорявся наказам свого господаря
and he bent both his knees till they touched the ground
І він зігнув обидва свої коліна, аж вони торкнулися землі
the director cracked his whip and shouted:
Директор тріснув батогом і закричав:
"At a foot's pace, Pinocchio!"
— На крок ноги, Піноккіо!
Then the little donkey raised himself on his four legs
Тоді маленький осличок підвівся на своїх чотирьох лапах
and began to walk round the theatre
і почав ходити по театру
and the whole time he kept at a foot's pace

І весь цей час він не відставав від ноги
After a little time the director shouted again:
Через деякий час директор знову крикнув:
"Trot!" and Pinocchio, obeyed the order
«Рись!» І Піноккіо виконав наказ
and he changed his pace to a trot
І він змінив свій темп на рись
"Gallop!" and Pinocchio broke into a gallop
«Галоп!» — і Піноккіо вибухнув галопом
"Full gallop!" and Pinocchio went full gallop
«Повний галоп!» І Піноккіо пішов повним галопом
he was running round the circus like a racehorse
Він бігав по цирку, як скаковий кінь
but then the director fired off a pistol
Але тут режисер вистрілив з пістолета
at full speed he fell to the floor
На повній швидкості він упав на підлогу
and the little donkey pretended to be wounded
А маленька осличка прикинулася пораненою
he got up from the ground amidst an outburst of applause
Він підвівся з землі під бурхливі оплески
there were shouts and clapping of hands
Почулися крики і плескання в долоні
and he naturally raised his head and looked up
І він, природно, підняв голову і подивився вгору
and he saw in one of the boxes a beautiful lady
І він побачив в одній з коробок прекрасну даму
she wore round her neck a thick gold chain
На шиї у неї був товстий золотий ланцюжок
and from the chain hung a medallion
А з ланцюжка звисав медальйон
On the medallion was painted the portrait of a puppet
На медальйоні був намальований портрет маріонетки
"That is my portrait!" realized Pinocchio
«Це мій портрет!» — зрозумів Піноккіо
"That lady is the Fairy!" said Pinocchio to himself
«Ця леді – Фея!» - сказав Піноккіо сам до себе

Pinocchio had recognized her immediately
Піноккіо відразу впізнав її
and, overcome with delight, he tried to call her
І, охоплений захватом, спробував покликати її
"Oh, my little Fairy! Oh, my little Fairy!"
— Ох, моя маленька Фея! Ох, моя маленька Фея!
But instead of these words a bray came from his throat
Але замість цих слів у нього з горла пролунав брязкіт
a bray so prolonged that all the spectators laughed
Брей такий тривалий, що всі глядачі засміялися
and all the children in the theatre especially laughed
І особливо сміялися всі діти в театрі
Then the director gave him a lesson
Тоді директор дав йому урок
it is not good manners to bray before the public
Це негарний тон – красуватися перед публікою
with the handle of his whip he smacked the donkey's nose
Руків'ям свого батога він цмокнув ослику по носі
The poor little donkey put his tongue out an inch
Бідолашний маленький ослик висунув язика на дюйм
and he licked his nose for at least five minutes
І лизав ніс не менше п'яти хвилин
he thought perhaps that it would ease the pain
Він подумав, що, можливо, це полегшить біль
But how he despaired when looking up a second time
Але як він впав у відчай, коли вдруге підняв голову
he saw that the seat was empty
Він побачив, що місце порожнє
the good Fairy of his had disappeared!
його добра Фея зникла!
He thought he was going to die
Він думав, що помре
his eyes filled with tears and he began to weep
Його очі наповнилися слізьми, і він почав плакати
Nobody, however, noticed his tears
Однак ніхто не помітив його сліз
"Courage, Pinocchio!" shouted the director

«Мужність, Піноккіо!» — вигукнув директор

"show the audience how gracefully you can jump through the hoops"

«Покажіть глядачам, як граціозно ви можете стрибати через обручі»

Pinocchio tried two or three times

Піноккіо спробував двічі чи тричі

but going through the hoop is not easy for a donkey

Але пройти через обруч ослику непросто

and he found it easier to go under the hoop

І йому було простіше зайти під обруч

At last he made a leap and went through the hoop

Нарешті він зробив стрибок і пройшов крізь обруч

but his right leg unfortunately caught in the hoop

Але його права нога, на жаль, зачепилася за обруч

and that caused him to fall to the ground

І це змусило його впасти на землю

he was doubled up in a heap on the other side

Він був складений у купу на тому боці

When he got up he was lame

Коли він підвівся, то був кульгавий

only with great difficulty did he return to the stable

Лише з великими труднощами він повернувся до стайні

"Bring out Pinocchio!" shouted all the boys

«Винесіть Піноккіо!» — кричали всі хлопчаки

"We want the little donkey!" roared the theatre

«Ми хочемо маленького ослика!» — заревів театр

they were touched and sorry for the sad accident

Вони були зворушені і шкодували за сумний випадок

But the little donkey was seen no more that evening

Але того вечора маленького ослика вже не бачили

The following morning the veterinary paid him a visit

Наступного ранку його відвідав ветеринар

the vets are doctors to the animals

Ветеринари – це лікарі для тварин

and he declared that he would remain lame for life

І він заявив, що залишиться кульгавим на все життя

The director then said to the stable-boy:
Тоді директор сказав конюшому:
"What do you suppose I can do with a lame donkey?"
— Як ти гадаєш, що я можу зробити з кульгавим віслюком?
"He will eat food without earning it"
«Він буде їсти їжу, не заробляючи її»
"Take him to the market and sell him"
«Відведіть його на базар і продайте»
When they reached the market a purchaser was found at once
Коли вони дійшли до базару, відразу знайшовся покупець
He asked the stable-boy:
Він спитав у конюха:
"How much do you want for that lame donkey?"
— Скільки ти хочеш за того кульгавого осла?
"Twenty dollars and I'll sell him to you"
"Двадцять доларів, і я продам його тобі"
"I will give you two dollars"
"Я дам тобі два долари"
"but don't suppose that I will make use of him"
"Але не думайте, що я скористаюся ним"
"I am buying him solely for his skin"
"Я купую його виключно заради його шкури"
"I see that his skin is very hard"
"Я бачу, що його шкіра дуже тверда"
"I intend to make a drum with him"
"Я маю намір зробити з ним барабан"
he heard that he was destined to become a drum!
Він почув, що йому судилося стати барабанщиком!
you can imagine poor Pinocchio's feelings
ви можете уявити собі почуття бідного Піноккіо
the two dollars were handed over
Два долари були передані
and the man was given his donkey
І дав чоловікові свого осла
he led the little donkey to the seashore

Він повів маленького ослика на берег моря
he then put a stone round his neck
Потім він поклав йому на шию камінь
and he gave him a sudden push into the water
І він різко штовхнув його у воду
Pinocchio was weighted down by the stone
Піноккіо був обтяжений каменем
and he went straight to the bottom of the sea
І він пішов прямо на дно морське
his owner kept tight hold of the cord
Його господар міцно тримався за шнур
he sat down quietly on a piece of rock
Він тихо сів на шматок скелі
and he waited until the little donkey was drowned
І він чекав, поки маленька осличка не втопиться
and then he intended to skin him
І тоді він мав намір здерти з нього шкуру

Pinocchio gets Swallowed by the Dog-Fish
Піноккіо ковтає Собака-Риба

Pinocchio had been fifty minutes under the water
Піноккіо п'ятдесят хвилин провів під водою
his purchaser said aloud to himself:
Його покупець сказав собі вголос:
"My little lame donkey must by now be quite drowned"
«Мій маленький кульгавий ослик, мабуть, уже зовсім потонув»
"I will therefore pull him out of the water"
«Тому я витягну його з води»
"and I will make a fine drum of his skin"
"І я зроблю тонкий барабан з його шкіри"
And he began to haul in the rope
І він почав тягнути мотузку
the rope he had tied to the donkey's leg
мотузку, яку він прив'язав до ноги віслюка

and he hauled, and hauled, and hauled
І він тягнув, і тягнув, і тягнув
he hauled until at last...
Він тягнув поки, нарешті...
what do you think appeared above the water?
Як ви думаєте, що з'явилося над водою?
he did not pull a dead donkey to land
Він не витягнув мертвого осла на сушу
instead he saw a living little puppet
Замість цього він побачив живу маленьку маріонетку

and this little puppet was wriggling like an eel!
А ця маленька маріонетка звивалася, як вугор!
the poor man thought he was dreaming
Бідолаха подумав, що він мріє
and he was struck dumb with astonishment
І він онімів від подиву
he eventually recovered from his stupefaction

Врешті-решт він оговтався від заціпеніння
and he asked the puppet in a quavering voice:
І він тремтячим голосом спитав ляльку:
"where is the little donkey I threw into the sea?"
— А де ж той маленький ослик, якого я кинув у море?
"I am the little donkey!" said Pinocchio
«Я — маленький ослик!» — сказав Піноккіо
and Pinocchio laughed at being a puppet again
і Піноккіо знову засміявся з того, що став маріонеткою
"How can you be the little donkey??"
«Як ти можеш бути маленьким осликом??»
"I was the little donkey," answered Pinocchio
— Я був маленьким осликом, — відповів Піноккіо
"and now I'm a little puppet again"
"А тепер я знову маленька маріонетка"
"Ah, a young scamp is what you are!!"
— Ах, молодий розбишака — це що ти!!
"Do you dare to make fun of me?"
— Ти смієш глузувати з мене?
"To make fun of you?" asked Pinocchio
«Щоб познущатися з тебе?» — запитав Піноккіо
"Quite the contrary, my dear master?"
— Зовсім навпаки, любий пане?
"I am speaking seriously with you"
"Я говорю з вами серйозно"
"a short time ago you were a little donkey"
«Ще недавно ти був маленьким віслюком»
"how can you have become a wooden puppet?"
— Як ти міг стати дерев'яною маріонеткою?
"being left in the water does not do that to a donkey!"
«Якщо його залишають у воді, це не робить цього з віслюком!»
"It must have been the effect of sea water"
"Мабуть, це був ефект морської води"
"The sea causes extraordinary changes"
«Море спричиняє надзвичайні зміни»
"Beware, puppet, I am not in the mood!"

— Стережись, маріонетко, я не в настрої!
"Don't imagine that you can amuse yourself at my expense"
«Не уявляй, що ти можеш розважитися за мій рахунок»
"Woe to you if I lose patience!"
— Горе тобі, якщо я втрачу терпець!
"Well, master, do you wish to know the true story?"
— Ну, хазяїне, хочеш знати правдиву історію?
"If you set my leg free I will tell it you"
«Якщо ти звільниш мою ногу, я скажу це тобі»
The good man was curious to hear the true story
Доброму чоловікові було цікаво почути правдиву історію
and he immediately untied the knot
І він тут же розв'язав вузол
Pinocchio was again as free as a bird in the air
Піноккіо знову став вільним, як птах у повітрі
and he commenced to tell his story
І він почав розповідати свою історію
"You must know that I was once a puppet"
«Ти мусиш знати, що я колись був маріонеткою»
"that is to say, I wasn't always a donkey"
"Тобто я не завжди був віслюком"
"I was on the point of becoming a boy"
«Я був на межі того, щоб стати хлопчиком»
"I would have been like the other boys in the world"
«Я був би таким, як інші хлопці на світі»
"but like other boys, I wasn't fond of study"
«Але, як і інші хлопці, я не захоплювався навчанням»
"and I followed the advice of bad companions"
"І я послухався порад поганих товаришів"
"and finally I ran away from home"
"І нарешті я втік з дому"
"One fine day when I awoke I found myself changed"
«В один прекрасний день, коли я прокинувся, я виявив, що змінився»
"I had become a donkey with long ears"
«Я став віслюком з довгими вухами»
"and I had grown a long tail too"

"І в мене теж виріс довгий хвіст"
"What a disgrace it was to me!"
— Яка це була ганьба для мене!
"even your worst enemy would not inflict it upon you!"
— Навіть твій найлютіший ворог не завдав би тобі цього!
"I was taken to the market to be sold"
«Мене відвезли на базар, щоб продати»
"and I was bought by an equestrian company"
"А мене купила кінна компанія"
"they wanted to make a famous dancer of me"
«З мене хотіли зробити відомого танцюриста»
"But one night during a performance I had a bad fall"
"Але одного вечора під час виступу я невдало впав"
"and I was left with two lame legs"
"І я залишився з двома кульгавими ногами"
"I was of no use to the circus no more"
«Я більше не приносив користі цирку»
"and again I was taken to the market
"І знову мене повезли на базар
"and at the market you were my purchaser!"
— А на базарі ти був моїм покупцем!
"Only too true," remembered the man
— Надто правдиво, — згадав чоловік
"And I paid two dollars for you"
"І я заплатив за вас два долари"
"And now, who will give me back my good money?"
— А хто ж мені поверне добрі гроші?
"And why did you buy me?"
— А навіщо ти мене купив?
"You bought me to make a drum of my skin!"
— Ти купив мене, щоб зробити барабан з моєї шкіри!
"Only too true!" said the man
«Занадто правдиво!» — сказав чоловік
"And now, where shall I find another skin?"
— А де ж я знайду іншу шкуру?
"Don't despair, master"
«Не впадайте у відчай, господарю»

"There are many little donkeys in the world!"
«Багато на світі маленьких осликів!»
"Tell me, you impertinent rascal;"
— Скажи мені, нахабний негіднику!
"does your story end here?"
— На цьому твоя історія закінчується?
"No," answered the puppet
— Ні, — відповіла маріонетка
"I have another two words to say"
"У мене є ще два слова, щоб сказати"
"and then my story shall have finished"
"І тоді моя історія скінчиться"
"you brought me to this place to kill me"
«Ти привів мене сюди, щоб убити мене»
"but then you yielded to a feeling of compassion"
«Але потім ви піддалися почуттю співчуття»
"and you preferred to tie a stone round my neck
— А ти воліл пов'язати мені на шию камінь
"and you threw me into the sea"
«І ти кинув мене в море»
"This humane feeling does you great honour"
«Це людське почуття робить тобі велику честь»
"and I shall always be grateful to you"
"І я завжди буду вам вдячний"
"But, nevertheless, dear master, you forgot one thing"
"Але, все ж, шановний господарю, ви забули одну річ"
"you made your calculations without considering the Fairy!"
— Ти зробив свої розрахунки, не замислюючись про Фею!
"And who is the Fairy?"
— А хто така Фея?
"She is my mamma," replied Pinocchio
— Вона моя мама, — відповів Піноккіо
"and she resembles all other good mammas"
"І вона схожа на всіх інших хороших мам"
"and all good mammas care for their children"
«І всі добрі матусі дбають про своїх дітей»
"mammas who never lose sight of their children""

«Мами, які ніколи не втрачають з поля зору своїх дітей»
"mammas who help their children lovingly"
«Мами, які з любов'ю допомагають своїм дітям»
"and they love them even when they deserve to be abandoned"
«І вони люблять їх навіть тоді, коли вони заслуговують на те, щоб їх покинули»
"my good mamma kept me in her sight"
«Моя добра мама тримала мене в полі зору»
"and she saw that I was in danger of drowning"
"І вона побачила, що мені загрожує небезпека потонути"
"so she immediately sent an immense shoal of fish"
"Тому вона негайно послала величезну косяк риб"
"first they really thought I was a little dead donkey"
"Спочатку вони справді думали, що я маленький мертвий осел"
"and so they began to eat me in big mouthfuls"
"І так вони почали їсти мене великими ротами"
"I never knew fish were greedier than boys!"
— Я ніколи не знав, що риби жадібніші за хлопців!
"Some ate my ears and my muzzle"
"Деякі з'їли мої вуха і мою морду"
"and other fish my neck and mane"
"А інші риби мою шию і гриву"
"some of them ate the skin of my legs"
«Деякі з них їли шкіру моїх ніг»
"and others took to eating my fur"
"А інші взялися їсти моє хутро"
"Amongst them there was an especially polite little fish"
"Серед них була особливо ввічлива маленька рибка"
"and he condescended to eat my tail"
"І він поблажливо з'їв мій хвіст"
the purchaser was horrified by what he heard
Покупець жахнувся від почутого
"I swear that I will never touch fish again!"
— Присягаюся, що більше ніколи не доторкнуся до риби!
"imagine opening a mullet and finding a donkey's tail!"

«Уявіть, що ви відкрили кефаль і знайшли хвіст осла!»
"I agree with you," said the puppet, laughing
— Я згоден з вами, — сказала маріонетка, сміючись
"However, I must tell you what happened next"
"Однак я повинен розповісти, що було далі"
"the fish had finished eating the donkey's hide"
«Риба закінчила їсти ослячу шкуру»
"the donkey's hide that had covered me"
«Осляча шкура, що вкрила мене»
"then they naturally reached the bone"
"Тоді вони, природно, дійшли до кісток"
"but it was not bone, but rather wood"
«Але це була не кістка, а скоріше дерево»
"for, as you see, I am made of the hardest wood"
«Бо, як бачиш, я зроблений з найтвердішого дерева»
"they tried to take a few more bites"
«Вони намагалися відкусити ще кілька укусів»
"But they soon discovered I was not for eating"
«Але незабаром вони виявили, що я не для їжі»
"disgusted with such indigestible food, they swam off"
«Відчуваючи огиду до такої неперетравлюваної їжі, вони попливли»
"and they left without even saying thank you"
"І вони пішли, навіть не подякувавши"
"And now, at last, you have heard my story"
— І ось, нарешті, ви почули мою історію.
"and that is why you didn't find a dead donkey"
"І тому ви не знайшли мертвого осла"
"and instead you found a living puppet"
«А замість цього ти знайшов живу маріонетку»
"I laugh at your story," cried the man in a rage
— Я сміюся з твоєї історії, — розлючено вигукнув чоловік
"I only know that I spent two dollars to buy you"
"Я знаю лише, що витратив два долари, щоб купити тебе"
"and I will have my money back"
"І я поверну свої гроші"
"Shall I tell you what I will do?"

— Я скажу тобі, що я буду робити?
"I will take you back to the market"
"Я відведу тебе назад на базар"
"and I will sell you by weight as seasoned wood"
"А я продам тебе на вагу як витримане дерево"
and the purchaser can light fires with you"
А покупець може розпалити багаття разом з вами»
Pinocchio was not too worried about this
Піноккіо не надто переживав з цього приводу
"Sell me if you like; I am content"
— Продай мене, якщо хочеш; Я задоволений"
and he plunged back into the water
І він знову пірнув у воду
he swam gaily away from the shore
Він весело поплив геть від берега
and he called to his poor owner
І він гукнув до свого бідного господаря
"Good-bye, master, don't forget me"
«До побачення, господарю, не забувай мене»
"the wooden puppet you wanted for its skin"
«Дерев'яна маріонетка, яку ви хотіли за її шкіру»
"and I hope you get your drum one day"
"І я сподіваюся, що одного разу ти отримаєш свій барабан"
And he laughed and went on swimming
А він засміявся і пішов далі купатися
and after a while he turned around again
А через деякий час знову обернувся
"Good-bye, master," he shouted louder
— До побачення, хазяїне, — крикнув він голосніше
"and remember me when you need well seasoned wood"
«І пам'ятайте про мене, коли вам знадобиться добре витримане дерево»
"and think of me when you're lighting a fire"
«І думай про мене, коли розпалюєш вогонь»
soon Pinocchio had swam towards the horizon
Незабаром Піноккіо поплив до обрію
and now he was scarcely visible from the shore

І тепер його ледве було видно з берега
he was a little black speck on the surface of the sea
Він являв собою маленьку чорну цятку на поверхні моря
from time to time he lifted out of the water
Час від часу він піднімався з води
and he leaped and capered like a happy dolphin
І він стрибав і перекидався, як щасливий дельфін
Pinocchio was swimming and he knew not whither
Піноккіо плавав і не знав куди
he saw in the midst of the sea a rock
Він побачив посеред моря скелю
the rock seemed to be made of white marble
Скеля наче була зроблена з білого мармуру
and on the summit there stood a beautiful little goat
А на вершині стояла гарна маленька коза
the goat bleated lovingly to Pinocchio
коза з любов'ю мекала до Піноккіо
and the goat made signs to him to approach
І коза зробила йому знаки, щоб він наближався
But the most singular thing was this:
Але найдивовижнішим було ось що:
The little goat's hair was not white nor black
Шерсть маленької кози не була ні білою, ні чорною
nor was it a mixture of two colours
Це також не була суміш двох кольорів
this is usual with other goats
Так зазвичай буває з іншими козами
but the goat's hair was a very vivid blue
Але шерсть у кози була дуже яскравого синього кольору
a vivid blue like the hair of the beautiful Child
яскравий блакитний, як волосся прекрасної Дитини
imagine how rapidly Pinocchio's heart began to beat
уявіть, як швидко почало битися серце Піноккіо
He swam with redoubled strength and energy
Він плив з подвоєною силою і енергією
and in no time at all he was halfway there
І в одну мить він був на півдорозі

but then he saw something came out the water
Але потім він побачив, що з води щось вилізло
the horrible head of a sea-monster!
Жахлива голова морського чудовиська!
His mouth was wide open and cavernous
Його рот був широко відкритий і печеристий
there were three rows of enormous teeth
Там було три ряди величезних зубів
even a picture of if would terrify you
Навіть картина «Якщо» налякає вас
And do you know what this sea-monster was?
А чи знаєте ви, що це було за морське чудовисько?
it was none other than that gigantic Dog-Fish
це був не хто інший, як той велетенський Пес-Риба
the Dog-Fish mentioned many times in this story
Собака-Риба багато разів згадується в цій історії
I should tell you the name of this terrible fish
Я повинен вам сказати назву цієї страшної риби
Attila of Fish and Fishermen
Аттіла про риб і рибалок
on account of his slaughter and insatiable voracity
За його різанину і неситну ненажерливість
think of poor Pinocchio's terror at the sight
згадати жах бідного Піноккіо при побаченому
a true sea monster was swimming at him
На нього пливло справжнє морське чудовисько
He tried to avoid the Dog-Fish
Він намагався уникати Собаки-Риби
he tried to swim in other directions
Він намагався плисти в інших напрямках
he did everything he could to escape
Він робив усе можливе, щоб втекти
but that immense wide-open mouth was too big
Але той величезний широко відкритий рот був занадто великий
and it was coming with the velocity of an arrow
І він летів зі швидкістю стріли

the beautiful little goat tried to bleat
Прекрасна маленька коза спробувала бекати
"Be quick, Pinocchio, for pity's sake!"
— Поспішай, Піноккіо, заради жалю!
And Pinocchio swam desperately with all he could
І Піноккіо відчайдушно плив щосили
his arms, his chest, his legs, and his feet
Його руки, його груди, його ноги і його ступні
"Quick, Pinocchio, the monster is close upon you!"
— Швидше, Піноккіо, чудовисько вже близько до тебе!
And Pinocchio swam quicker than ever
І Піноккіо поплив швидше, ніж будь-коли
he flew on with the rapidity of a ball from a gun
Він летів далі зі швидкістю кулі з гармати
He had nearly reached the rock
Він майже дійшов до скелі
and he had almost reached the little goat
І він уже майже дійшов до маленької кози
and the little goat leaned over towards the sea
І маленьке козеня нахилилося до моря
she stretched out her fore-legs to help him
Вона витягнула передні лапи, щоб допомогти йому
perhaps she could get him out of the water
Можливо, вона змогла б витягнути його з води
But all their efforts were too late!
Але всі їхні зусилля були запізнілими!
The monster had overtaken Pinocchio
Чудовисько наздогнало Піноккіо
he drew in a big breath of air and water
Він втягнув великий ковток повітря і води
and he sucked in the poor puppet
І він засмоктав бідну маріонетку
like he would have sucked a hen's egg
Наче він смоктав би куряче яйце
and the Dog-Fish swallowed him whole
і Риба-Собака ковтнула його цілим

Pinocchio tumbled through his teeth
Піноккіо провалився крізь зуби
and he tumbled down the Dog-Fish's throat
і він упав у горло Собаці-Рибі
and finally he landed heavily in his stomach
І нарешті він важко приземлився йому в живіт
he remained unconscious for a quarter of an hour
Він залишався непритомним протягом чверті години
but eventually he came to himself again
Але з часом він знову прийшов до тями
he could not in the least imagine in what world he was
Він анітрохи не міг уявити, в якому світі він знаходиться
All around him there was nothing but darkness
Навколо нього не було нічого, крім темряви
it was as if he had fallen into a pot of ink

Він наче впав у горщик з чорнилом
He listened, but he could hear no noise
Він слухав, але не чув шуму
occasionally great gusts of wind blew in his face
Зрідка йому в обличчя дули сильні пориви вітру
first he could not understand from where it came from
Спочатку він не міг зрозуміти, звідки воно береться
but at last he discovered the source
Але нарешті він відкрив джерело
it came out of the monster's lungs
Воно вийшло з легенів чудовиська
there is one thing you must know about the Dog-Fish
є одна річ, яку ви повинні знати про Собаку-Рибу
the Dog-Fish suffered very much from asthma
Собака-Риба дуже страждала від астми
when he breathed it was exactly like the north wind
Коли він дихав, це було точнісінько як північний вітер
Pinocchio at first tried to keep up his courage
Піноккіо спочатку намагався не втрачати мужності
but the reality of the situation slowly dawned on him
Але реальність ситуації поволі осяяла його
he was really shut up in the body of this sea-monster
Він дійсно був замкнений в тілі цього морського чудовиська
and he began to cry and scream and sob
І він почав плакати, кричати і ридати
"Help! help! Oh, how unfortunate I am!"
"Допоможіть! Допомога! Ой, який же я нещасний!
"Will nobody come to save me?"
— Невже ніхто не прийде мене рятувати?
from the dark there came a voice
З темряви долинув голос
the voice sounded like a guitar out of tune
Голос звучав, наче гітара не в лад
"Who do you think could save you, unhappy wretch?"
— Як ти думаєш, хто міг би тебе врятувати, нещасний негіднику?

Pinocchio froze with terror at the voice
Піноккіо завмер від жаху від голосу
"Who is speaking?" asked Pinocchio, finally
«Хто говорить?» — нарешті запитав Піноккіо
"It is I! I am a poor Tunny Fish"
— Це я! Я бідна Рибка-Тунка"
"I was swallowed by the Dog-Fish along with you"
«Мене разом з тобою проковтнула Риба-Собака»
"And what fish are you?"
— А що ти за риба?
"I have nothing in common with fish"
"У мене немає нічого спільного з рибою"
"I am a puppet," added Pinocchio
— Я маріонетка, — додав Піноккіо
"Then why did you let yourself be swallowed?"
— Тоді чому ти дозволив себе проковтнути?
"I didn't let myself be swallowed"
«Я не дав себе проковтнути»
"it was the monster that swallowed me!"
— Це чудовисько проковтнуло мене!
"And now, what are we to do here in the dark?"
— А що ж нам робити тут, у темряві?
"there's not much we can do but to resign ourselves"
«Ми мало що можемо зробити, як змиритися з собою»
"and now we wait until the Dog-Fish has digested us"
"А тепер ми чекаємо, поки Собака-Риба нас переварить"
"But I do not want to be digested!" howled Pinocchio
«Але я не хочу, щоб мене перетравлювали!» — завив Піноккіо
and he began to cry again
І він знову заплакав
"Neither do I want to be digested," added the Tunny Fish
— І я не хочу, щоб мене перетравлювали, — додала Туманна Рибка
"but I am enough of a philosopher to console myself"
"Але я досить філософ, щоб втішити себе"
"when one is born a Tunny Fish life can be made sense of"

«Коли людина народжується Туманною Рибкою, життя може бути осмислене»
"it is more dignified to die in the water than in oil"
«Гідніше померти у воді, ніж у нафті»
"That is all nonsense!" cried Pinocchio
«Це все нісенітниці!» — вигукнув Піноккіо
"It is my opinion," replied the Tunny Fish
— Це моя думка, — відповіла Туманна Рибка
"and opinions ought to be respected"
«І думки слід поважати»
"that is what the political Tunny Fish say"
"Так кажуть політичні Туманні Рибки"
"To sum it all up, I want to get away from here"
"Підводячи підсумок, я хочу піти звідси"
"I do want to escape."
«Я хочу втекти».
"Escape, if you are able!"
— Тікай, якщо зможеш!
"Is this Dog-Fish who has swallowed us very big?"
— Невже ця Риба-Собака, яка нас дуже велика?
"Big? My boy, you can only imagine"
"Великий? Мій хлопчику, ти можеш тільки уявити"
"his body is two miles long without counting his tail"
«Його тіло має дві милі завдовжки, не рахуючи хвоста»
they held this conversation in the dark for some time
Вони деякий час тримали цю розмову в темряві
eventually Pinocchio's eyes adjusted to the darkness
Врешті-решт очі Піноккіо пристосувалися до темряви
Pinocchio thought that he saw a light a long way off
Піноккіо подумав, що бачить світло далеко
"What is that little light I see in the distance?"
— Що це за маленький вогник, який я бачу вдалині?
"It is most likely some companion in misfortune"
"Швидше за все, це якийсь супутник у нещасті"
"he, like us, is waiting to be digested"
«Він, як і ми, чекає, щоб його переварили»
"I will go and find him"

"Я піду і знайду його"
"perhaps it is an old fish that knows his way around"
"Можливо, це стара риба, яка знає свій шлях"
"I hope it may be so, with all my heart, dear puppet"
"Я сподіваюся, що може бути так, від щирого серця, дорога маріонетко"
"Good-bye, Tunny Fish" - "Good-bye, puppet"
"Good-bye, Tunny Fish" - "До побачення, маріонетко"
"and I wish a good fortune to you"
"І я бажаю вам удачі".
"Where shall we meet again?"
— Де ж ми знову зустрінемося?
"Who can see such things in the future?"
— Хто може побачити таке в майбутньому?
"It is better not even to think of it!"
— Краще про це навіть не думати!

A Happy Surprise for Pinocchio
Щасливий сюрприз для Піноккіо

Pinocchio said farewell to his friend the Tunny Fish
Піноккіо попрощався зі своїм другом Тунчиком Рибкою
and he began to grope his way through the Dog-Fish
і він почав навпомацки пробиратися крізь Собаку-Рибу
he took small steps in the direction of the light
Він робив маленькі кроки в напрямку світла
the small light shining dimly at a great distance
Маленький вогник тьмяно світить на великій відстані
the farther he advanced the brighter became the light
Чим далі він просувався, тим яскравішим ставало світло
and he walked and walked until at last he reached it
І він ішов і йшов, поки нарешті не дійшов до нього
and when he reached the light, what did he find?
І коли він дійшов до світла, що він знайшов?
I will let you have a thousand and one guesses
Я дам тобі тисячу і одну вгадку

what he found was a little table all prepared
Він знайшов маленький столик, весь приготований
on the table was a lighted candle in a green bottle
На столі стояла запалена свічка в зеленій пляшці
and seated at the table was a little old man
А за столом сидів маленький дідок
the little old man was eating some live fish
Маленький дідок їв живу рибу
and the little live fish were very much alive
І маленькі живі рибки були дуже живі
some of the little fish even jumped out of his mouth
Деякі з маленьких рибок навіть вистрибували з його рота
at this sight Pinocchio was filled with happiness
побачивши це, Піноккіо сповнився щастя
he became almost delirious with unexpected joy
Він мало не помарив від несподіваної радості
He wanted to laugh and cry at the same time
Йому хотілося сміятися і плакати одночасно
he wanted to say a thousand things at once
Він хотів сказати тисячу речей одразу
but all he managed were a few confused words
Але все, що він встиг, це кілька заплутаних слів
At last he succeeded in uttering a cry of joy
Нарешті йому вдалося вимовити радісний крик
and he threw his arm around the little old man
І він обійняв маленького старого
"Oh, my dear papa!" he shouted with joy
«Ох, мій любий тату!» — вигукнув він від радості
"I have found you at last!" cried Pinocchio
«Нарешті я знайшов тебе!» — вигукнув Піноккіо
"I will never never never never leave you again"
«Я ніколи більше тебе не покину»
the little old man couldn't believe it either
Маленький дідок теж не міг у це повірити
"are my eyes telling the truth?" he said
«Чи мої очі говорять правду?» — сказав він
and he rubbed his eyes to make sure

І він протер очі, щоб переконатися
"then you are really my dear Pinocchio?"
— То ти справді мій любий Піноккіо?
"Yes, yes, I am Pinocchio, I really am!"
— Так, так, я — Піноккіо, я справді такий!
"And you have forgiven me, have you not?"
— І ти пробачив мені, чи не так?
"Oh, my dear papa, how good you are!"
— Ой, мій любий тату, який ти молодець!
"And to think how bad I've been to you"
«І подумати, як погано я тобі був»
"but if you only knew what I've gone through"
"Але якби ви тільки знали, через що пройшов я"
"all the misfortunes I've had poured on me"
«Всі нещастя, які я вилив на мене»
"and all the other things that have befallen me!"
"І все інше, що спіткало мене!"
"oh think back to the day you sold your jacket"
«О, згадай той день, коли ти продав свою куртку»
"oh you must have been terribly cold"
"Ой, ти, мабуть, страшенно змерзла"
"but you did it to buy me a spelling book"
«Але ви це зробили, щоб купити мені книжку з правопису»
"so that I could study like the other boys"
"Щоб я міг вчитися, як інші хлопці"
"but instead I escaped to see the puppet show"
"Але замість цього я втік, щоб подивитися на лялькову виставу"
"and the showman wanted to put me on the fire"
"А шоумен хотів мене підпалити"
"so that I could roast his mutton for him"
"Щоб я міг засмажити для нього його баранину"
"but then the same showman gave me five gold pieces"
"Але потім той самий шоумен подарував мені п'ять золотих"
"he wanted me to give you the gold"

«Він хотів, щоб я віддав тобі золото»
"but then I met the Fox and the Cat"
"Але потім я зустрів Лисицю і Кота"
"and they took me to the inn of The Red Craw-Fish"
"І вони повезли мене до корчми Червоної Риби-Рака"
"and at the inn they ate like hungry wolves"
"А в корчмі їли, як голодні вовки"
"and I left by myself in the middle of the night"
"І я пішла сама серед ночі"
"and I encountered assassins who ran after me"
"І я зіткнувся з убивцями, які бігли за мною"
"and I ran away from the assassins"
"І я втік від убивць"
"but the assassins followed me just as fast"
«Але вбивці так само швидко пішли за мною»
"and I ran away from them as fast as I could"
"І я втік від них так швидко, як тільки міг"
"but they always followed me however fast I ran"
"Але вони завжди йшли за мною, як би швидко я не біг"
"and I kept running to get away from them"
"І я весь час біг, щоб втекти від них"
"but eventually they caught me after all"
"Але врешті-решт мене все ж таки спіймали"
"and they hung me to a branch of a Big Oak"
"І повісили мене до гілки Великого Дуба"
"but then there was the beautiful Child with blue hair"
"Але ж була красуня Дитя з синім волоссям"
"she sent a little carriage to fetch me"
«Вона прислала маленьку карету, щоб забрати мене»
"and the doctors all had a good look at me"
"І лікарі всі добре на мене розглянули"
"and they immediately made the same diagnosis"
"І вони відразу поставили такий самий діагноз"
"If he is not dead, it is a proof that he is still alive"
«Якщо він не мертвий, це доказ того, що він ще живий»
"and then by chance I told a lie"
"А потім випадково сказав неправду"

"and my nose began to grow and grow and grow"
«І ніс у мене почав рости і рости, і рости»
"and soon I could no longer get through the door"
"І скоро я вже не міг пройти через двері"
"so I went again with the Fox and the Cat"
"І я знову пішла з Лисицею і Котом"
"and together we buried the four gold pieces"
«І разом ми поховали чотири золоті»
"because one piece of gold I had spent at the inn"
"Тому що один шматок золота я витратив у корчмі"
"and the Parrot began to laugh at me"
"І Папуга почав сміятися з мене"
"and there were not two thousand pieces of gold"
"І не було двох тисяч золотих"
"there were no pieces of gold at all anymore"
«Золотих шматків уже не було»
"so I went to the judge of the town to tell him"
"І пішов я до міського судді, щоб сказати йому"
"he said I had been robbed, and put me in prison"
«Він сказав, що мене обікрали, і посадив мене до в'язниці»
"while escaping I saw a beautiful bunch of grapes"
«Тікаючи, я побачив красиву гроно винограду»
"but in the field I was caught in a trap"
«Але в полі я потрапив у пастку»
"and the peasant had every right to catch me"
"І селянин мав повне право мене спіймати"
"he put a dog-collar round my neck"
«Він одягнув мені на шию собачий нашийник»
"and he made me the guard dog of the poultry-yard"
«І він зробив мене сторожовим псом пташиного двору»
"but he acknowledged my innocence and let me go"
«Але він визнав мою невинність і відпустив мене»
"and the Serpent with the smoking tail began to laugh"
"І Змій з димлячим хвостом почав сміятися"
"but the Serpent laughed until he broke a blood-vessel"
«Але Змій сміявся, поки не розірвав кровоносну судину»
"and so I returned to the house of the beautiful Child"

"I ось Я повернувся в будинок прекрасного Дитяти"
"but then the beautiful Child was dead"
"Але тоді прекрасне Дитя померло"
"and the Pigeon could see that I was crying"
"І голуб побачив, що я плачу"
"and the Pigeon said, 'I have seen your father'"
"І сказав Голуб: "Я бачив твого батька"
'he was building a little boat to search of you'
«Він будував маленький човен, щоб шукати тебе»
"and I said to him, 'Oh! if I also had wings,'"
І я сказав йому: "О! Якби й у мене були крила",
"and he said to me, 'Do you want to see your father?'"
"І він сказав мені: "Хочеш побачити свого батька?"
"and I said, 'Without doubt I would like to see him!'"
І я сказала: "Без сумніву, я б хотіла його побачити!"
"'but who will take me to him?' I asked"
— Але хто мене до нього приведе? — спитав я.
"and he said to me, 'I will take you,'"
"І сказав він до мене: Я візьму тебе".
"and I said to him, 'How will you take me?'"
"І сказав я йому: "Як ти мене візьмеш?"
"and he said to me, 'Get on my back,'"
"І сказав він мені: "Стань мені на спину".
"and so we flew through all that night"
"І так ми пролетіли всю ту ніч"
"and then in the morning there were all the fishermen"
"А потім вранці були всі рибалки"
"and the fishermen were looking out to sea"
«А рибалки дивилися на море»
"and one said to me, 'There is a poor man in a boat'"
"І сказав мені один: "У човні бідний чоловік""
"he is on the point of being drowned"
«Він на межі того, що його втоплять»
"and I recognized you at once, even at that distance
— І я впізнав тебе відразу, навіть на такій відстані
"because my heart told me that it was you"
«Тому що моє серце підказувало мені, що це ти»

"and I made signs so that you would return to land"
"І Я зробив знамення, щоб ви повернулися на землю"
"I also recognized you," said Geppetto
— Я теж упізнав тебе, — сказав Джеппетто
"and I would willingly have returned to the shore"
"І я б охоче повернувся на берег"
"but what was I to do so far out at sea?"
— Але що ж мені було робити так далеко в морі?
"The sea was tremendously angry that day"
«Море того дня було страшенно розлючене»
"and a great wave came over and upset my boat"
«І налетіла велика хвиля і перекинула мій човен»
"Then I saw the horrible Dog-Fish"
«Потім я побачив жахливу Собаку-Рибу»
"and the horrible Dog-Fish saw me too"
"І жахлива Риба-Собака побачила мене"
"and so the horrible Dog-Fish came to me"
"І ось жахлива Собака-Риба прийшла до мене"
"and he put out his tongue and swallowed me"
"І він висунув язика, і ковтнув мене"
"as if I had been a little apple tart"
"Наче я був маленьким яблучним пирогом"
"And how long have you been shut up here?"
— А як давно ти тут замкнений?
"that day must have been nearly two years ago"
«Цей день, мабуть, був майже два роки тому»
"two years, my dear Pinocchio," he said
— Два роки, мій любий Піноккіо, — сказав він
"those two years seemed like two centuries!"
«Ці два роки здавалися двома століттями!»
"And how have you managed to live?"
— А як ти встиг жити?
"And where did you get the candle?"
— А де ти взяв свічку?
"And from where are the matches for the candle?
"А звідки сірники для свічки?
"Stop, and I will tell you everything"

- 306 -

«Зупиніться, і я вам все розповім»
"I was not the only one at sea that day"
«Того дня я був не один у морі»
"the storm had also upset a merchant vessel"
«Буря також засмутила торгове судно»
"the sailors of the vessel were all saved"
«Усі моряки судна були врятовані»
"but the cargo of the vessel sunk to the bottom"
"Але вантаж судна опустився на дно"
"the Dog-Fish had an excellent appetite that day"
"У Собаки-Риби в цей день був чудовий апетит"
"after swallowing me he swallowed the vessel"
«Проковтнувши мене, він проковтнув посудину»
"How did he swallow the entire vessel?"
— Як він проковтнув усю посудину?
"He swallowed the whole boat in one mouthful"
«Він проковтнув весь човен в одному ковтку»
"the only thing that he spat out was the mast"
"Єдине, що він виплюнув, це щогла"
"it had stuck between his teeth like a fish-bone"
«Вона застрягла в нього між зубами, як риб'яча кістка»
"Fortunately for me, the vessel was fully laden"
«На моє щастя, судно було повністю завантажене»
"there were preserved meats in tins, biscuit"
«Було консервоване м'ясо в бляшанках, печиво»
"and there were bottles of wine and dried raisins"
«А там були пляшки з вином і сушеними родзинками»
"and I had cheese and coffee and sugar"
«А в мене був сир, і кава, і цукор»
"and with the candles were boxes of matches"
"А зі свічками були коробки з сірниками"
"With this I have been able to live for two years"
«З цим я зміг прожити два роки»
"But I have arrived at the end of my resources"
"Але я дійшов до кінця своїх ресурсів"
"there is nothing left in the larder"
«У коморі нічого не залишилося»

"and this candle is the last that remains"

«І ця свічка – остання, що залишилася»

"And after that what will we do?"

— А після того, що ми будемо робити?

"oh my dear boy, Pinocchio," he cried

— О, мій любий хлопчику, Піноккіо, — вигукнув він

"After that we shall both remain in the dark"

«Після цього ми обоє залишимося в темряві»

"Then, dear little papa there is no time to lose"

«Тоді, любий тату, немає часу втрачати»

"We must think of a way of escaping"

«Ми повинні подумати про спосіб втечі»

"what way of escaping can we think of?"

— Про який спосіб втечі ми можемо подумати?

"We must escape through the mouth of the Dog-Fish"

«Ми повинні втекти через пащу Собаки-Риби»

"we must throw ourselves into the sea and swim away"

«Треба кинутися в море і поплисти»

"You talk well, my dear Pinocchio"

«Ти добре говориш, мій любий Піноккіо»

"but I don't know how to swim"

"Але я не вмію плавати"

"What does that matter?" replied Pinocchio

«Яке це має значення?» — відповів Піноккіо

"I am a good swimmer," he suggested

— Я добре плаваю, — запропонував він

"you can get on my shoulders"

"Ти можеш лягти мені на плечі"

"and I will carry you safely to shore"

"І я благополучно віднесу тебе до берега"

"All illusions, my boy!" replied Geppetto

«Всі ілюзії, мій хлопчику!» — відповів Джеппетто

and he shook his head with a melancholy smile

І він похитав головою з меланхолійною посмішкою

"my dear Pinocchio, you are scarcely a yard high"

«Мій любий Піноккіо, ти ледве сягаєш ярду зросту»

"how could you swim with me on your shoulders?"

— Як ти міг плавати зі мною на плечах?
"Try it and you will see!" replied Pinocchio
«Спробуй і побачиш!» – відповів Піноккіо
Without another word Pinocchio took the candle
Без зайвих слів Піноккіо взяв свічку
"Follow me, and don't be afraid"
«Іди за мною і не бійся»
and they walked for some time through the Dog-Fish
і вони деякий час гуляли через Собаку-Рибу
they walked all the way through the stomach
Вони йшли по всьому животу
and they were where the Dog-Fish's throat began
і саме там починалося горло у Собаки-Риби
and here they thought they should better stop
І тут вони подумали, що їм краще зупинитися
and they thought about the best moment for escaping
І вони думали про найкращий момент для втечі
Now, I must tell you that the Dog-Fish was very old
Тепер я повинен вам сказати, що Собака-Риба була дуже стара
and he suffered from asthma and heart palpitations
І він страждав від астми і прискореного серцебиття
so he was obliged to sleep with his mouth open
Тому він був змушений спати з відкритим ротом
and through his mouth they could see the starry sky
І через його рот вони могли бачити зоряне небо
and the sea was lit up by beautiful moonlight
І море осялося прекрасним місячним сяйвом
Pinocchio carefully and quietly turned to his father
Піноккіо обережно і тихо обернувся до батька
"This is the moment to escape," he whispered to him
— Настав момент для втечі, — прошепотів він йому
"the Dog-Fish is sleeping like a dormouse"
«Собака-Риба спить, як сонька»
"the sea is calm, and it is as light as day"
«Море спокійне, і воно легке, як день»
"follow me, dear papa," he told him

— Іди за мною, любий тату, — сказав він йому

"and in a short time we shall be in safety"

"І за короткий час ми будемо в безпеці"

they climbed up the throat of the sea-monster

Вони полізли по горло морському чудовиську

and soon they reached his immense mouth

І скоро вони дійшли до його неосяжних уст

so they began to walk on tiptoe down his tongue

І вони почали ходити навшпиньки по його язику

they were about to make the final leap

Вони збиралися зробити останній стрибок

the puppet turned around to his father

Лялька обернулася до батька

"Get on my shoulders, dear Papa," he whispered

— Лягай мені на плечі, любий тату, — прошепотів він

"and put your arms tightly around my neck"

"І міцно обійми мене за шию"

"I will take care of the rest," he promised

«Про все інше я подбаю», — пообіцяв він

soon Geppetto was firmly settled on his son's shoulders

незабаром Джеппетто міцно влаштувався на плечах сина

Pinocchio took a moment to build up courage

Піноккіо знайшов мить, щоб набратися сміливості

and then he threw himself into the water

А потім кинувся у воду

and began to swim away from the Dog-Fish

і почав відпливати від Собаки-Риби

The sea was as smooth as oil

Море було гладеньке, як нафта

the moon shone brilliantly in the sky

На небі яскраво світив місяць,

and the Dog-Fish was in deep sleep

а Собака-Риба поринула в глибокий сон

even cannons wouldn't have awoken him

Навіть гармати не розбудили б його

Pinocchio at last Ceases to be a Puppet and Becomes a Boy
Піноккіо нарешті перестає бути маріонеткою і стає хлопчиком

Pinocchio was swimming quickly towards the shore
Піноккіо швидко плив до берега
Geppetto had his legs on his son's shoulders
Джеппетто поклав ноги на плечі сина
but Pinocchio discovered his father was trembling
але Піноккіо помітив, що його батько тремтить
he was shivering from cold as if in a fever
Він тремтів від холоду, наче в гарячці
but cold was not the only cause of his trembling
Але холод був не єдиною причиною його тремтіння
Pinocchio thought the cause of the trembling was fear
Піноккіо подумав, що причиною тремтіння є страх
and the Puppet tried to comfort his father
і Маріонетка намагалася втішити батька
"Courage, papa! See how well I can swim?"
— Мужність, тату! Бачиш, як добре я вмію плавати?
"In a few minutes we shall be safely on shore"
«За кілька хвилин ми благополучно вийдемо на берег»
but his father had a higher vantage point
Але його батько мав вищу точку зору
"But where is this blessed shore?"
— А де ж цей благословенний берег?
and he became even more frightened
І він злякався ще дужче
and he screwed up his eyes like a tailor
І він примружив очі, як кравець
when they thread string through a needle
Коли вони протягують нитку через голку
"I have been looking in every direction"
«Я дивився в усі боки»
"and I see nothing but the sky and the sea"
«І я не бачу нічого, крім неба і моря»
"But I see the shore as well," said the puppet

— Але я бачу й берег, — сказала маріонетка
"You must know that I am like a cat"
«Ти мусиш знати, що я як кішка»
"I see better by night than by day"
«Я краще бачу вночі, ніж удень»
Poor Pinocchio was making a pretence
Бідолашний Піноккіо вдавав
he was trying to show optimism
Він намагався проявити оптимізм
but in reality he was beginning to feel discouraged
Але насправді він починав відчувати зневіру
his strength was failing him rapidly
Сили швидко підводили його
and he was gasping and panting for breath
І він задихався і задихався
He could not swim much further anymore
Він уже не міг плисти набагато далі
and the shore was still far off
А берег був ще далеко
He swam until he had no breath left
Він плив до тих пір, поки у нього не залишилося подиху
and then he turned his head to Geppetto
а потім повернув голову до Джеппетто
"Papa, help me, I am dying!" he said
«Тату, допоможи мені, я вмираю!» — сказав він
The father and son were on the point of drowning
Батько і син були на межі потоплення
but they heard a voice like an out of tune guitar
Але вони почули голос, схожий на ненастроєну гітару
"Who is it that is dying?" said the voice
«Хто це такий, що вмирає?» — сказав голос
"It is I, and my poor father!"
— Це я і мій бідний батько!
"I know that voice! You are Pinocchio!"
"Я знаю цей голос! Ти – Піноккіо!»
"Precisely; and you?" asked Pinocchio
— Саме так; а ти?» — запитав Піноккіо

"I am the Tunny Fish," said his prison companion
— Я — Риба-Тунка, — сказав його тюремний товариш
"we met in the body of the Dog-Fish"
"ми зустрілися в тілі Собаки-Риби"
"And how did you manage to escape?"
— А як вам вдалося втекти?
"I followed your example"
"Я наслідував твій приклад"
"You showed me the road"
«Ти вказав мені дорогу»
"and I escaped after you"
"І я втік за тобою"
"Tunny Fish, you have arrived at the right moment!"
— Тунчик Рибо, ти прибув у потрібний момент!
"I implore you to help us or we are dead"
«Я благаю вас допомогти нам, або ми мертві»
"I will help you willingly with all my heart"
«Я охоче допоможу тобі від щирого серця»
"You must, both of you, take hold of my tail"
«Ви обоє повинні, взяти мене за хвіст»
"leave it to me to guide you
"Залиште це мені, щоб я направляв вас
"I will take you both on shore in four minutes"
«Я відвезу вас обох на берег за чотири хвилини»
I don't need to tell you how happy they were
Мені не потрібно розповідати, наскільки вони були щасливі
Geppetto and Pinocchio accepted the offer at once
Джеппетто і Піноккіо відразу ж прийняли пропозицію
but grabbing the tail was not the most comfortable
Але хапатися за хвіст було не найзручніше
so they got on the Tunny Fish's back
І вони сіли на спину Тунцевій Рибці

The Tunny Fish did indeed take only four minutes
«Рибка-тунка» справді зайняла лише чотири хвилини
Pinocchio was the first to jump onto the land
Піноккіо першим стрибнув на землю
that way he could help his father off the fish
Таким чином він міг допомогти своєму батькові вигнати рибу
He then turned to his friend the Tunny Fish
Тоді він звернувся до свого друга Тунчика Рибки
"My friend, you have saved my papa's life"
«Друже мій, ти врятував життя моєму татові»
Pinocchio's voice was full of deep emotions
Голос Піноккіо був сповнений глибоких емоцій
"I can find no words with which to thank you properly"
«Я не можу знайти слів, якими можна було б належним

чином віддячити»
"Permit me at least to give you a kiss"
«Дозволь мені хоча б поцілувати тебе»
"it is a sign of my eternal gratitude!"
«Це знак моєї вічної вдячності!»
The Tunny put his head out of the water
Тунчик висунув голову з води
and Pinocchio knelt on the edge of the shore
І Піноккіо став навколішки на краю берега
and he kissed him tenderly on the mouth
І він ніжно поцілував його в уста
The Tunny Fish was not used to such warm affection
Туманна рибка не звикла до такої теплої ласки
he felt both very touched, but also ashamed
Йому було і дуже зворушено, і соромно
because he had started crying like a small child
Бо він почав плакати, як мала дитина
and he plunged back into the water and disappeared
І він знову пірнув у воду і зник
By this time the day had dawned
До цього часу вже розвиднілося,
Geppetto had scarcely breath to stand
Джеппетто ледве дихав, щоб стояти
"Lean on my arm, dear papa, and let us go"
«Покладіться мені на руку, любий тату, і ходімо»
"We will walk very slowly, like the ants"
«Ми будемо йти дуже повільно, як мурахи»
"and when we are tired we can rest by the wayside"
«А коли ми втомимося, ми можемо відпочити на узбіччі»
"And where shall we go?" asked Geppetto
«А куди ж нам іти?» — запитав Джеппетто
"let us search for some house or cottage"
«Давайте пошукаємо якийсь будинок або дачу»
"there they will give us some charity"
"Там нам дадуть якусь благодійність"
"perhaps we will receive a mouthful of bread"
«Можливо, ми отримаємо повний рот хліба»

"and a little straw to serve as a bed"
"І трохи соломи, щоб служити ліжком"
Pinocchio and his father hadn't walked very far
Піноккіо і його батько не дуже далеко ходили
they had seen two villainous-looking individuals
Вони бачили двох лиходійських на вигляд осіб
the Cat and the Fox were at the road begging
Кіт і Лисиця стояли на дорозі і жебракували

but they were scarcely recognizable
Але їх ледве можна було впізнати
the Cat had feigned blindness all her life
Кішка все життя вдавала сліпоту
and now she became blind in reality
І ось вона осліпла в реальності
and a similar fate must have met the Fox
і подібна доля, мабуть, спіткала Лиса

his fur had gotten old and mangy
Його хутро постаріло і зіщулилося
one of his sides was paralyzed
Одна зі сторін у нього була паралізована
and he had not even his tail left
І в нього не залишилося навіть хвоста
he had fallen in the most squalid of misery
Він упав у найубогішому нещасті
and one fine day he was obliged to sell his tail
І в один прекрасний день він був змушений продати свій хвіст
a travelling peddler bought his beautiful tail
Мандрівний розносчик купив свій прекрасний хвіст
and now his tail was used for chasing away flies
А тепер його хвіст використовувався для того, щоб відганяти мух
"Oh, Pinocchio!" cried the Fox
«О, Піноккіо!» — вигукнула Лисиця
"give a little in charity to two poor, infirm people"
«Дай трохи на милостиню двом бідним, немічним людям»
"Infirm people," repeated the Cat
— Немічні люди, — повторив Кіт
"Be gone, impostors!" answered the puppet
«Геть, самозванці!» — відповіла маріонетка
"You fooled me once with your tricks"
«Ти мене одного разу обдурив своїми витівками»
"but you will never catch me again"
"Але ти мене більше ніколи не спіймаєш"
"this time you must believe us, Pinocchio"
«Цього разу ти мусиш повірити нам, Піноккіо»
"we are now poor and unfortunate indeed!"
— Ми тепер бідні й нещасні!
"If you are poor, you deserve it"
«Якщо ти бідний, ти цього заслуговуєш»
and Pinocchio asked them to recollect a proverb
і Піноккіо попросив їх згадати прислів'я
"Stolen money never fructifies"

«Вкрадені гроші ніколи не приносять плодів»
"Be gone, impostors!" he told them
«Геть, самозванці!» — сказав він їм
And Pinocchio and Geppetto went their way in peace
І Піноккіо і Джеппетто спокійно пішли своїм шляхом
soon they had gone another hundred yards
Скоро вони пройшли ще сто ярдів
they saw a path going into a field
Вони побачили стежку, що йде в поле
and in the field they saw a nice little hut
І в полі вони побачили гарну маленьку хатинку
the hut was made from tiles and straw and bricks
Хата була зроблена з черепиці та соломи та цегли
"That hut must be inhabited by someone"
«У тій хатині хтось має жити»
"Let us go and knock at the door"
«Ходімо і постукаємо в двері»
so they went and knocked at the door
І пішли вони, і постукали в двері
from in the hut came a little voice
З хатини долинув тихий голос
"who is there?" asked the little voice
«Хто там?» — запитав маленький голос
Pinocchio answered to the little voice
— відповів Піноккіо тихому голосу
"We are a poor father and son"
«Ми бідні батько і син»
"we are without bread and without a roof"
«Ми без хліба і без даху»
the same little voice spoke again:
Той самий тихий голос знову заговорив:
"Turn the key and the door will open"
«Поверни ключ і двері відчиняться»
Pinocchio turned the key and the door opened
Піноккіо повернув ключ, і двері відчинилися
They went in and looked around
Вони зайшли і озирнулися навколо

they looked here, there, and everywhere
Вони дивилися сюди, туди, скрізь
but they could see no one in the hut
Але в хатині вони нікого не бачили
Pinocchio was much surprised the hut was empty
Піноккіо дуже здивувався, що хатинка порожня
"Oh! where is the master of the house?"
— Отакої! Де господар дому?
"Here I am, up here!" said the little voice
«Ось я, тут!» — сказав тихий голос
The father and son looked up to the ceiling
Батько і син дивилися до стелі
and on a beam they saw the talking little Cricket
і на балці вони побачили маленького Цвіркуна, що говорив
"Oh, my dear little Cricket!" said Pinocchio
«О, мій любий маленький цвіркун!» — сказав Піноккіо
and Pinocchio bowed politely to the little Cricket
і Піноккіо чемно вклонився маленькому Цвіркуну
"Ah! now you call me your dear little Cricket"
— Ах! тепер ти називаєш мене своїм дорогим маленьким цвіркуном"
"But do you remember when we first met?"
— Але ти пам'ятаєш, коли ми вперше зустрілися?
"you wanted me gone from your house"
"Ти хотів, щоб я пішов з твого дому"
"and you threw the handle of a hammer at me"
"І ти кинув у мене рукоятку молотка"
"You are right, little Cricket! Chase me away also!"
— Ти маєш рацію, маленький Цвіркун! Прожени і мене!
"Throw the handle of a hammer at me"
«Киньте в мене рукоятку молотка»
"but please, have pity on my poor papa"
"Але, будь ласка, змилуйся над моїм бідним татом"
"I will have pity on both father and son"
«Я змилуюся і над батьком, і над сином»
"but I wished to remind you my ill treatment"

"Але я хотів нагадати вам про своє жорстоке поводження"
"the ill treatment I received from you"
«Знущання, яке я отримав від вас»
"but there's a lesson I want you to learn"
"Але є урок, який я хочу, щоб ви засвоїли"
"life in this world is not always easy"
«Життя в цьому світі не завжди легке»
"when possible, we must be courteous to everyone"
«Коли це можливо, ми повинні бути ввічливими з усіма»
"only so can we expect to receive courtesy"
«Тільки так ми можемо розраховувати на ввічливість»
"because we never know when we might be in need"
«Тому що ми ніколи не знаємо, коли можемо опинитися в біді»
"You are right, little Cricket, you are right"
"Ти правий, маленький Цвіркун, ти правий"
"and I will bear in mind the lesson you have taught me"
"І я буду пам'ятати урок, який ти мені дав"
"But tell me how you managed to buy this beautiful hut"
«Але розкажіть мені, як вам вдалося купити цю прекрасну хатинку»
"This hut was given to me yesterday"
"Цю хатину мені вчора подарували"
"the owner of the hut was a goat"
«Господарем хати була коза»
"and she had wool of a beautiful blue colour"
"А в неї була вовна прекрасного блакитного кольору"
Pinocchio grew lively and curious at this news
Піноккіо пожвавився і зацікавився цією звісткою
"And where has the goat gone?" asked Pinocchio
«А куди поділася коза?» — запитав Піноккіо
"I do not know where she has gone"
"Я не знаю, куди вона поділася"
"And when will the goat come back?" asked Pinocchio
«А коли коза повернеться?» — запитав Піноккіо
"oh she will never come back, I'm afraid"
"О, вона ніколи не повернеться, боюся"

"she went away yesterday in great grief"
"Вона вчора пішла у великому горі"
"her bleating seemed to want to say something"
"Її мекання, здавалося, хотіло щось сказати"
"Poor Pinocchio! I shall never see him again"
— Бідолашний Піноккіо! Я більше ніколи його не побачу"
"by now the Dog-Fish must have devoured him!"
— Тепер Риба-Собака, мабуть, його з'їла!
"Did the goat really say that?"
— Невже коза так сказала?
"Then it was she, the blue goat"
"Тоді це була вона, синя коза"
"It was my dear little Fairy," exclaimed Pinocchio
— Це була моя люба маленька Фея, — вигукнув Піноккіо
and he cried and sobbed bitter tears
І він плакав і ридав гіркими сльозами
When he had cried for some time he dried his eyes
Поплакавши якийсь час, він висушив очі
and he prepared a comfortable bed of straw for Geppetto
і він приготував для Джеппетто зручну підстилку з соломи
Then he asked the Cricket for more help
Тоді він попросив Цвіркуна про додаткову допомогу
"Tell me, little Cricket, please"
"Розкажи мені, маленький Цвіркун, будь ласка"
"where can I find a tumbler of milk"
"Де я знайду стакан з молоком"
"my poor papa has not eaten all day"
«Мій бідний тато не їв цілий день»
"Three fields from here there lives a gardener"
«За три поля звідси живе садівник»
"the gardener is called Giangio"
"садівника звуть Джанджо"
"and in his garden he also has cows"
"А ще в городі у нього є корови"
"he will let you have the milk you want"
«Він дасть тобі стільки молока, скільки ти хочеш»
Pinocchio ran all the way to Giangio's house

Піноккіо побіг аж до будинку Джанджо
and the gardener asked him:
І садівник спитав його:
"How much milk do you want?"
— Скільки молока ти хочеш?
"I want a tumblerful," answered Pinocchio
— Я хочу тумблер, — відповів Піноккіо
"A tumbler of milk costs five cents"
«Стакан молока коштує п'ять центів»
"Begin by giving me the five cents"
«Почни з того, що дай мені п'ять копійок»
"I have not even one cent," replied Pinocchio
— У мене немає й копійки, — відповів Піноккіо
and he was grieved from being so penniless
І він сумував від того, що був таким безгрошовим
"That is bad, puppet," answered the gardener
— Це погано, маріонетко, — відповів садівник
"If you have not one cent, I have not a drop of milk"
«Якщо у вас немає ні копійки, у мене немає ні краплі молока»
"I must have patience!" said Pinocchio
«Мені треба набратися терпіння!» — сказав Піноккіо
and he turned to go again
І він повернувся, щоб знову йти
"Wait a little," said Giangio
— Зачекайте трохи, — сказав Джанджо
"We can come to an arrangement together"
«Ми можемо домовитися разом»
"Will you undertake to turn the pumping machine?"
— Чи візьмешся ти за поворот насосної машини?
"What is the pumping machine?"
«Що таке насосна машина?»
"It is a kind of wooden screw"
«Це свого роду дерев'яний шуруп»
"it serves to draw up the water from the cistern"
«Він служить для всмоктування води з цистерни»
"and then it waters the vegetables"

"А потім поливає овочі"
"I can try to turn the pumping machine"
"Я можу спробувати повернути насосну машину"
"great, I need a hundred buckets of water"
"Чудово, мені потрібно сто відер води"
"and for the work you'll get a tumbler of milk"
«А за роботу отримаєш стаканчик молока»
"we have an agreement," confirmed Pinocchio
— У нас є домовленість, — підтвердив Піноккіо
Giangio then led Pinocchio to the kitchen garden
Тоді Джанджо повів Піноккіо в город
and he taught him how to turn the pumping machine
І він навчив його крутити насосну машину
Pinocchio immediately began to work
Піноккіо відразу ж приступив до роботи
but a hundred buckets of water was a lot of work
Але сто відер води – це велика праця
the perspiration was pouring from his head
Піт лився з його голови
Never before had he undergone such fatigue
Ніколи раніше він не відчував такої втоми
the gardener came to see Pinocchio's progress
садівник прийшов подивитися на успіхи Піноккіо
"my little donkey used to do this work"
«Моя маленька осличка колись виконувала цю роботу»
"but the poor animal is dying"
«Але бідна тварина вмирає»
"Will you take me to see him?" said Pinocchio
«Ти поведеш мене до нього?» — сказав Піноккіо
"sure, please come to see my little donkey"
"Авжеж, будь ласка, приходьте подивитися на мого маленького ослика"
Pinocchio went into the stable
Піноккіо зайшов у стайню
and he saw a beautiful little donkey
І він побачив прекрасного маленького ослика
but the donkey was stretched out on the straw

Але осел був розпростертий на соломі
he was worn out from hunger and overwork
Він був виснажений від голоду і перевтоми
Pinocchio was much troubled by what he saw
Піноккіо був дуже стурбований побаченим
"I am sure I know this little donkey!"
— Я впевнений, що знаю цього маленького ослика!
"His face is not new to me"
«Його обличчя для мене не нове»
and Pinocchio came closer to the little Donkey
і Піноккіо підійшов ближче до маленького Ослика
and he spoke to him in asinine language:
І він говорив до нього асинською мовою:
"Who are you?" asked Pinocchio
«Хто ти такий?» — запитав Піноккіо
the little donkey opened his dying eyes
Маленький ослик розплющив свої передсмертні очі
and he answered in broken words in the same language:
А він відповів ламаними словами тією ж мовою:
"I... am... Candle-wick"
"Я... є... Свічка-гніт»
And, having again closed his eyes, he died
І, знову заплющивши очі, помер
"Oh, poor Candle-wick!" said Pinocchio
«О, бідний Свічник!» — сказав Піноккіо
and he took a handful of straw
І взяв він жменю соломи
and he dried a tear rolling down his face
І він висушив сльозу, що котилася по його обличчю
the gardener had seen Pinocchio cry
садівник бачив, як плакав Піноккіо
"Do you grieve for a dead donkey?"
— Ти сумуєш за мертвим ослом?
"it was not even your donkey"
«Це був навіть не твій осел»
"imagine how I must feel"
«Уявіть собі, що я маю відчувати»

Pinocchio tried to explain his grief
Піноккіо намагався пояснити своє горе
"I must tell you, he was my friend!"
— Мушу вам сказати, він був моїм другом!
"Your friend?" wondered the gardener
«Твій друг?» — здивувався садівник
"yes, one of my school-fellows!"
— Еге ж, один з моїх шкільних товаришів!
"How?" shouted Giangio, laughing loudly
«Як?» — вигукнув Джанджо, голосно засміявшись
"Did you have donkeys for school-fellows?"
— А для школярів у вас були віслюки?
"I can imagine the wonderful school you went to!"
«Я можу уявити, в яку чудову школу ви ходили!»
The puppet felt mortified at these words
Маріонетка відчула себе пригніченою при цих словах
but Pinocchio did not answer the gardener
Але Піноккіо не відповів садівникові
he took his warm tumbler of milk
Він узяв свій теплий стаканчик молока
and he returned back to the hut
І вернувся він назад до хатини
for more than five months he got up at daybreak
Більше п'яти місяців він вставав на світанку
every morning he turned the pumping machine
Щоранку він крутив насосну машину
and each day he earned a tumbler of milk
І щодня він заробляв по стаканчику молока
the milk was of great benefit to his father
Молоко принесло велику користь його батькові
because his father was in a bad state of health
Тому що його батько був у поганому стані здоров'я
but Pinocchio was now satisfied with working
але Піноккіо тепер був задоволений роботою
during the daytime he still had time
Вдень він ще встигав
so he learned to make baskets of rushes

Так він навчився робити кошики з очерету
and he sold the baskets in the market
А кошики продавав на базарі
and the money covered all their expenses
І ці гроші покрили всі їхні витрати
he also constructed an elegant little wheel-chair
Він також сконструював елегантне маленьке інвалідне крісло
and he took his father out in the wheel-chair
І він вивіз свого батька на візку
and his father got to breathe fresh air
А його батько зміг подихати свіжим повітрям
Pinocchio was a hard working boy
Піноккіо був працьовитим хлопчиком
and he was ingenious at finding work
І він винахідливо знайшов роботу
he not only succeeded in helping his father
Він не тільки зумів допомогти своєму батькові
but he also managed to save five dollars
Але і п'ять доларів йому вдалося заощадити
One morning he said to his father:
Одного ранку він сказав батькові:
"I am going to the neighbouring market"
"Я йду на сусідній ринок"
"I will buy myself a new jacket"
"Я куплю собі нову куртку"
"and I will buy a cap and pair of shoes"
"А я куплю кепку і пару черевиків"
and Pinocchio was in jolly spirits
І Піноккіо був у веселому настрої
"when I return you'll think I'm a gentleman"
"Коли я повернуся, ви подумаєте, що я джентльмен"
And he began to run merrily and happily along
І він почав весело і радісно бігти
All at once he heard himself called by name
Раптом він почув, як його називають на ім'я
he turned around and what did he see?

Він обернувся і що побачив?
he saw a Snail crawling out from the hedge
він побачив Равлика, що виповзав з живоплоту
"Do you not know me?" asked the Snail
«Хіба ти мене не знаєш?» — запитав Равлик
"I'm sure I know you," thought Pinocchio
«Я впевнений, що знаю тебе», — подумав Піноккіо
"and yet I don't know from where I know you"
"І все ж я не знаю, звідки я знаю тебе"
"Do you not remember the Snail?"
— Хіба ти не пам'ятаєш Равлика?
"the Snail who was a lady's-maid"
"Равлик, який був дамською служницею"
"a maid to the Fairy with blue hair"
«Служниця Феї з синім волоссям»
"Do you not remember when you knocked on the door?"
— Хіба ти не пам'ятаєш, коли постукав у двері?
"and I came downstairs to let you in"
"І я спустився вниз, щоб впустити тебе"
"and you had your foot caught in the door"
«І ти зачепився ногою за двері»
"I remember it all," shouted Pinocchio
— Я все це пам'ятаю, — вигукнув Піноккіо
"Tell me quickly, my beautiful little Snail"
«Розкажи мені швидше, мій прекрасний маленький Равлик»
"where have you left my good Fairy?"
— Де ти залишила мою добру Фею?
"What is she doing?"
— Що вона робить?
"Has she forgiven me?"
— Вона мене пробачила?
"Does she still remember me?"
— Вона ще пам'ятає мене?
"Does she still wish me well?"
— Вона все ще бажає мені добра?
"Is she far from here?"

— Невже вона далеко звідси?
"Can I go and see her?"
— Можна я поїду до неї?
these were a lot of questions for a snail
Таких питань до равлика було дуже багато
but she replied in her usual phlegmatic manner
Але вона відповіла у своїй звичайній флегматичній манері
"My dear Pinocchio," said the snail
— Мій любий Піноккіо, — сказав равлик
"the poor Fairy is lying in bed at the hospital!"
— Бідна Фея лежить у ліжку в лікарні!
"At the hospital?" cried Pinocchio
«У лікарні?» — вигукнув Піноккіо
"It is only too true," confirmed the snail
— Це надто правда, — підтвердив равлик
"she has been overtaken by a thousand misfortunes"
«Її наздогнала тисяча нещасть»
"she has fallen seriously ill"
"Вона тяжко захворіла"
"she has not even enough to buy herself a mouthful of bread"
«У неї не вистачає навіть того, щоб купити собі повний рот хліба»
"Is it really so?" worried Pinocchio
«Невже це так?» – занепокоївся Піноккіо
"Oh, what sorrow you have given me!"
— Ой, яке горе ти мені заподіяла!
"Oh, poor Fairy! Poor Fairy! Poor Fairy!"
— Ох, бідна Фея! Бідна фея! Бідна фея!»
"If I had a million I would run and carry it to her"
«Якби у мене був мільйон, я б побіг і поніс його їй»
"but I have only five dollars"
"Але в мене є лише п'ять доларів"
"I was going to buy a new jacket"
"Я збирався купити нову куртку"
"Take my coins, beautiful Snail"
«Візьми мої монети, прекрасна Равлик»

"and carry the coins at once to my good Fairy"
"І негайно віднеси монети моїй добрій Феї"
"And your new jacket?" asked the snail
«А твоя нова куртка?» — запитав равлик
"What matters my new jacket?"
«Що важливо для моєї нової куртки?»
"I would sell even these rags to help her"
"Я б продав навіть ці ганчірки, щоб допомогти їй"
"Go, Snail, and be quick"
«Іди, Равлику, і будь швидкий»
"return to this place, in two days"
"Повернення на це місце, за два дні"
"I hope I can then give you some more money"
"Сподіваюся, тоді я зможу дати вам ще трохи грошей"
"Up to now I worked to help my papa"
«До цього часу я працювала, щоб допомогти своєму татові»
"from today I will work five hours more"
"З сьогоднішнього дня я буду працювати ще п'ять годин"
"so that I can also help my good mamma"
"Щоб і я міг допомогти своїй добрій мамі"
"Good-bye, Snail," he said
— До побачення, Равлику, — сказав він
"I shall expect you in two days"
"Я буду чекати тебе за два дні"
at this point the snail did something unusual
У цей момент равлик зробив щось незвичайне
she didn't move at her usual pace
Вона рухалася не у своєму звичайному темпі
she ran like a lizard across hot stones
Вона бігала, як ящірка, по розпеченому камінню
That evening Pinocchio sat up till midnight
Того вечора Піноккіо просидів до півночі
and he made not eight baskets of rushes
І він не зробив вісім кошиків з очерету
but be made sixteen baskets of rushes that night
Але зроби тієї ночі шістнадцять кошиків очерету

Then he went to bed and fell asleep
Потім він ліг спати і заснув
And whilst he slept he thought of the Fairy
І поки він спав, він думав про Фею
he saw the Fairy, smiling and beautiful
він побачив Фею, усміхнену і вродливу
and he dreamt she gave him a kiss
І йому приснилося, що вона поцілувала його
"Well done, Pinocchio!" said the fairy
«Молодець, Піноккіо!» – сказала фея
"I will forgive you for all that is past"
«Я прощу тобі все, що минуло»
"To reward you for your good heart"
«Щоб нагородити тебе за твоє добре серце»
"there are boys who minister tenderly to their parents"
«Є хлопці, які з ніжністю служать своїм батькам»
"they assist them in their misery and infirmities"
«Вони допомагають їм у їхніх нещастях і недугах»
"such boys are deserving of great praise and affection"
«Такі хлопчики заслуговують на велику похвалу і ласку»
"even if they cannot be cited as examples of obedience"
«Навіть якщо їх не можна навести як приклад послуху»
"even if their good behaviour is not always obvious"
«Навіть якщо їхня добра поведінка не завжди очевидна»
"Try and do better in the future and you will be happy"
«Намагайся робити краще в майбутньому, і ти будеш щасливий»
At this moment his dream ended
У цей момент його сон закінчився
and Pinocchio opened his eyes and awoke
І Піноккіо розплющив очі і прокинувся
you should have been there for what happened next
Ви повинні були бути поруч з тим, що сталося далі
Pinocchio discovered that he was no longer a wooden puppet
Піноккіо виявив, що він більше не дерев'яна маріонетка
but he had become a real boy instead

Але замість цього він став справжнім хлопчиком
a real boy just like all other boys
Справжній хлопчик, як і всі інші хлопчики
Pinocchio glanced around the room
Піноккіо окинув поглядом по кімнаті
but the straw walls of the hut had disappeared
Але солом'яні стіни хатини зникли
now he was in a pretty little room
Тепер він перебував у гарненькій маленькій кімнатці
Pinocchio jumped out of bed
Піноккіо схопився з ліжка
in the wardrobe he found a new suit of clothes
У гардеробі він знайшов новий костюм одягу
and there was a new cap and pair of boots
А там була нова кепка і пара чобіт
and his new clothes fitted him beautifully
І його новий одяг чудово сидів на ньому
he naturally put his hands in his pocket
Він, звичайно, засунув руки в кишеню
and he pulled out a little ivory purse
І він витяг маленьку сумочку зі слонової кістки
on on the purse were written these words:
На гаманці були написані такі слова:
"From the Fairy with blue hair"
"Від феї з блакитним волоссям".
"I return the five dollars to my dear Pinocchio"
«Я повертаю п'ять доларів моєму дорогому Піноккіо»
"and I thank him for his good heart"
"І я дякую йому за його добре серце"
He opened the purse to look inside
Він відкрив сумочку, щоб зазирнути всередину
but there were not five dollars in the purse
Але в гаманці не було п'яти доларів
instead there were fifty shining pieces of gold
Натомість було п'ятдесят блискучих золотих шматків
the coins had come fresh from the minting press
Монети щойно надійшли з монетного верстата

he then went and looked at himself in the mirror
Потім він пішов і подивився на себе в дзеркало
and he thought he was someone else
І він думав, що це хтось інший
because he no longer saw his usual reflection
Тому що він більше не бачив свого звичайного відображення
he no longer saw a wooden puppet in the mirror
Він уже не бачив у дзеркалі дерев'яну маріонетку
he was greeted instead by a different image
Натомість його зустріли іншим образом
the image of a bright, intelligent boy
Образ яскравого, розумного хлопчика
he had chestnut hair and blue eyes
У нього було каштанове волосся і блакитні очі
and he looked as happy as can be
І він виглядав настільки щасливим, наскільки це можливо
as if it were the Easter holidays
наче це були Великодні свята
Pinocchio felt quite bewildered by it all
Піноккіо був дуже спантеличений усім цим
he could not tell if he was really awake
Він не міг сказати, чи справді прокинувся
maybe he was dreaming with his eyes open
Можливо, він мріяв з відкритими очима
"Where can my papa be?" he exclaimed suddenly
«Де може бути мій тато?» — раптом вигукнув він
and he went into the next room
І він пішов у сусідню кімнату
there he found old Geppetto quite well
там він досить добре знайшов старого Джеппетто
he was lively, and in good humour
Він був жвавий і в доброму гуморі
just as he had been formerly
Так само, як і раніше
He had already resumed his trade of wood-carving
Він уже відновив своє ремесло різьблення по дереву

and he was designing a beautiful picture frame
І він розробляв прекрасну рамку для картин
there were leaves flowers and the heads of animals
Там були листя, квіти і голови тварин
"Satisfy my curiosity, dear papa," said Pinocchio
— Задовільніть мою цікавість, любий тату, — сказав Піноккіо
and he threw his arms around his neck
І він обійняв себе за шию
and he covered him with kisses
І він покрив його поцілунками
"how can this sudden change be accounted for?"
«Як можна пояснити цю раптову зміну?»
"it comes from all your good doing," answered Geppetto
— Це походить від усіх твоїх добрих вчинків, — відповів Джеппетто
"how could it come from my good doing?"
— Як це могло статися з моєї доброї справи?
"something happens when naughty boys turn over a new leaf"
«Щось трапляється, коли неслухняні хлопчики перегортають новий листок»
"they bring contentment and happiness to their families"
«Вони приносять задоволення і щастя своїм сім'ям»
"And where has the old wooden Pinocchio hidden himself?"
— А де ж сховався старий дерев'яний Піноккіо?
"There he is," answered Geppetto
— Ось він, — відповів Джеппетто
and he pointed to a big puppet leaning against a chair
І він показав на велику маріонетку, що спиралася на стілець
the Puppet had its head on one side
У маріонетки голова була набік
its arms were dangling at its sides
Його руки звисали з боків
and its legs were crossed and bent
А ноги в нього були схрещені й зігнуті

it was really a miracle that it remained standing
Це було справжнє диво, що він залишився стояти
Pinocchio turned and looked at it
Піноккіо обернувся і подивився на нього
and he proclaimed with great complacency:
І він проголосив з великим самовдоволенням:
"How ridiculous I was when I was a puppet!"
«Якою ж смішною я була, коли була маріонеткою!»
"And how glad I am that I have become a well-behaved little boy!"
— І як я радий, що став добре вихованим маленьким хлопчиком!

www.ingramcontent.com/pod-product-compliance
Lightning Source LLC
Chambersburg PA
CBHW012001090526
44590CB00026B/3813